Hans-Jürgen Twisselmann

Vom „Zeugen Jehovas" zum Zeugen Jesu Christi

BRUNNEN VERLAG · GIESSEN UND BASEL

ABCteam

ABCteam-Bücher erscheinen in folgenden Verlagen:
Aussaat- und Schriftenmissions-Verlag Neukirchen-Vluyn
R. Brockhaus Verlag Wuppertal
Brunnen Verlag und Brunnquell Verlag Gießen
Christliches Verlagshaus Stuttgart
Oncken Verlag Wuppertal

CIP-Kurztitelaufnahme der Deutschen Bibliothek

Twisselmann, Hans-Jürgen:
Vom „Zeugen Jehovas" zum Zeugen Jesu Christi / Hans-Jürgen Twisselmann. – 8. Aufl. – Gießen ; Basel : Brunnen-Verlag, 1987.
(ABC-Team ; 212)
ISBN 3-7655-2212-0
NE: GT

8. Auflage 1987

Umschlagfoto: Fotografie Fritz Schöttner
Gesamtherstellung: St.-Johannis-Druckerei, Lahr

Inhalt

Was dieses Buch will

Nach fünfjähriger Predigttätigkeit in den Reihen der Zeugen Jehovas und nach jahrelanger Auseinandersetzung mit ihren Lehren ist es nun mein innerstes Anliegen, öffentlich zu *bezeugen*, wie Gott mich durch seinen besten Evangelisten, durch die Heilige Schrift selbst, befreite und zu der so lange vergeblich gesuchten Wahrheit führte, die allein Jesus Christus schenkt. Das vorliegende Buch will also zunächst ein Zeugnis zur Ehre und Verherrlichung Gottes sein. Zugleich soll es eine missionarische Aufgabe erfüllen, erstens an den Zeugen Jehovas selbst (daher wurde oft die ihnen geläufige Elberfelder Bibelübersetzung zitiert), zweitens an denen, die unter ihren Einfluß gekommen sind, und schließlich an allen, die den einzig festen Glaubensgrund, Jesus Christus, noch nicht gefunden haben (1. Kor. 3, 11). Es war mein Bestreben, den Umfang des Buches so zu beschränken, daß es für jeden erschwinglich ist. Aus diesem Grunde habe ich auf eine erschöpfende Darstellung sowohl der Lehren als auch der Geschichte der Zeugen Jehovas bewußt verzichtet. Dogmatik und geschichtliche Entwicklung wurden nur so weit beleuchtet, wie es der missionarischen Zielsetzung dieser Schrift entspricht.

Um den lehrhaften Stoff lebendiger zu gestalten und leichter faßlich zu machen, wählte ich für diesen Teil fast ausschließlich die Form des Zwiegesprächs mit einem Zeugen Jehovas, den ich „Braun" nannte. Es ist eine Zusammenfassung aus vielen Gesprächen mit einem Zeugen ähnlichen Namens und einer Reihe weiterer Anhänger der Wachtturm-Bewegung, denen ich einen Dienst tun durfte.

Hans-Jürgen Twisselmann

Vorwort zur 5. Auflage

Als ich im Sommer des Jahres 1959 dieses Buch in seiner ersten Fassung schrieb, geschah es noch in einer gewissen – nicht nur zeitlichen – Nähe zu den Zeugen Jehovas. Viele Gespräche mit ihnen waren noch ganz frisch in meiner Erinnerung, und so konnte ich auch in diesem Buch „ihre Sprache“ sprechen. Dazu gehörte z. B. auch das Zitieren vieler Belegstellen aus der Heiligen Schrift.

Wie immer andere dies empfunden haben mögen, für den missionarischen Dienst an Lesern aus den Reihen der Zeugen Jehovas erwies es sich als förderlich, wie zahlreiche dankbare Zuschriften zeigen. Darum sollte auch die nun – 20 Jahre später – vorliegende überarbeitete Fassung trotz des größeren zeitlichen und inneren Abstandes von meinen damaligen Erfahrungen mit Jehovas Zeugen keine andere Sprache aufweisen noch von einem anderen Schriftprinzip ausgehen.

Der Leser wird fragen, welche Veränderungen denn nun vorgenommen wurden. Aus der bisherigen Fassung ging zu wenig hervor, welche Beweggründe für meine Hinwendung zu den Zeugen Jehovas bestimmend waren, worin das Imponierende dieser Gemeinschaft bestand, und wie dann doch das ursprünglich so Faszinierende für mich nach und nach seinen verführerischen Glanz verlieren konnte. Diesen Fragen habe ich mich daher bei der *Neubearbeitung* des ersten Teiles in besonderer Weise gestellt. Bei dem größeren, zweiten Teil beschränkte ich mich in der Regel auf eine Überarbeitung des „alten“ Textes – vor allem aus Zeitgründen.

Dabei galt es, einem berechtigten Anliegen der Leser aus den Reihen der Zeugen Jehovas Rechnung zu tragen: Sie vermißten in der letzten Zeit mehr und mehr Quellenangaben aus den Wachtturm-Schriften der sechziger und siebziger Jahre. Wieviele Neuerscheinungen hat es da gegeben!

Dennoch bin ich diesem Anliegen nur zögernd nachgekommen und habe auch die Wachtturm-Zitate aus den fünfziger Jahren nicht völlig fallengelassen. Denn gerade die Auseinandersetzung mit ihnen hatte ja für das in diesem Buch geschilderte Ausreifen meiner Erkenntnis eine entscheidende Rolle gespielt. Und die Wachtturm-Gesellschaft hat diese ihre früheren Aussagen nie widerrufen und nur in einigen wenigen Punkten in der neueren Literatur korrigiert (ihre Rückkehr zu einer 33 Jahre vorher aufgegebenen Auslegung von Römer 13 im Jahre 1962 wurde bereits seit der 2. Auflage dieses Buches berücksichtigt – vgl. Kap. V in der jetzt vorliegenden Fassung). Neue Bücher bedeuten leider noch nicht unbedingt neue Einsichten. Soweit sie jedoch Akzentverschiebungen in der Lehre erkennen ließen, habe ich darauf hingewiesen und Änderungen im organisatorischen Bereich und in dessen „Fachsprache“ möglichst berücksichtigt.

Wenn dieses Buch nun in veränderter Gestalt neu erscheinen darf, so erfüllt mich das mit Dankbarkeit vor allem dafür, daß es in den vergangenen zwei Jahrzehnten Suchenden und Fragenden einen Wegweiserdienst tun konnte. Daß es auch künftig vielen zum Segen gereichen möge, ist meine Hoffnung und mein Gebet.

Im Oktober 1979 Der Verfasser

I. Mein Weg zu Jehovas Zeugen

Freitag, den 18. August 1950. Es ist ein warmer Sommertag. Rund um den stattlichen Dom der norddeutschen Kleinstadt Meldorf auf dem geräumigen Marktplatz herrscht das bunte Treiben des Wochenmarktes. Sommerlich gekleidete Menschen eilen zwischen den Verkaufsständen hin und her. Das aber sehe ich heute nur ganz am Rande. Viel mehr interessiert mich ein junger Mann von etwa 28 Jahren, der auf dem Bürgersteig vor den um den Markt herum gelegenen Geschäftshäusern jeden Passanten anspricht und ihm eine Zeitschrift anbietet. Er gehört zu den Zeugen Jehovas (hier künftig häufig abgekürzt: Z. J.). Es ist das dritte Mal in meinem jungen Leben, daß ich auf diese Bewegung aufmerksam werde.

Schon als Fünfzehnjähriger entdeckte ich im Bücherschrank meiner Eltern eine kleine Schrift mit dem Titel „Des Volkes Freund" aus der Feder von J. F. Rutherford, dem früheren Präsidenten der Wachtturm-Gesellschaft an der Spitze der Zeugen Jehovas. Ich hatte damals diese kleine Schrift an einem Sonntagmorgen ohne jeden inneren Gewinn gelesen. Zwei Jahre später wurde mir in Heide, einer Nachbarstadt, auf der Straße die Zeitschrift „Der Wachtturm" angeboten. Ich sehe sie noch vor mir, jene streng gescheitelte ältere Dame, die mir damals – recht aufgeregt, aber mit leuchtenden Augen – von „Jehovas Königreich" erzählte. Martha Krüger hieß sie. Etwa ein Jahrzehnt später sollte ich ihr einen für ihr Leben entscheidenden Dienst tun. (Darauf komme ich an anderer Stelle noch zurück.)

Nun wird mir diese Zeitschrift wieder einmal angeboten. Ob ich zugreifen soll?

Einige Minuten später lasse ich mich von dem jungen Mann ansprechen. Es dauert nicht lange, und wir sind mitten in einer Debatte über Sündenfall, Herkunft des Teufels, Wiederkunft Christi und Tausendjähriges Reich. Doch so gewichtige Themen lassen sich nicht mit ein paar Worten auf dem Bürgersteig erledigen. Darum lade ich den sympathischen „Königreichsverkündiger" ein, mich am nächsten Sonntag in meiner Wohnung zu besuchen. Er notiert sich meine Anschrift mit einer Selbstverständlichkeit, als habe er auf eine solche Einladung geradezu gewartet. Beim Abschied schenkt er mir eine kleine Z. J.-Schrift „Der bleibende Herrscher aller Nationen".

Am Sonntag kommt der junge Mann mit einer prall gefüllten Büchertasche tatsächlich zu mir. „Mein Name ist Gerd", plaudert er vergnügt, und während er noch mit einigen Sätzen sich näher vorstellt, legt er mir drei nagelneue Bücher auf den Tisch, um sie mir zum Kauf anzubieten. Es handelt sich bei den drei Büchern um das für diesen Monat vorgeschriebene Schriftenangebot, wie ich später erfuhr.

Gerd erzählt nun bei aufgeschlagener Bibel vom „Vorhaben Jehovas", wobei er bald aus dem Alten, bald aus dem Neuen Testament die Texte herausgreift, die ihm geeignet scheinen, die Z. J.-Lehren zu stützen. Als er bei der Geschichte vom Sündenfall allzu lange verweilt, beginne ich zu protestieren: „Das ist alles gut und schön", antworte ich ihm, „auch ich glaube an Gott und an Jesus Christus, aber an die Paradiesgeschichten von Adam und Eva kann ich nicht glauben. Es ist ja doch längst wissenschaftlich nachgewiesen, daß der Mensch das Ergebnis einer jahrtausendelangen Entwicklung ist."

Es dauert keine halbe Stunde, bis Gerd meinen „Glauben" an die Evolutionslehre völlig zerstört hat. Aus Schriften der Wachtturm Bibel- und Traktat-Gesellschaft liest er Aussprüche von namhaften Wissenschaftlern vor, die sich zu dieser Lehre kritisch äußern oder von ihr abrücken. Andererseits versucht er mir zu zeigen, wie zuverlässig die Bibel ist. Für mich ist es außerordentlich eindrucksvoll zu sehen, wie die vielen alttestamentlichen Weissagungen über den kommenden Messias im Leben Jesu von Nazareth sich buchstäblich *erfüllt* haben. Kann es da noch einen Zweifel geben an der Zuverlässigkeit und göttlichen Inspiration der Bibel? Plötzlich wird mir die gewaltige Überlegenheit des „Buches der Bücher" gegenüber allen menschlichen Meinungen und Überlieferungen bewußt. Doch nun wächst auch meine Hochachtung vor den „Bibelforschern", besonders als Gerd mir erzählt, wie die Zeugen Jehovas um ihres Glaubens willen in den Konzentrationslagern des Dritten Reiches gelitten haben: „. . . wie so ganz anders haben sie doch gehandelt als jene Feldgeistlichen, die sich in den Dienst der Machthaber dieser Welt stellten, die heute sagen: ‚Du sollst nicht töten!' und morgen schon zum Töten auffordern. . ."

Schon in den nächsten Tagen lese ich das Buch „Die Wahrheit wird euch frei machen", dessen Titel mich besonders anspricht. Auch beeindruckt es mich, daß bei fast allen Darlegungen des Buches einige Bibelstellen zum Beweis angegeben sind. Somit muß gewiß alles völlig im Einklang mit der Bibel sein, denke ich.

Angeregt durch das Lesen dieses ersten Buches, studiere ich auch die anderen beiden Bücher, die ich von Gerd gekauft habe. Schließlich vergrabe ich mich immer mehr in diese Literatur und lese – wie wohl die meisten Z. J. – nur noch Schriften der Wachtturm-Gesellschaft. Das *muß* die Wahrheit sein! Einige Vergleiche mit der Bibel scheinen das zu bestätigen. Wenn es sich aber so verhält, sind dann nicht alle anderen Bücher mehr oder weniger wertlos, vielleicht sogar schädlich? Letzte Zweifel unterdrücke ich in der Meinung, es seien die heimlichen Angriffe des Bösen, der mich von dem allein wahren Glauben abzuhalten versuche. Die mahnenden Worte meiner Mutter und anderer naher Verwandter schlage ich in den Wind, ja, ihr Widerstand gegen die „Wahrheit" veranlaßt mich, um so entschiedener für die Sache der Z. J. einzutreten. So kommt es, daß ich schon am 30. August – weniger als 14 Tage nach Gerds erstem Besuch bei mir – in mein Tagebuch schreibe: „Mein Entschluß steht fest: ich werde Zeuge Jehovas!“

Schon weitere 14 Tage später, am 16. September 1950, erkläre ich vor dem Amtsgericht meinen Austritt aus der Ev.-Luth. Landeskirche. Die Kirche hat nach meinem nun erlangten Verständnis das Christentum verwässert, entstellt und mißbraucht. Die Wachtturm-Gesellschaft lehrt daher, die Kirchen der Christenheit seien in Wirklichkeit nicht Kirche Christi, nicht die treue „Braut“-Gemeinde, sondern die im letzten Buch der Bibel erwähnte „große Hure“, also die untreue „Braut“, das „Babylon“ der Endzeit. Somit soll der Aufruf von Offenbarung 18, 4: „Gehet aus ihr hinaus, mein Volk, auf daß ihr nicht ihrer Sünden mit teilhaftig werdet . . .“, eine Aufforderung darstellen, die Kirchen der Christenheit zu verlassen. Als ich die schwere Tür des Amtsgerichts in Meldorf hinter mir schließe, bin ich daher froh und zufrieden, nun aus „Babylon“ entronnen zu sein; „. . . denn ihre Sünden sind aufgehäuft bis zum Himmel, und Gott hat ihrer Ungerechtigkeit gedacht“ (Offb. 18, 5).

Ich ahne noch nicht, daß es „Babylon“ in mancherlei Gestalt gibt, auch da noch, wo man meint, es weit hinter sich gelassen zu haben! In den folgenden Monaten nimmt mein Eifer beständig zu. Am 28. Oktober gehe ich zum ersten Mal zusammen mit anderen Zeugen von Tür zu Tür. Der Kreisaufseher, der als Beauftragter der Wachtturm-Gesellschaft zum Zweck der „Schulung der Verkündiger und zur Belebung der Felddiensttätigkeit“ zugegen ist, gibt wichtige Anregungen, wie man beim Dienst von Haus zu Haus Erfolge erzielen kann. „Ihr dürft“, so erklärt er mit einer typisch amerikanischen Satzmelodie, „nicht mit der Tür ins Haus fallen, indem ihr etwa sagt: Wir sind Zeugen Jehovas“. Vielmehr wird man sich am besten mit folgenden Worten einführen: „Guten Morgen! Mein Name ist . . ., ich betätige mich ehrenamtlich in einem weltweiten biblischen Erziehungswerk und möchte Ihnen in Verbindung damit drei äußerst wichtige Bücher anbieten . . .“

Nach dem Verlesen eines Bibeltextes mit kurzem Kommentar und einem Gebet um den Segen Jehovas für unseren Dienst wird mir eine „Gebiets-Zuteilungskarte“ in die Hand gedrückt, in der mein Arbeitsbereich genau abgegrenzt ist. Die zur Verbreitung empfohlene Literatur muß ich zuvor käuflich erwerben. Ich hoffe, dafür Interessenten zu finden.

Auf dem Weg in die Meldorfer Norderstraße kommen mir so manche Gedanken. Aber schon stehe ich an der ersten Tür, und im Nu bin ich auch wieder draußen. Die Leute machen gleichgültige Gesichter. „Kein Bedarf!“, rufen manche mir schon entgegen, noch ehe ich etwas über den Grund meines Kommens sagen kann. Andere erklären, „ich habe keine Zeit“, und winken ab. Das alles sind zwar keine Argumente zur Widerlegung unserer Lehren, aber unmißverständliche Hinweise, daß ich wieder gehen darf.

Zwei Frauen beantworten mein Schriftenangebot mit abfälligem Lachen. Nur ein Handwerker im mittleren Alter bringt dem, was ich ihm erzähle, größeres Interesse entgegen. Er wurde schon wiederholt besucht, erzählt er mir, und er unterhalte sich gerne mit Jehovas Zeugen. Meine Schriften aber werde ich nicht los, und weil der „Lagerdiener" sie nicht zurücknimmt, darf ich sie als mein Eigentum betrachten, sofern ich sie nicht zu einem späteren Zeitpunkt verkaufen kann.

Als ich zum Treffpunkt zurückkomme, sind die meisten anderen schon da. Sie erzählen von ihren Erfahrungen, von guten und schlechten. Es gibt manche Stunden der Enttäuschung, und wie eine Oase in der Wüste ist ein Haus, dessen Bewohner ein Ohr für unsere Botschaft haben. Wir trösten uns jedoch mit dem Gedanken, Jesus und den Aposteln sei es nicht anders ergangen. Ja, wir sehen gerade im Widerstand der „Welt" einen Beweis, daß wir das wahre Christentum haben. Als ich mich schließlich von den Versammelten verabschiede, ruft mir der Kreisaufseher lächelnd nach: „Vergiß nicht, die Zahl der Stunden anzuschreiben!"

Ein Scherz? Keineswegs! Bei den Z. J. muß jede „im Felddienst" und bei gelegentlichem Zeugnisgeben verbrachte Viertelstunde notiert und in einem sogenannten „Felddienstbericht" an die Ortsversammlung gemeldet werden. Die Aufseher addieren dann am Monatsende die Leistungen aller ihrer Verkündiger und senden einen Versammlungs-Felddienstbericht an das deutsche Zweigbüro der Wachtturm-Gesellschaft, wo die Ergebnisse aller Versammlungen in Deutschland zusammengerechnet werden. Das Hauptquartier der Wachtturm-Gesellschaft in Brooklyn (USA) empfängt schließlich von dort und von allen Zweigbüros der ganzen Welt die Monatsberichte der einzelnen Länder. Das Hauptquartier ist also ständig von der weltweiten Tätigkeit der Z. J. genau unterrichtet. Das Gesamtergebnis wird dann alljährlich einmal im „Wachtturm" und im „Jahrbuch der Zeugen Jehovas" veröffentlicht und kommentiert.

All dies überblickt der Neuling noch gar nicht. Er ahnt auch nicht, daß er in seiner zuständigen Ortsversammlung in eine „Verkündigerkartei" eingetragen wird, sobald er mit dem „Felddienst" begonnen hat. Diese „Verkündigerkartei" dient der Aufzeichnung der monatlichen „Felddienst"-Stunden, die der Kreisaufseher bei jedem seiner Besuche zu überprüfen hat.

Auch ich ahne zu diesem Zeitpunkt noch nicht, welche Überraschungen die „theokratische Organisation" (Theokratie = Gottesherrschaft!) für mich bereithält. Ohne Skepsis nehme ich alles an, was sie zu bieten hat, glaube ihren Lehren und folge treu und eifrig ihren Anweisungen. Viel zu schnell gehe ich in dieser Arbeit auf. Obwohl mir alles völlig neu ist, füge ich mich freiwillig in das Räderwerk der gut funktionierenden Organisation ein, ohne daß sie mich erst dazu bringen müßte. Schon am 21. Januar 1951 lasse ich mich anläßlich eines Kreiskongresses der Z. J. in Glückstadt taufen.

Warum ich Zeuge Jehovas wurde: Gründe und Hintergründe

Immer wieder werde ich gefragt, was mich eigentlich veranlaßt habe, „zu den Bibelforschern zu gehen". Darüber hatte ich mir zunächst gar keine Rechenschaft gegeben. Erst jetzt war ich genötigt, darüber nachzudenken. Die Z. J. antworten auf derartige Fragen meist: „Ich suchte die Wahrheit, und ich habe sie jetzt gefunden." Doch wenn ich die Wahrheit gesucht habe, was *veranlaßte* mich denn zu solchem Suchen? Heute – zwei Jahrzehnte später – sehe ich es so:

Einige Beweggründe

Vielleicht sehnte ich mich ganz einfach nach Gemeinschaft, einer Gemeinschaft, in der man freundlich miteinander umgeht, und in der man sich bejaht weiß. Auch von anderen, die sich einer kleinen Religionsgemeinschaft angeschlossen hatten, gewann ich später diesen Eindruck.

Suchten wir in der Gemeinschaft Geborgenheit? „In der Welt habt ihr Angst", sagt Jesus einmal. Diese Aussage hat schon immer Gültigkeit gehabt, und dennoch gewann sie nach den beiden Weltkriegen eine besondere Bedeutung. Das Gespenst der Angst geht um (Luk. 21, 26). Die politischen und gesellschaftlichen Probleme und Verwicklungen werden für den einzelnen immer undurchsichtiger. Wir „verstehen die Welt nicht mehr". Ein Gefühl des Unbehagens und des Bedrohtseins ist die Folge. Man möchte entrinnen und sucht Zuflucht in einer überschaubaren Gemeinschaft – fernab von dem undurchsichtigen Getriebe einer „verrückten Menschheit". Hier, im Kreis der Gleichgesinnten und der in gleicher Weise Entronnenen, gibt es noch die „heile Welt".

Die Wachtturm-Gesellschaft weiß in ihren Schriften derartige Empfindungen der Menschen geschickt zu nutzen. Sie malt die bedrohlichen Entwicklungen auf unserem Planeten in krassen Farben aus, macht damit die Ängste, selbst da, wo sie noch schlummerten, erst recht bewußt (z. B. Der Wachtturm vom 15. 7. 1974, S. 426, Abs. 10), weckt und nährt sie, um dann um so besser auch das Mittel gegen die Angst anbieten zu können: Zuflucht in der Geborgenheit ihrer „theokratischen Organisation". Diese vergleicht sie gern mit der Arche, die in der Weltkatastrophe der Tage Noahs Schutz und Rettung bot.[1]

Vor allem aber: Nach den Wachtturm-Schriften gibt es keinen anderen Schutz, als den in der „theokratischen Organisation". „Du kennst in Wirklichkeit nichts, wodurch du dich vor dem Angriff grimmiger Menschen und Organisationen dieser Welt schützen könntest. Worin besteht also dein Schutz? Nur darin, daß du bei der Herde Gottes bleibst, innerhalb der Hürde, und daß du von ganzem Herzen auf Jehova Gott . . . vertraust, auf den Herrn Jesus Christus . . . und außerdem auf deine treuen Brüder, die zu Hirten der Herde eingesetzt worden sind. Jehova Gott hat heute eine theokratische Organisation."[2]

Auffallend ist, daß hier nicht nur Schutz, sondern auch sehr deutlich *Führung* durch die „Hirten der Herde“ angeboten wird. Ob die Wachtturm-Gesellschaft damit nicht wiederum dem Bedürfnis all jener Menschen entgegenkommt, die sich in unserer Welt nicht zurechtfinden, die – vielleicht ohne es sich und andern zu gestehen – so etwas wie Heimweh haben nach einer führenden Hand? Schließlich wurden die meisten Menschen der älteren Generation nicht zur Freiheit erzogen, sondern zum Gehorsam! Man mag noch so viel vom mündigen Bürger sprechen: wer zum Untertan erzogen wurde, verlangt nach Führung. Die „theokratische Organisation“ vermag diese Sehnsucht zu stillen.

Und noch eins: In ihrer Kritik an den bestehenden Verhältnissen in Kirche und Gesellschaft trifft sie zumeist „den Nagel auf den Kopf“. Wer mit Kirche und Gesellschaft nicht zufrieden ist – und wer könnte schon mit allem ganz zufrieden sein! –, der bekommt beim Lesen der Zeugen-Literatur und beim Hören ihrer Vorträge eine Menge „Wasser auf seine Mühle“. Und wer hätte es nicht gern, wenn er in seiner Kritik Bestätigung findet! So kann sich die Wachtturm-Gesellschaft mit ihrer Kritik an Kirche und Gesellschaft der Zustimmung vieler sicher sein.

Ob am Ende auch ich durch einige dieser Besonderheiten des Zeugen-Angebots innerlich angesprochen wurde? Ich vermag es heute nicht mit letzter Sicherheit zu sagen, vieles jedoch spricht dafür, besonders wenn ich meinen bisherigen Lebensweg mit in Betracht ziehe.

Führungen und Erfahrungen der Jugendzeit

Am 16. Februar 1931 als Sohn eines Bauern geboren, wuchs ich buchstäblich ins „Tausendjährige Reich“ hinein – in das Adolf Hitlers. Doch zunächst war von „weltanschaulichen“ Einflüssen in meiner Jugendzeit wenig zu spüren. Ich wuchs auf in der stillen Abgeschiedenheit des väterlichen Hofes, der einige Minuten vom Dorf entfernt lag, umgeben von fruchtbaren Feldern und saftigen Wiesen. Weil meine Eltern ganz in ihrer Arbeit aufgingen und sich jeder parteipolitischen Organisierung entzogen – sie war ihrem Wesen und Denken zuwider –, blieb ich in meiner frühen Jugendzeit von der Beeinflussung durch den Nationalsozialismus verschont.

Dies änderte sich erst im Laufe meiner Schulzeit. Eines Tages stand in unserem Klassenraum an der Wandtafel: „Heute 15 Uhr auf dem Schulhof antreten!“ So fing der Dienst im „Deutschen Jungvolk“ an. Später erfolgte ebenso automatisch der Übergang in die „Hitlerjugend“. Kein junger Mensch konnte sich damals dem Zugriff dieser Zwangsorganisierung entziehen. „Hitlerjugend“ aber bedeutete zugleich vormilitärische Ausbildung: wir lernten das Strammstehen und das „zackige“ Grüßen, wurden unterwiesen, Hitler zu ehren und das Christentum als eine „artfremde“ weil ursprünglich „jüdische“ Religion zu verachten. Obwohl dies alles damals hingenommen wurde, empfand ich – ähnlich wie meine Eltern

– stets so etwas wie einen inneren Widerstand gegen das protzige Gehabe der braunen Uniformierten, und ich war immer froh, vom „HJ-Dienst" in die in jeder Hinsicht friedliche Umgebung meines Elternhauses zurückkehren zu können. Das Kriegerische lag mir ohnehin nicht. Ich wuchs also in einer eigenartigen Situation auf: Einerseits wurde ich recht autoritär erzogen, ohne dagegen etwas tun zu können, andererseits hatte ich doch ein inneres Unbehagen dagegen, das sich später bis zu offener Ablehnung steigern sollte.

Dazu gab es wahrhaftig Grund genug: Mein Vater mußte schon bald nach Beginn des Zweiten Weltkrieges seiner Einberufung zur Wehrmacht folgen und wurde gegen Ende 1944 bei Rückzugsgefechten auf dem Balkan vermißt. Er kehrte nie zurück. Meine Mutter erlebte daraufhin einen schweren Nervenzusammenbruch, von dem sie sich erst nach sehr vielen Jahren erholte. Daher lag meine Erziehung in den Händen ihrer Mutter, die infolge eigener schwerer Lebenserfahrungen ein allzu strenges Regiment im Hause führte. Dieser energischen kleinen Frau jedoch, sowie einem ebenfalls sehr strengen Lehrer aus Tornesch, bei dem ich zwei Jahre in die Schule ging, verdanke ich es, daß meine Eltern mich 1941 trotz fehlender Einsicht in den Sinn dieser Maßnahme auf die Meldorfer Gelehrtenschule schickten. Ohne den leidenschaftlichen Einsatz meiner beiden strengen Erzieher wären meine Eltern, die schlichten Bauersleute, in der damaligen Zeit nie auf einen solchen Gedanken gekommen. Nun aber ließen sie sich auf dieses für sie damals noch so ungewöhnliche Unternehmen ein – mehr dazu überredet als überzeugt. Auch ich selbst konnte kaum ahnen, welch eine entscheidende Wendung der Besuch dieses in Fachkreisen in bestem Ruf stehenden Gymnasiums für mein ganzes späteres Leben bedeuten würde. Ich habe der Meldorfer Gelehrtenschule sehr viel zu verdanken. So ein guter Ruf bedeutete natürlich für jeden ihrer Lehrer eine große Verpflichtung. Ihr glaubte man in der damaligen Zeit am besten zu entsprechen, indem man uns ganz im Geist des „Dritten Reiches" erzog. „Ihr sollt die geistige Elite unseres Volkes werden!", das war die Parole des damaligen Schuldirektors. Der Weg dorthin sollte über eine autoritäre Erziehung führen, eine Erziehung zu Gehorsam, Disziplin und – wie es damals gelegentlich hieß – zu „deutscher Zucht".

Dieses Elitedenken mitsamt seinem völkisch-weltanschaulichen Hintergrund wurde für mich jedoch mit einem Schlag fragwürdig, als ich in mehreren Fällen Augen- und Ohrenzeuge wurde von dem Grauen und Unrecht, das der vom Nationalsozialismus entfesselte Krieg über die Menschen gebracht hat. Als ich dann gar eines Tages durch einen auf Urlaub bei uns weilenden Verwandten von der Judenvernichtung erfuhr – er wußte aus unmittelbarem Erleben davon zu berichten –, da zerbrach in mir eine Welt. Hatte ich bisher nur eine gefühlsmäßige innere Ablehnung gegen alles Kriegerische und Nationalistische gekannt, war bei der „deutschen Zucht" mit seiner Überbewertung von Gehorsam und Disziplin nur ein nicht näher zu erklärendes Unbehagen in mir aufgestiegen, so begann ich jetzt dieses ganze Denken, das auch mich weitgehend geprägt hatte, zutiefst zu verachten.

In der Schule machte ich unvorsichtige kritische Bemerkungen, durch die ich meine Eltern in allergrößte Gefahr hätte bringen können. Daß sie ohne Folgen blieben, mag daher rühren, daß Lehrer und ältere Mitschüler – ich war einer der jüngsten in der Klasse – diese Äußerungen meiner jugendlichen „Unreife" zuschrieben. Die eigentlichen Konsequenzen aus dem furchtbaren Geschehen konnte ich erst nach dem Zusammenbruch des „Dritten Reiches" ziehen.

Es dürfte kaum verwundern, daß nach dem Ende der Nazi-Herrschaft solche Kreise mir imponierten, die von Anfang an dem Nationalsozialismus feindlich gegenüberstanden, oder die von jeher den Kampf gegen Unrecht und Krieg auf ihre Fahne geschrieben hatten. So kam es, daß ich mich mit etwa 17 Jahren den „Falken" zuwandte, einer sozialistischen Jugendbewegung, und – sehr zum Entsetzen der einheimischen und bäuerlichen Bevölkerung des Dorfes – einen Ortsverband der „Falken" gründete. Mir ging es darum, an meinem Platz gegen Militarismus und Krieg, für Frieden und Völkerverständigung zu arbeiten, und dazu schienen mir die „Falken" eine geeignete Plattform zu bilden. Die Sozialisten aller Länder proklamierten ja schon vor der bitteren Erfahrung der beiden Weltkriege die Losung: „Nie wieder Krieg!" Doch als der Erste Weltkrieg ausbrach, eilten auch sie zu den Waffen ihrer Vaterländer. „. . . weil ich, dein ärmster Sohn, auch dein getreuester war", schrieb einer der Arbeiterdichter.

Als ich im Sommer 1950 die Zeugen Jehovas näher kennenlernte, mußte ich mir sagen: Diese Leute sind konsequenter! Sie haben nicht nur in friedlichen Tagen sich für den Frieden und gegen den Krieg ausgesprochen; sie sind bei ihrem Nein zum Krieg auch dann noch geblieben, als es sie „Kopf und Kragen" kostete.

Nach diesem Kurzbericht über eine Strecke meines persönlichen Lebensweges dürfte der Leser verstehen, daß ich meine Hinwendung zu den Z. J. im Wesentlichen für eine wenn auch späte Reaktion halte auf meine Erfahrung des „Dritten Reiches". Dies alles hatte mich nicht nur für pazifistische und gesellschaftskritische – auch kirchenkritische! – Ideen aufgeschlossen und empfänglich werden lassen, sondern es hatte zugleich ein starkes religiöses Fragen ausgelöst, wenngleich ich es damals nur schwer zu artikulieren vermochte.

Religiöses Fragen als Anknüpfungspunkt für Jehovas Zeugen?

Während meiner Tätigkeit bei den „Falken" gab es für mich anregende weltanschauliche und religiöse Diskussionen. Ich erinnere mich gut an ein Wortgefecht zwischen dem damaligen Vorsitzenden des Kreisverbandes der „Falken" und einem der damals noch zahlreichen atheistischen und antikirchlichen Funktionäre, in dessen Verlauf der Vorsitzende darauf hinwies, daß selbst die größten Gegner des Christentums der Gottesfrage nicht hätten ausweichen können. Es hat einen bleibenden Eindruck bei mir hinterlassen, als der Vorsitzende dann – selber innerlich bewegt – das Gedicht „Dem unbekannten Gott“ aus der Feder des verschworenen Christusgegners Friedrich Nietzsche streckenweise auswendig zitierte:

Noch einmal, eh ich weiter ziehe
und meine Blicke vorwärts sende,
heb ich vereinsamt meine Hände
zu dir empor, zu dem ich fliehe,
dem ich in tiefster Herzenstiefe
Altäre feierlich geweiht,
daß allezeit
mich deine Stimme wieder riefe.
Darauf erglüht, tief eingeschrieben
das Wort: dem unbekannten Gotte.
Sein bin ich, ob ich in der Frevler Rotte
auch bis zur Stunde bin geblieben.
Sein bin ich – und ich fühl die Schlingen,
die mich im Kampf darniederziehn
und, mag ich fliehn,
mich doch zu seinem Dienste zwingen.

Ich will dich kennen, Unbekannter,
du tief in meine Seele Greifender
mein Leben wie ein Sturm Durchschweifender,
du Unfaßbarer, mir Verwandter!
Ich will dich kennen, selbst dir dienen.

Eine weitere Erinnerung soll hier nicht unerwähnt bleiben: Bevor ich zu den Zeugen stieß, ging ich hin und wieder mit anderen jungen Männern zum Tanz, und zwar mit einer gewissen freudigen Erwartung, wie man sie eben zu einem Fest mitbringt. Doch wenn ich dann – zumeist noch vor Schluß der Veranstaltung – heimwärts ging, überfiel mich oft eine furchtbare innere Leere und ein Gefühl der Enttäuschung, daß sich mir die Frage aufdrängte: Gibt es denn nichts Besseres auf der Welt? Lange schaute ich dann in den nächtlichen Sternenhimmel, den ich als ein großes Wunder Gottes empfand, und dachte nach über Gott und die Welt, über den großen Schöpfer und seine – ach so wunderlichen – Geschöpfe.

Wie der Anblick des Sternenhimmels mich mit frommer Scheu erfüllte, so konnte mich auch der Anblick einer Blume, einer Frühlingslandschaft oder des wogenden Meeres zum Beten drängen. Oftmals stimmte ich dann eines der schönen geistlichen Lieder an, die ich im Konfirmandenunterricht der evangelischen Kirche gelernt hatte, – etwa „Großer Gott, wir loben dich“, oder „O daß ich tausend Zungen hätte und einen tausendfachen Mund, so stimmt' ich damit um die Wette aus allertiefstem Herzensgrund ein Loblied nach dem andern an, von dem, was Gott an mir getan".

Durch solche Lieder wohl angeregt, schrieb ich in jener Zeit folgendes Gedicht:

Siehst du dort die Wogen ziehen,
siehst du dort die Blumen blühen,
siehst du diese ganze Pracht,
wie sie strahlt und wie sie lacht?
Spürst du nicht des Lebens Wonne,
wenn die warme Frühlingssonne
niederstrahlt aus blauem Zelt,
Kund' zu geben dieser Welt
von des großen Schöpfers Stärke,
von den Wundern seiner Werke,
von der Allmacht seiner Hand?
Künd't nicht Himmel, Meer und Land,
jeder Baum, ja, jedes Kraut,
alles, was das Auge schaut,
zeugt nicht jede Ackerkrume
von des großen Gottes Ruhme?
Und ich selbst? Ich schweige still,
weil ich ihn nicht kennen will?
Nein, auch ich will dankbar singen,
will ihm Preis und Ehre bringen,
Künden möcht' ich erdenweit
von des Schöpfers Herrlichkeit!

So fanden die Z. J. also auch in religiöser Hinsicht bei mir einen gut vorbereiteten Boden. Ich mußte es wohl selbst so empfunden haben, denn in meinen ersten Gesprächen mit Gerd, jenem jungen Mann, der mich als frisch geangelten „Menschen guten Willens" betreute, gestand ich freimütig: „Ich bin ein religiöser Mensch." Diese Bemerkung hätte ich wohl inzwischen längst vergessen, würde nicht Gerd damals sofort mit einer „theokratischen Belehrung" geantwortet haben, die sich mir fest einprägte: „Das wahre Christentum ist keine Religion", so korrigierte er mich. „Religion ist vielmehr etwas, das dem Willen Jehovas entgegengesetzt ist." Das war mir ganz neu, und mit Interesse ließ ich mir zeigen, was die Wachtturm-Schriften darüber sagten: „Religion ist eine Schlinge und ein Fallstrick des Teufels." Diese Ansicht, die J. Z. seit 1937 vertraten, wurde besonders nachdrücklich in dem Buch „Kinder" in dem für Wachtturm-Schriften typischen Jargon dargelegt.

Das Buch bezeichnet die Verführung der Eva durch die Schlange im Garten Eden als den Ursprung der Religion: *„Das Weib hatte den Wunsch, ‚wie Götter' zu werden . . . Ihrem Verlangen nachgebend, über-*

trat sie das Gesetz des allmächtigen Gottes; und darauf schloß Adam sich ihr in der Übertretung oder Sünde an. Das war der Anfang der Gesetzlosigkeit und auch der Anfang *der Religion . . .*“ Richtig verstanden sei *„Religion das Tun von irgend etwas, was dem Willen Gottes . . . entgegen ist“.*[3]

Faszinierendes und Enttäuschendes

Erst 1953 lassen J. Z. diese als neu und besonders wertvoll angesehene Lehre Rutherfords, ihres zweiten Präsidenten, wieder fallen. Von nun an heißt es, man müsse zwischen wahrer und falscher Religion unterscheiden. Die falsche Religion finde sich bei den Heiden und der „abgefallenen Christenheit“ und habe keine Zukunft. Doch *„die wahre, von Gott gepflanzte Religion hat die Frucht der wahren . . . Anbetung gesät und wird nun die Frucht der Gerechtigkeit ernten . . . folglich wird die wahre Religion bestehen bleiben. Jehovas König . . . ist an der Religion besonders interessiert.“*[4]

Doch von solchen radikalen Kehrtwendungen in der Z. J.-Lehre kann ich jetzt, am Anfang meiner Zeugenzugehörigkeit, noch nichts ahnen. Noch gilt: Religion ist vom Teufel und führt nur weg von der wahren Anbetung und von dem Dienst für Jehova. Und tatsächlich bedeutet der Kontakt zu den Zeugen für mich keine religiöse Vertiefung. Ganz andere Dinge stehen ja bei ihnen im Vordergrund, und auch ich bin zu dem Zeitpunkt davon viel zu sehr fasziniert, als daß ich mich für eine engere Verbindung mit Gott und Jesus Christus öffnen könnte.

Fasziniert bin ich von dieser neuen Gesellschaft des Friedens. Wo gibt es eine Organisation, deren Glieder so einmütig und konsequent zum Krieg Nein sagen? So argumentieren wir. Fasziniert bin ich von unserer „kristallklaren“ Lehre. Wo ist eine Religionsgemeinschaft, deren Glieder über so viel religiöses Wissen verfügen wie Jehovas Zeugen? So rühmen wir uns selbst.

Fasziniert bin ich von unserem weltweiten konzertierten Predigtwerk. Wo gibt es eine christliche Gemeinschaft, deren Glieder so aktiv sind im Verbreiten der christlichen Wahrheit wie Jehovas Zeugen? So fragen selbst die Kritischen unter ihnen. Fasziniert bin ich von der endzeitlichen Hoffnung der Z. J. Wo sind die Christen, die so sehr Ernst machen mit der Erwartung des Endes alles Bestehenden und mit dem Anbruch des Neuen wie die Z. J.? So reden wir uns selbst in immer festere Überzeugung hinein!

Wohl brechen im Lauf der folgenden Jahre bei mir Fragen auf. Immer wieder sehe ich mich zur kritischen Prüfung und Selbstprüfung genötigt nach dem Wort: „Prüft euch selbst, ob ihr im Glauben seid“ (2. Kor. 13, 5). Jedoch, wie alle Z. J., versuche ich immer wieder uns selbst zu rechtfertigen, die „theokratische Organisation“, ihre Lehren und Praktiken zu verteidigen. Dabei fällt mir auf, daß wir uns völlig mit der Wachtturm-Organisation identifizieren, so daß jede Kritik an ihr von uns als ein Angriff gegen die eigene Person empfunden wird.

Dieses merkwürdige Ineinander von Faszination und kritischem Fragen, von Identifikation und Distanzierung, läßt sich aus der Rückschau schwer beschreiben und wird dem Leser immer leicht als ein zeitliches Nacheinander erscheinen. Ich gehe daher von den einzelnen Anlässen meiner Faszination aus, um mich von da aus den Fragen zu nähern, denen ich mich zunächst nur zögernd, dann aber mit allen Konsequenzen stelle.

Diese Fragen kommen in der Regel ganz ungesucht und unerwartet auf mich zu. So erhalte ich eines Tages von befreundeten Z. J. ganze Jahrgänge alter Wachtturm-Ausgaben. Mit großem Interesse lese ich darin bis tief in die Nacht hinein und erfahre so, was in früheren Jahren und Jahrzehnten bei J. Z. als Wahrheit galt. Durch sie lerne ich zu durchschauen, daß die eigentlichen Vorväter der heutigen Z. J. die amerikanischen Adventisten des vorigen Jahrhunderts sind, und daß entscheidende Wachtturm-Lehren in deren Endzeitberechnungen ihren Ursprung haben. Später erhalte ich auch eine Anzahl älterer Bücher der Wachtturm-Gesellschaft. Mein immer noch unbefriedigtes Suchen veranlaßt mich, ihnen meine besondere Aufmerksamkeit zuzuwenden. Aber bin ich nicht schon „in der Wahrheit"? Ich erschrecke selbst darüber, daß ich dennoch immerfort nach Wahrheit und Heil einen unersättlichen Hunger empfinde. Ob es noch Größeres gibt, als das bei J. Z. heute Empfangene, das mich so begeistert, teilweise jedoch völlig unbefriedigt läßt?

Je mehr ich in den alten Wachtturm-Schriften lese, um so größer meine Enttäuschung. Der Geist, der aus ihren Blättern spricht, stößt mich ab. Einige Bücher, wie „Licht", „Rechtfertigung" und „Prophezeiung", mag ich nicht mehr in die Hand nehmen, um darin zu lesen. Ich verstehe plötzlich, warum einige Brüder sagen, ein Zeuge Jehovas solle die ältere Literatur gar nicht beachten; sie sei überholt. Warum also sich mit solchen Dingen beschäftigen, da wir doch jetzt „helleres Licht" haben?

Ich nehme mir daher vor, in Zukunft bei der neuzeitlichen Literatur der Wachtturm-Gesellschaft zu bleiben, obwohl auch bei ihrem Studium mich immer wieder ein merkwürdiges Gefühl der Leere und des Unbefriedigtseins überfällt. Ob diese am Ende nur den Verstand befriedigt und das Herz kalt läßt? Jedenfalls: Die Sehnsucht nach dem Fehlenden, dem Unerklärlichen, bleibt. Nur vorübergehend kann ich sie ersticken durch Versammlungsbesuch, durch den Dienst von Tür zu Tür, später auch durch das Aufgehen im Beruf, bis ich nach Jahren schließlich einen ganz neuen Weg einschlage: Ich wende mich der Bibel selbst zu. Und zwar lese ich nicht nur die für Z. J. wichtigen, ihre Lehre stützenden Stellen, sondern ich studiere die Bibel im Zusammenhang und unter Gebet. Auch lese ich sie jetzt nicht mehr durch die „Wachtturm-Brille", sondern suche mich auch dann ihren Aussagen zu stellen, wenn sie der Zeugen-Lehre zu widersprechen scheint. Im Licht der Bibel lerne ich schließlich, mich selbst ganz neu zu sehen und nicht zuletzt auch das, was mich einmal so gewaltig faszinierte.

II. Zerbröckelnde Faszination

Die Faszination einer neuen Gesellschaft der Liebe und des Friedens zerbricht

Wer ließe sich nicht gern faszinieren von dem Gedanken an eine neue Welt, in der die Liebe regiert und alle Menschen friedlich miteinander leben? In den fünfziger Jahren stellte die Wachtturm-Verkündigung diesen Gedanken besonders heraus: Diese Neue-Welt-Gesellschaft ist *hier*; sie ist hier, um zu bleiben! Doch auch in den folgenden Jahrzehnten wußte die Wachtturm-Gesellschaft die Z. J. und Außenstehende für ihre neue Gesellschaft der Liebe und des Friedens zu begeistern. „Es ist etwas Wunderbares, zu dieser Organisation zu gehören, deren Glieder aus allen Rassen und Nationen stammen und durch das ‚vollkommene Band der Einheit' – die göttliche Liebe – miteinander verbunden sind und gemeinsam Jehova anbeten und ihm dienen."[5]

Als Z. J. sind wir daher völlig überzeugt, daß unsere Gemeinschaft alles andere, was es geben mag auf dieser Erde, in den Schatten stellt. Zwischen uns und der „alten Welt" ist ein Unterschied wie Tag und Nacht. Das sagen wir den Menschen nicht nur; das sollen sie auch spüren, etwa an der Art und Weise, wie wir miteinander umgehen, sei es in der Familie, am Arbeitsplatz oder in der Versammlung. Darum werden wir auch immer wieder unter Hinweis auf Bibelworte ermahnt, den Menschen gegenüber, die noch „draußen" sind, „*ehrbar* zu wandeln". Sie sollen es wissen: Jehovas Volk ist anders. Seine Zeugen „*führen ein Leben nach den erhabenen christlichen Grundsätzen, die sie auch anderen empfehlen*".[6]

Besonders die großen Kongresse der Z. J. eignen sich dazu, dies alles einer breiten Öffentlichkeit vorzuführen. Darum wird immer wieder ermahnt, doch ja keine Drängelei entstehen zu lassen beim Einsteigen in öffentliche Verkehrsmittel, Unruhe und unfreundliche Bemerkungen zu vermeiden beim Warten auf die Massenverpflegung, und nicht zuletzt: daß doch ja niemand einen Fetzen Papier im Stadion zurücklasse! Daß diese Dinge angemahnt werden, zeigt, sie sind auch bei den Z. J. nicht selbstverständlich. Doch immerhin ist der Erfolg spürbar: Bei den Mammutkongressen zeichnen sich J. Z. durch diszipliniertes Verhalten aus und ernten dafür dann auch das entsprechende Lob in der weltlichen und kirchlichen Presse, wie auch das unentbehrliche Eigenlob in „Wachtturm" und „Erwachet". Für Menschen, die von Jugend an auf Disziplin „getrimmt" sind, stellt dies schon einen Beweis dar, daß bei uns „die Richtung stimmt".

Ist es bei der festlichen Stimmung der Kongresse ohne Schwierigkeiten möglich, „ein eindrucksvolles Zeugnis" abzulegen für den „guten Geist", der bei uns herrscht, so erweist sich dies bei dem fast täglichen Umgang miteinander in den kleinen örtlichen Versammlungen oft als sehr viel komplizierter. Die Versammlung Meldorf, zu der ich damals gehöre, zählt anfangs nur ein gutes Dutzend (dazu einige Interessierte, die bei besonderen Anlässen erscheinen). Einige sind zudem alt und kränklich. So kommt es, daß unsere Zusammenkünfte oft nur schlecht besucht werden. Doch was macht das schon aus? Die Hauptsache ist: Wir leben als „Neue-Welt-Gesellschaft" zur Ehre Gottes. Auf die Zahl der Befürworter kommt es nicht an. Im Laufe der Zeit schließen sich dann auch weitere Neuinteressierte der Meldorfer Versammlung an.

Um so mehr bedrückt es mich manchmal, daß unsere drei- oder viermal wöchentlich stattfindenden Versammlungen – wiewohl alles nach Programm abläuft, oder gerade deswegen? – so starr und eintönig sind. Liegt's daran, daß der zu behandelnde Stoff bisweilen sehr trocken und geschäftlich-kalt wirkt? Ich empfinde dies besonders, wenn der „Informator" – später heißt er „Unser Königreichsdienst" – durchgearbeitet wird, und gelegentlich auch beim wöchentlichen „Wachtturmstudium". Doch beschließe ich, daran keinen Anstoß zu nehmen. Wir sind Jehovas Volk und leben nach Gottes Wort. Und wir haben die böse Welt mit ihrem Haß und Streit, mit ihrem elenden „Klatsch und Tratsch" hinter uns gelassen. Warum also irgendwelchen unwichtigen, subjektiven Empfindungen Raum geben oder gar noch darüber sprechen?! Doch „wes das Herz voll ist, des läuft der Mund über": Als ich eines Abends Irmgard K., die ein Dienstamt in der Versammlung innehat, wegen einer Schriftenbestellung in ihrer Wohnung aufsuche, und dabei ein Gespräch über „die Wahrheit" nicht ausbleibt, entgleitet mir ganz beiläufig die Bemerkung: „Nur schade, daß unsere Versammlungen so kalt wirken, denn der durchzuarbeitende Stoff im ‚Informator' und im ‚Wachtturm' ist oft so kalt und trokken . . ."

„Mensch", antwortet sie, „genau dasselbe hat mir neulich eine ältere Hamburger Schwester gesagt. Die klagte unter Tränen: ‚Der Wachtturm ist so kalt'." Was ich als unwichtiges, subjektives Empfinden abtun wollte, machte also auch anderen Not. Ich denke einen Augenblick darüber nach, wie viele unter den Z. J. dies wohl spüren mögen, aber dennoch darüber schweigen. Doch wir verlassen möglichst schnell dieses heikle Thema und bestätigen einander, es sei doch die Hauptsache, daß wir die Wahrheit haben und danach leben . . .

Einige Tage später begegne ich auf dem Weg in die Versammlung einer anderen Zeugin. Ich steige vom Fahrrad ab. Ein freundliches „Guten Abend", ein kurzer Händedruck, und schon fahre ich weiter. Da vernehme ich hinter mir noch einmal ihre Stimme: „Du, hör mal, du warst neulich am Abend so lange bei der Irmgard . . .", und dann fügt sie eine eindeutig zweideutige Bemerkung hinzu, die mich erschrecken läßt. In der Gerüchteküche kocht's! Daß ich bei der Irmgard K. gewesen bin, wird jetzt unter den Z. J. der Versammlung fleißig weitererzählt. Gibt es also auch bei den Z. J. diesen elenden Klatsch wie in der „alten, bösen Welt"? Auch hier die verdorbene Phantasie, die jedem alles zutraut, nur nicht viel Gutes?

Zunächst suche ich alles zu entschuldigen nach der üblichen Devise: Nobody is perfect – niemand ist vollkommen! Oder – wie es bei den Z. J. heißt – „wir sind eben alle unvollkommen". Später lerne ich zu begreifen, das Urteil der Heiligen Schrift gilt auch uns: „Sie sind alle Sünder" (Röm. 3, 23).

Besonders nachdem ich einige Dienstämter in der Versammlung übernommen habe und schließlich Versammlungsaufseher werde, finde ich diese Einsicht durch mancherlei Erfahrungen bestätigt.

Unter der Last der Verantwortung und der zahllosen dienstlichen Verpflichtungen wird es mir selbst immer schwerer, unsere idealistischen Vorstellungen von der „glücklichen Neuen-Welt-Gesellschaft" durchzuhalten. Von anderen Aufsehern weiß ich, daß es ihnen nicht besser ergeht: Für das persönliche Bibelstudium bleibt kaum noch Zeit. Nach der Tageshetze der „irdischen" Arbeit kommt die Feierabendhetze der Versammlungsbesuche. Auf die pausenlose Hetzjagd des Werktags folgt die des Sonntags: vormittags Dienst von Haus zu Haus, nachmittags Wachtturm-Studium, manchmal auch noch zusätzlich Vorträge.

Besonders ältere und kranke Z. J. leiden unter dem Dauerstreß. Vor allem aber kränkt es sie, wenn man ihnen dann noch Vorhaltungen macht, nicht genügend getan zu haben im Dienst von Tür zu Tür. Als der Bezirksaufseher einer Zeugin in sehr drastischer Weise klarzumachen versuchte, daß ihre Kopfschmerzen kein Grund wären, dem Felddienst fernzubleiben, daß diese vielmehr bestimmt nachließen, wenn sie sich nur mehr einsetzen würde, konnte sie nicht mehr an sich halten: „Wir sind eine Knüppel-Organisation", weinte sie. Der Bezirksaufseher verstand – offenbar bewußt – falsch: „Richtig", sagte er, „wir sind eine Krüppel-Organisation. Wir haben so viele Kranke und Krüppel . . ." Sie aber bestand darauf: „Knüppel-Organisation habe ich gesagt!"

Später erlebte ich es noch oft, daß Z. J. – manchmal unter Tränen! – bekannten: „Ich fühle mich zum ‚Felddienst' nicht hingezogen, sondern hingeprügelt!"

Als Versammlungsaufseher frage ich mich immer neu, ob denn das Gottes Absicht und der Sinn des Predigtauftrags sein kann. Daß so von der Faszination der „glücklichen" Gemeinschaft der Liebe und des Friedens nichts übrigbleibt, liegt wohl auf der Hand. Andererseits kann ich mich manchmal des Eindrucks nicht erwehren: Wir Z. J. brauchen die eifrige Tätigkeit zu unserer eigenen Bestätigung. Kein Wunder! Je weniger der Glaube an die „glückliche Neue-Welt-Gesellschaft" durchzuhalten ist, desto mehr müssen wir unsere Rechtfertigung in anderen Bereichen suchen. Wenn uns die „theokratische Organisation" als Gemeinschaft der Liebe und des Friedens fragwürdig wird, sagen wir: „Aber wir haben doch die richtige Erkenntnis, die reine Lehre. Und wir besitzen sie nicht nur für uns, wir geben sie auch ständig weiter."

Dieser Hinweis findet auch bei Außenstehenden kaum Widerspruch. Im Schlagabtausch der Argumente wahren wir so unser Gesicht. Wir spielen unsere Rolle gut. Sind wir nicht die Gemeinschaft der moralisch Besseren, noch die der Glücklichen, so sind wir doch die Organisation der fleißig und korrekt Predigenden . . . Vor Menschen kommen wir recht elegant über die Runden!

Wie aber komme ich vor Gott und dem eigenen Gewissen zurecht? Kann ich da auch noch mit Argumenten jonglieren, von einer Position auf die andere ausweichen, wie wir als Kinder im Winter auf dem Teich von einer Eisscholle auf die andere sprangen? Eine große innere Unruhe und unbeschreibliche Sehnsucht nach Frieden lassen mich immer wieder zur Bibel greifen. Und das Ergebnis?

Die Faszination der reinen Lehre zerbricht

Daß dies nicht ohne große innere Erschütterung geschehen kann, dürfte erst dem klarwerden, der etwas von der Faszination dieser Lehre und ihres unerhörten Anspruchs verspürt hat. Was ist denn daran so beeindrukkend?

1. Der Anspruch qualitativer Überlegenheit

„Die Wahrheit ist klar wie Kristall", so rühmte mein Vorgänger im Amt des Versammlungsaufsehers die Wachtturm-Lehre, „kein Körnlein Staub ist darin. Und wenn's anders wäre, dann wäre sie nicht die Wahrheit!" – Das entspricht auf der ganzen Linie dem, was auch in den Wachtturm-Schriften zu lesen ist: daß die Lehre der Z. J. von allen lehrmäßigen Verirrungen der „Namen-Christenheit" gereinigt und immer mehr mit der Bibel in Einklang gebracht wurde. Darum ist sie den „babylonischen" Lehren der Kirchen – nach ihrem eigenen Verständnis – himmelhoch überlegen: Sie ist die *reine* biblische Lehre. Im Bewußtsein dieser Überlegenheit kann man dann natürlich andere zur Buße und zur Rückkehr zum biblisch-apostolischen Glauben aufrufen.[7]

Wenn aber unsere Lehre biblisch und – das wird vorausgesetzt – daher notwendigerweise richtig ist, dann ist sie auch „logisch", „vernünftig", so folgern die Zeugen. Ihre Lehre empfiehlt sich daher durch ihre Rationalität.

2. Der Anspruch der Rationalität

Die Wachtturm-Gesellschaft hat alles getan, daß ihre Bibelauslegung dem Wunsch des modernen Menschen nach „Vernünftigkeit" und „Logik" in hohem Maße entspricht. Ob sie dabei noch dem *ganzen* Schriftzeugnis gerecht wird, ist eine andere Frage. Ich erinnere mich an ein langes Gespräch mit einem sehr bibelfesten Zollbeamten, der mir mit Bibelzitaten erfolgreich antworten konnte. Als ich dann einen erfahrenen „Pionier“ zur Verstärkung mitbrachte[8], konnte er uns wieder mit Worten der Heiligen Schrift entgegentreten und uns in unserer ach so vernünftigen Ablehnung der Gottheit Christi so sehr „ins Schleudern“ bringen, daß wir nichts mehr zu sagen wußten. Mein „Verstärker“ blätterte verlegen in seinem Buch „Gott bleibt wahrhaftig“, um sich noch ein Argument zu suchen, und mir wurde zu meiner eigenen Beschämung klar, daß in der Bibel noch sehr viel mehr steht, als die Z. J. gelten lassen.

Noch beschämender aber war für mich der einzige Kommentar meines Begleiters, nachdem wir uns verabschiedet hatten: „Der Mann ist ein *Bock*“ (nach Matth. 25, 31–46 „Trennung der Schafe von den Böcken“; bei den Z. J. ist damals ein „Bock“ ein unbelehrbarer, verstockter Typ).

Was hätte es uns eigentlich geschadet, einmal zuzugeben, daß wir etwas nicht erklären konnten? Daß es auch für uns ein Geheimnis gibt? Daß wir nicht auf alle Fragen eine Antwort wissen – und wissen können (1. Kor. 13, 9. 12)? Doch nein, das läßt der Rationalismus der Z. J. nicht zu. Und noch eins: es könnte ja im großen, imponierenden Lehrgebäude ein Stützpfeiler zerbrechen und damit das Ganze zum Einsturz kommen. Denn die ganze Faszination dieser Lehre beruht nicht zuletzt auf ihrer inneren Geschlossenheit.

3. Der Anspruch der Geschlossenheit der Lehre

Die Lehrbücher der Zeugen sprechen gern vom „Vorhaben Jehovas“. Sie beschreiben im Grunde immer wieder den Weg des Menschengeschlechts vom Paradies im Garten Eden, das durch Sünde und Ungehorsam verlorenging, bis zum wiederhergestellten Paradies in „Jehovas Königreich“. Dieser irdische Geschichtsablauf mit all seinen Höhen und Tiefen aber ist eingebettet in ein übergeschichtliches und überirdisches Drama. Die Z. J. sprechen von der „großen Streitfrage“ um die Weltherrschaft. Um was geht es dabei?

Z. J. sagen etwa so: Nach der Erschaffung des Menschen und nachdem ihm der Garten Eden als seine ewige Heimat zugewiesen worden war, setzte Jehova einen hohen Engelfürsten, Luzifer, als Schirmherrn über ihn und das zu erwartende Menschengeschlecht ein. Dieses vollkommene Geschöpf aber nutzte seine Freiheit und Größe nicht zum Segen des Menschen und zur Ehre Gottes, sondern stellte durch ein verführerisches Angebot an den Menschen das Wort und die Oberhoheit Jehovas in Frage. Nun ist also eine große Streitfrage aufgeworfen. Wer hat Recht, Jehova oder der nun zum Teufel und Satan gewordene Engelfürst Luzifer? Jehova räumt dem Satan eine Frist von sechstausend Jahren ein, während dieser zu beweisen versucht, daß „kein Geschöpf unter widrigen Umständen Gott treu sein kann“. Auf der anderen Seite wird Jehova seinen Namen, sein Wort und seine Oberhoheit rechtfertigen, indem Menschen ihm die Treue halten und sich so als *Jehovas Zeugen* erweisen – Zeugen im beinahe juristischen Sinn des Wortes.

In dieser Gesamtschau werden dann alle treuen Gottesmänner, von Abel angefangen bis hin zu den Aposteln, zu Zeugen Jehovas, so daß man im Unterschied zu ihnen die heutigen Wachtturm-Anhänger als „Zeugen Jehovas der Neuzeit“ bezeichnen kann. Sie verstehen sich daher als „das Volk mit der ältesten Geschichte“.[9]

In diesem übergeordneten Thema von der großen Streitfrage hat bei den Z. J. auch Jesus Christus seinen Platz. Im Gegensatz zu dem großen Gegenspieler Luzifer war Jesus Christus als „das Wort“ und „der Werkmeister Gottes“ seit seiner „Erschaffung“(!) ein treuer Sachwalter Jehovas. Durch *ihn* hat Gott alle Dinge ins Dasein gerufen. *Ihn* hat er auch in die Welt gesandt, um als „Jehovas Hauptzeuge“ die Rechtfertigung Gottes herbeizuführen. Verständlich, daß nun *„der Hauptzweck seines Kommens auf die Erde nicht darin bestand, die Menschheit zu erlösen und zu erretten“.*[10] Jesus mußte vielmehr „die Wahrheit verkündigen“ und durch seinen Gehorsam bis zum Tod am „Marterpfahl“ – das Kreuz wird als heidnisches (!) Symbol abgelehnt – seine Treue beweisen zu Jehovas Rechtfertigung.

Die heutigen Glieder der „Organisation Jehovas“ sollen ihm darin folgen, daß sie „ihre Lauterkeit“ unter widrigen Umständen beweisen. Die ganze übrige Welt wird damit automatisch und selbstverständlich als „Organisation Satans“ eingestuft. Sie ist zur ewigen „Vernichtung“ verurteilt. Die Vollstreckung dieses Urteils bedeutet jedoch für Z. J. nicht nur Zukunftsmusik. Den entscheidenden Schlag führte der oberste „Feldmarschall Jehovas“, Jesus Christus, schon im Jahre 1914. Damals entbrannte ein „Krieg im Himmel“, bei dem Christus mit seinen Heeren den Sieg davontrug, den Teufel und seinen Anhang zur Erde hinabschleuderte und im Himmel sein „glorreiches Königreich aufrichtete“. Nun ist es nur noch eine Frage der Zeit, daß er auch den irdischen Teil der „Organisation Satans“ in der Schlacht von „Harmagedon“ zerschlagen und seine Königsherrschaft auf die Erde ausdehnen wird. Weil durch diesen Endsieg des „Königreiches“ der Name Jehovas „völlig gerechtfertigt werden wird“, darum ist für die Z. J. die Lehre vom Königreich die wichtigste Einzelwahrheit in der großen Konzeption des „Vorhabens Jehovas“. Ebenso wird verständlich, warum das schreckliche Blutbad von „Harmagedon“ in Glauben und Verkündigung bei ihnen ein so unverhältnismäßig starkes Übergewicht gewinnt (obwohl der Begriff des „Krieges von Harmagedon“ nur ein einziges Mal in der Bibel vorkommt, nämlich in Offenbarung 16, 16!).

Vor allem aber leuchtet mir mehr und mehr ein, daß dieses Lehrgebäude deswegen so fasziniert, weil es dem Zeugen Jehovas und also dem *Menschen* eine unerhörte Bedeutung zuerkennt: er kann und er soll im Rechtsstreit Jehovas *der Sache Gottes mit zum Sieg verhelfen.* Der allmächtige Gott ist gleichsam auf uns angewiesen. *„Es obliegt euch eine Verantwortung: die Rechtfertigung des Namens Jehovas herbeizuführen“,* rief vor Jahren der damalige Präsident der Wachtturm-Gesellschaft, N. H. Knorr, in einer Abschiedsrede den Studenten der Wachtturm-Bibelschule „Gilead“ zu. Der Mensch kann für Gott etwas tun! Und – dieses Tun gewinnt geradezu überirdische Bedeutung! Der Mensch empfängt hier seine Würde durch seine eigene Leistung! Was die Wachtturm-Gesellschaft über die „eigenen Verdienste“ in ihren Büchern zu sagen weiß, liegt somit nur in der Konsequenz dieses Gedankengebäudes von der großen Streitfrage und der Rechtfertigung Jehovas.

Rechtfertigung Gottes durch Menschen oder Rechtfertigung des Menschen durch Gott?

Mag man für diese imponierende Lehrkonstruktion von der Rechtfertigung Jehovas auch noch so viele Bibelstellen zu ihrem Aufbau und zu ihrer Stützung herangezogen haben, beim Lesen des Neuen Testaments, besonders des Römerbriefs, wird mir deutlich: Hier begegnet mir etwas ganz anderes. Hier geht es nicht darum, daß Menschen Gott rechtfertigen sollen, sondern daß Gott den Menschen „rechtfertigen“ muß, wenn dieser nicht für Zeit und Ewigkeit verlorengehen soll. Ehe wir überhaupt in der Lage sind, etwas für ihn zu tun, gilt es zu hören, was er für uns getan hat. Und gerade *dies* begründet die hohe Bestimmung des Menschen, von der auch der Römerbrief weiß. Darum hat sie ihren Grund nie in unserer eigenen Leistung.

Alle eigenen Verdienste, Vorzüge und Leistungen des Menschen – und also auch alle „eigene“ Würde – hat der Apostel Paulus geradezu abgeschmettert durch den Nachweis: „Da ist kein Gerechter, auch nicht *einer*“ (Röm. 3, 10 als Zusammenfassung der ersten Kapitel des Römerbriefs). Wer wollte dagegen die Stimme erheben und erklären: Kein Gerechter? – doch: *ich!*? – Nein, ich muß nach allen Erfahrungen mit mir selbst und mit anderen *Gott recht geben: „Alle* haben gesündigt und die Herrlichkeit verloren, die Gott ihnen zugedacht hat“ (Röm. 3, 23 – revidierte Lutherübersetzung).

Wenn es so um uns steht, wie wird dann Gottes Urteil lauten? Wir schuldigen Angeklagten können gerechterweise nur eins erwarten: das Todesurteil!

Nun aber geschieht eine unvorstellbare Wendung: *Freispruch!* Noch mehr, Gott nimmt uns an. Er „macht uns gerecht“, d. h. er spricht uns zu: „Mein Kind, du bist mir recht.“ Das haben wir nicht verdient, das ist *Gnade!* Hier können wir zunächst gar nichts tun als aufatmen, dies Geschenk annehmen und dafür danken. Das ist angemessener, als alles sofort erklären zu wollen. Und doch bricht dann irgendwann die Frage in uns auf. „Gerecht aus Gnade“ (Röm. 3, 23)! Wie kann es zu dieser schier undenkbaren Wendung kommen? Die Antwort des Apostels Paulus lautet immer wieder: *„durch Jesus Christus“*. Mit den aus dem jüdischen Opfergottesdienst übernommenen Begriffen seiner Zeit erklärt er, wie Gott durch Jesus Christus *für uns* gehandelt hat. Ihn traf an unserer Statt das Todesurteil, so ermöglichte er für uns den Freispruch und offenbarte Gottes Gerechtigkeit, die völlig unabhängig von der Erfüllung der Forderungen der Gebote „aus dem Glauben an Jesus Christus kommt und allen zuteil wird, die glauben“ (Röm. 3, 21–25).

„Allen, die glauben“! Da ist auch nicht die Spur einer Unterscheidung zwischen den Gliedern einer himmlischen und einer irdischen Klasse, wie sie J. Z. vorgenommen haben. Da ist auch nicht die Rede davon, dieses Geschenk gelte nur denen, „die fleißig Jehova dienen“, die über die „reine Lehre“ verfügen, oder die „zur Theokratischen Organisation Zuflucht genommen haben“. Dies Heil ist für alle da, und zwar „ohne eigenes Verdienst“ (Röm. 3, 23). Paulus fragt: „Wo bleibt nun das Rühmen“ (menschlicher Qualitäten, Leistungen und Vorzüge)? Und er antwortet: „Es ist ausgeschlossen . . . Denn wir sind überzeugt, daß der Mensch gerecht wird ohne die Werke des Gesetzes, allein durch den Glauben“ (Röm. 3, 27. 28).

Überwältigt bin ich geradezu von dem, was diese geschenkte Rechtfertigung *bewirkt*: „Da wir nun durch den Glauben gerecht geworden sind, haben wir *Frieden* mit Gott durch unseren Herrn Jesus Christus“ (Röm. 5, 1 – revidierte Lutherübersetzung). Nun erst beginne ich zu begreifen, warum ich bisher keinen Frieden hatte: Kein Friede ohne vorherige Rechtfertigung und Annahme bei Gott!

Wie die hohen Gipfel der Berge aus einer Landschaft hervorragen, so erscheinen mir diese Worte aus Römer 5, 1 ff. als Gipfel des Römerbriefs, ja, als Gipfel in der Landschaft der Bibel überhaupt, als Gipfel schließlich aller christlichen Glaubenserfahrung. Erfahrung sage ich, denn ich merke sehr bald: hier geht’s ja um viel mehr als eine Lehre; nämlich um ein Handeln Gottes mit uns, das man erfahren kann, um einen neuen Stand, in den wir versetzt werden, eine hohe Würde, die wir als freies Geschenk empfangen.

Und doch reicht die Bedeutung der Glaubensgerechtigkeit noch weiter: Sie ist auch die Voraussetzung für unsere Rettung im Endgericht Gottes. Der Apostel Paulus schreibt: „Gott . . . erweist seine Liebe zu uns darin, daß Christus für uns gestorben ist, als wir noch Sünder waren. Um wieviel mehr werden wir durch ihn vor dem Zorngericht bewahrt werden, nachdem wir jetzt durch sein Blut gerecht geworden sind“ (Röm. 5, 8. 9).

Rettung vor dem Zorngericht Gottes ist somit die Folge der Rechtfertigung. Der sicherste Weg, Menschen den Zugang zur Errettung zu versperren, besteht also darin, ihnen die Möglichkeit zu nehmen, das Geschenk der Gerechtigkeit aus Glauben anzunehmen. Und das hat die Wachtturm-Gesellschaft getan! Sie hat den Z. J. den Weg zu dieser Gerechtigkeit aus Glauben verschlossen, soweit sie nicht zu der erwähnten himmlischen Klasse der 144 000 gehören. Sie erklärt kühn: Nur die 144 000 werden aus Glauben gerechtgesprochen. *„Die übrigen Gehorsamen der Menschheit werden erst zum ewigen Leben gerechtgesprochen werden, nachdem sie die Prüfung am Ende der Tausendjahrherrschaft Christi bestanden haben werden.“*[11] So hat die Wachtturm-Gesellschaft Millionen von Menschen Errettung verheißen, aber die Voraussetzung dazu, die Rechtfertigung durch den Glauben an Jesus Christus, hat sie als unerreichbar, ja als unnötig hingestellt, und zwar mit folgender Begründung:

„. . . Wir haben gesehen, daß das Gerechtgesprochenwerden durch Glauben nur ein Mittel ist, das dem Zwecke dient, gewisse Personen zur Mitgliedschaft im Leibe Christi auszuerwählen, damit sie die himmlische Herrlichkeit mit ihm teilen. Daraus folgt, daß keine Notwendigkeit (!) besteht, allen jenen, deren Bestimmung die Erde ist, . . . Gerechtigkeit zuzurechnen. Zu denen, die zu den ‚anderen Schafen' gehören, kann heute gesagt werden, daß sie ein Zeichen der Vergebung (!?) empfangen . . ."[12]

Wenn manche Z. J. meinen, bis heute könnte sich darin ja einiges geändert haben, so muß leider gesagt werden: das Gegenteil ist richtig! Die Haltung der Wachtturm-Gesellschaft in dieser Frage hat sich eher noch verhärtet. In ihrem 1967 in deutscher Sprache veröffentlichten Buch „Ewiges Leben in der Freiheit der Söhne Gottes" sagt sie: Die irdische Klasse der Z. J., die große Volksmenge, benötige keine Rechtfertigung durch den Glauben. Hören wir das Buch im Wortlaut und mit seiner – allzu fadenscheinigen – Begründung: *„Die große Volksmenge der Überlebenden des ‚Krieges des großen Tages Gottes, des Allmächtigen', wird dann auf dem besten Wege sein, absolute Gerechtigkeit und Vollkommenheit im Fleische zu erlangen (d. h. also als Menschen von Fleisch und Blut auf Erden) . . . Aus diesem Grunde werden sie nicht, weder jetzt noch zukünftig gerechtfertigt oder gerechtgesprochen wie die 144 000 himmlischen Miterben . . .*

Die ‚große Volksmenge' wird keine Veränderung ihrer Natur, von der menschlichen zur geistigen, durchmachen und benötigt daher keine Rechtfertigung durch den Glauben, auch nicht die zugeschriebene Gerechtigkeit, wie sie die 144 000 ‚Auserwählten' erlangt haben . . ."[13] Wenn nun aber das Verdienst Christi ihnen nicht zugeschrieben werden soll, wie wollen sie dann ihre Überlebenshoffnung und die auf die irdische „absolute Gerechtigkeit und Vollkommenheit" *begründen*? Die Antwort des Buches: mit ihren *eigenen* Verdiensten!

Die falsche Weichenstellung durch die Abweisung der Gerechtigkeit aus Glauben hat also verheerende Folgen.

Als erstes ist die neue Werkgerechtigkeit zu nennen. *„Die große Volksmenge . . . muß beweisen, daß sie verdient, . . . von Gott beschützt zu werden. Das Überleben wird somit ein Beweis für eine beachtenswerte verdienstliche Tat . . . sein.*"[14] Und damit ja niemand glaube, des Verdienstes Christi und somit der uns zugerechneten Gerechtigkeit zu bedürfen, hebt das Buch am Ende – sozusagen im Vorblick auf das vollendete irdische Paradies – ausdrücklich hervor: *„Aufgrund ihres eigenen Verdienstes wird Jehova Gott alle vollkommengemachten Menschen . . . rechtfertigen und als gerecht erklären.*"[15]

Gilt hier nicht, was der Apostel Paulus über die Juden sagt (nach der eigenen Übersetzung der Zeugen): „. . . ich gebe ihnen das Zeugnis, daß sie Eifer für Gott haben, aber nicht gemäß genauer Erkenntnis; denn weil sie die Gerechtigkeit Gottes nicht erkannten, sondern ihre eigene zur Geltung zu bringen suchten, unterwarfen sie sich nicht der Gerechtigkeit Gottes" (Röm. 10, 2–4, Neue-Welt-Übersetzung).

In der Tat eine verheerende Folge!

Folgen aus unserer Haltung zur Gerechtigkeit aus Glauben ergeben sich auch für unsere Verkündigung: Hängt nämlich die Errettung des Menschen von dem göttlichen Gnadenakt der Rechtfertigung ab, die er nur mit der „Hand" des Glaubens ergreift – des Glaubens an Christus! –, so muß den Menschen Christus verkündigt werden. Gehen wir aber mit dem Wachtturm davon aus, daß wir die Gerechtigkeit aus Glauben „nicht benötigen", so fällt auch die Notwendigkeit der Christusverkündigung dahin. Diese Konsequenz hat die Wachtturm-Gesellschaft längst gezogen und ein neues, zeitgemäßes Evangelium eingeführt.

Die Faszination eines neuen, zeitgemäßen Evangeliums zerbricht

Viele Z. J. sind stolz darauf, eine „zeitgemäße" Botschaft für die Menschen zu haben, nicht von Ereignissen sprechen zu brauchen, die zweitausend Jahre zurückliegen, von „Heilstatsachen", die sich der kritischen Nachforschung des heutigen Menschen weitgehend entziehen. „Was wir glauben", sagte einmal einer von ihnen, „kann man praktisch mit dem belegen, was in der Zeitung steht. Die erschreckenden Ereignisse unserer Tage sind eine Erfüllung der biblischen Prophezeiungen für die ‚Zeit des Endes'." Kriege, Erdbeben, Hungersnöte und Christenverfolgungen signalisieren nach der Lehre der Z. J., daß nun Christus unsichtbar gegenwärtig ist, daß er am Anfang dieser „Zeit des Endes" – im Jahr 1914 – sein Königreich aufgerichtet hat und nun „inmitten seiner Feinde" herrscht. In Kürze wird er sie in der größten Weltkatastrophe aller Zeiten, im „Krieg von Harmagedon" vernichten, während er „sein Volk", die Z. J., hinüberleben läßt in eine neue, gerechte Welt, in ein vollkommenes Paradies auf Erden.

Dieses „Evangelium vom 1914 aufgerichteten Königreich" ist die Botschaft, die J. Z. nach der offiziellen Wachtturm-Lehre zu predigen haben. *„Dies ist die einzige gute Botschaft heute"*, schreibt der Wachtturm vom 1. 2. 1957, Seite 84. Verfolgungen werden ausdrücklich darauf zurückgeführt, daß sie *„allen Nationen die gute Botschaft predigen, daß Gottes Königreich im Jahre 1914 aufgerichtet wurde"* („Der Wachtturm" vom 1. 3. 1952, Seite 71).

Auch im letzten Drittel dieses Jahrhunderts bekennt sich die Wachtturm-Gesellschaft nach wie vor zu diesem Evangelium vom 1914 aufgerichteten Königreich. Sie benutzte im Jahr 1978 – wieder einmal! – fast eine ganze Wachtturm-Nummer zu dessen Entfaltung und Begründung. Die Überschrift des Hauptartikels lautete: *„Das Königreich unseres Herrn und seines Christus übernimmt die Macht."* Die Illustration dazu zeigt ein von oben herabkommendes überdimensionales Schwert, das eine die Erdkugel umschließende Kette zerschlägt („Der Wachtturm“ vom 1. 6. 1978).

Als ich Anfang der fünfziger Jahre als Zeuge Jehovas ähnliche Wachtturm-Ausgaben vor mir hatte und ihre Aussagen mit denen des Neuen Testaments verglich, wurde mir klar: Diese „gute Botschaft vom 1914 aufgerichteten Königreich“ ist *ein anderes* Evangelium als das der Apostel und der frühen christlichen Gemeinden.

Der Apostel Paulus aber hat in seinem Brief an die Gemeinden in Galatien ausdrücklich vor einem andern Evangelium gewarnt: „Selbst wenn wir (also Apostel) oder ein Engel vom Himmel euch ein Evangelium predigen würden, das anders ist, als wir es euch gepredigt haben, der sei verflucht“ (Gal. 1, 8.9).

Ist die Wachtturm-Gesellschaft etwa mehr als die Apostel und als Engel des Himmels, daß sie es wagt, sich über diese Warnung hinwegzusetzen? Sie hat es dennoch gewagt! Ihre „gute Botschaft vom 1914 aufgerichteten Königreich“ ist in neunfacher Hinsicht *ein anderes Evangelium.*

Ein anderes Evangelium

1. Ein anderer Inhalt: ein Endzeit-Ereignis

Der Apostel Paulus schreibt (1. Kor. 1, 22–24, Menge): „Während einerseits die Juden Wunderzeichen fordern, andererseits die Griechen Weltweisheit verlangen, verkünden *wir* dagegen *Christus* als den *Gekreuzigten,* der für die Juden ein Ärgernis und für die Heiden eine Torheit ist; denen aber, die berufen sind, sowohl den Juden als auch den Griechen, verkünden wir *Christus* als Gotteskraft und Gottesweisheit.“ *Inhalt* apostolischer Verkündigung ist demgemäß das Wort vom *gekreuzigten Christus* oder kurz: „das *Wort vom Kreuz*“ (1. Kor. 1, 18).

Inhalt der Verkündigung der Zeugen Jehovas aber ist, daß im Jahre 1914 n. Chr. die „sieben Zeiten“ endeten, Jesus Christus unsichtbar wiederkam und in jenem Jahre das „Königreich“ aufrichtete. Daß der Inhalt der Botschaft ein *anderer* ist, kann selbst dem Einfältigsten nicht entgehen.

2. Ein anderer Mittelpunkt: ein Datum

Die *Person* Jesu Christi ist unbestreitbar Mittelpunkt der Botschaft der Apostel. „Denn ich hielt nicht dafür, etwas unter euch zu wissen als nur *Jesum Christum,* und ihn als gekreuzigt“ (1. Kor. 2, 2), schreibt Paulus. (Ferner: Eph. 3, 8; 2. Kor. 4, 5; Phil. 1, 15–18; Apg. 16, 31 usw.) „Und es ist in keinem anderen das Heil; denn auch kein anderer Name ist unter dem Himmel, der unter den Menschen gegeben ist, in welchem wir errettet werden müssen“ (Apg. 4, 12), so ruft es Petrus den „Obersten und Ältesten und Schriftgelehrten“ zu.

Der Mittelpunkt der Botschaft von Jehovas Zeugen aber ist ein *Datum, das Jahr 1914*. Um diese Jahreszahl dreht sich alles. Auf sie baute man das ganze Lehrgebäude der „theokratischen Organisation". Mit dieser Jahreszahl steht oder fällt das „Evangelium vom aufgerichteten Königreich", noch mehr, die „Neue-Welt-Gesellschaft" überhaupt.

3. *Eine andere Grundlage: chronologische Berechnung*

Die Apostel unseres Herrn konnten von einer *historischen Tatsache* als der Grundlage ihrer Verkündigung reden. Sie waren sogar *Augenzeugen* der (heils-) geschichtlichen Tatsache des blutigen Opfertodes Jesu sowie seiner Auferstehung (Apg. 3, 15; 2, 32; 10, 39; 13, 31; 1. Kor. 15, 3–8). *Was sie gesehen und gehört haben,* ist Grundlage ihrer Verkündigung: „Was von Anfang war, was wir gehört, was wir mit unseren Augen gesehen, was wir angeschaut und unsere Hände betastet haben, betreffend das Wort des Lebens . . . was wir *gesehen* und *gehört haben,* verkündigen wir euch" (1. Joh. 1, 1. 3).

Was aber ist die *Grundlage* des „Evangeliums vom 1914 aufgerichteten Königreich"? Die Antwort kann nur lauten: eine chronologische *Berechnung!* (Auf sie komme ich an anderer Stelle zurück!)

4. *Ein anderer Ursprung: in den Köpfen von Menschen*

Das Evangelium vom gekreuzigten Christus hat seinen Ursprung im *Vaterherzen Gottes,* in *seiner Liebe*. „Denn also *hat Gott* die Welt *geliebt,* daß er seinen eingeborenen Sohn gab, auf daß jeder, der an ihn glaubt, nicht verlorengehe, sondern ewiges Leben habe" (Joh. 3, 16).

Wo aber finden wir den *Ursprung* des „Evangeliums vom 1914 aufgerichteten Königreich"? – Die Antwort ist für viele überraschend – auch für viele unter Jehovas Zeugen: er findet sich in den Wiederkunftsberechnungen amerikanischer *Adventisten* des vorigen Jahrhunderts, die C. T. Russell, der Begründer der Bibelforscherbewegung, von dem ehemaligen Adventisten N. H. Barbour übernahm. Russell baute auf diesen Berechnungen auf, Richter Rutherford, der zweite Präsident der Wachtturm-Gesellschaft, entwickelte sie weiter und wandte sie neu an, und das Ergebnis tragen die Zeugen Jehovas von heute als „Evangelium vom aufgerichteten Königreich" in die Völkerwelt. (Ausführlicher nachgewiesen in Kapitel V, „Aus der Geschichte der Z. J.")

Hat das Evangelium der Bibel seinen *Ursprung* im Herzen *Gottes* (daher die neutestamentliche Bezeichnung: „Evangelium *Gottes*" in Röm. 1, 1; 15, 16 und an vielen anderen Stellen), so hat das „Evangelium" des „Wachtturms" seinen Ursprung in den Köpfen von *Menschen.*

5. *Ein anderes Ziel: Sammlung in eine Organisation*

Christus ist nicht nur Mittelpunkt der biblischen Verkündigung, sondern zugleich auch ihr *Ziel*. Menschen werden aufgerufen, an *ihn* zu glauben

(Apg. 16, 31; 20, 20. 21). Die Seinen sind „in ihm", „in Christo" (in den Briefen des Paulus mehr als 160mal so bezeichnet!). Andererseits „wohnt" und „regiert" Christus in denen, die an ihn gläubig wurden (Eph. 3, 17; Kol. 1, 27; 3, 15). Sie gelangten in eine lebendige Gemeinschaft mit Christus. Darauf erst gründet sich ihre Gemeinschaft untereinander (1. Joh. 1, 3–4).

Ist das Ziel biblischer Verkündigung die Einsammlung zu Jesus hin, so ist das Ziel der Wachtturm-Verkündigung die Einsammlung in die „theokratische Organisation":

„Verkündiger, die den Predigtdienst vom richtigen Standpunkt aus betrachten, predigen diese gute Botschaft vom Königreich jetzt und weiterhin, um die anderen Schafe in die Neue-Gesellschaft hereinzubringen, bis Jehova selbst sagt, daß das Predigtwerk getan ist." (W. T. 1. 5. 1957, S. 287.)

In der Zeitschrift „Erwachet!" vom 8. Mai 1958 heißt es am Schluß einer Betrachtung über das Gleichnis Jesu vom Weizen und dem Unkraut (S. 26): *„Die scharfe Sichel, mit der geerntet wird, ist die Königreichsbotschaft. Die gerechte Weizenklasse wird von dem großen Schnitter durch die scharfe Sichel der Königreichswahrheit eingeerntet. Der Weizen wird in seine Scheune gesammelt. Die Scheune ist nicht das unsichtbare himmlische Königreich, sondern die sichtbare irdische Organisation (!) jener, die von Gott gebilligt werden, um die Segnungen des Königreiches zu empfangen."*

Somit wird von der Wachtturm-Gesellschaft selbst zugegeben, daß das Ziel der Verkündigung der „Königreichsbotschaft" *nicht* eine Einsammlung ist zu Jesus hin und in das „unsichtbare himmlische Königreich", sondern in „die sichtbare irdische Organisation" der Zeugen Jehovas. Daher auch der Aufruf des „Wachtturms": *„Möchten sich alle beeilen, in die Organisation Jehovas ‚hinaufzuziehen' und dort zu bleiben!"* (W. T. 15. 1. 1957, S. 62.) Daher auch die ständige Aufforderung der „Zeugen" an den Türen: „Ihr müßt zu *uns* kommen!"

Die Verkündigung der Apostel zielte darauf ab, bußfertige Sünder zu *Jesus* zu führen und durch ihn zum Vater (Eph. 2, 8; Joh. 14, 6–11); das Ziel der Wachtturm-Verkündigung aber besteht darin, Menschen aus den anderen Religionsorganisationen herauszuholen, um sie in die menschliche Organisation der Zeugen Jehovas „einzusammeln". Daß aber mit dem „Verpflanzen" des Menschen von einer Organisation in eine andere nichts getan ist, was zu ihrem Heil dienen könnte, ist offenbar.

6. Eine andere Frucht: Belehrung statt Bekehrung

Die Predigt vom gekreuzigten Christus bewirkt *Buße* und *Bekehrung*: „Eine große Zahl glaubte und bekehrte sich zu dem Herrn" (Apg. 11, 20. 21; 9, 35; 15, 3. 19 usw.). Buße ist *Ab*kehr von der Sünde, Bekehrung ist *Hin*kehr zu Christus, gläubiges Bejahen des Rettungsangebots Gottes. Der Büßende blickt noch auf sein Ich, seine Sünde, sein Elend; der Bekehrte blickt auf Jesus, der seine Sünde „auf sich nahm" und sein Elend „trug" (Jes. 53, 4–6; Joh. 1, 29. 36).

Wo solche Bekehrung zu dem lebendigen Gott eintritt, da schafft Gott etwas völlig Neues im Menschen: eine *neue* Schöpfung: „Daher, wenn jemand in Christo ist, da ist eine neue Schöpfung; das Alte ist vergangen, siehe, alles ist neu geworden" (2. Kor. 5, 17). Gott schenkt die Wiedergeburt „zu einer lebendigen Hoffnung" (1. Petr. 1, 3; 1. Joh. 5, 1), ohne die niemand ins verheißene Gottesreich eingehen kann. „Es sei denn, daß jemand *von neuem geboren* werde, so kann er das Reich Gottes *nicht* sehen . . . Es sei denn, daß jemand *aus Wasser und Geist geboren* werde, so kann er *nicht* in das Reich Gottes eingehen" (Joh. 3, 3. 5).

Die Verkündigung der „Neuen-Welt-Gesellschaft" zeitigt diese Frucht *nicht*. Auch *erwartet* man nicht eine derartige Wirkung. Es geht bei ihr auch *ohne* Bekehrung und Wiedergeburt (die nur für den „Überrest" der 144 000 Gültigkeit haben soll). Die „großen Scharen" der irdisch gesinnten Zeugen sollen, auch ohne das bedeutsame „*Es sei denn . . .*" zu erfüllen, in offensichtlichem Widerspruch zu den Worten des Herrn Jesus „in das Reich Gottes eingehen". (Während man sonst unter „Reich Gottes" allgemein die Königreichsherrschaft Jesu über Himmel *und Erde* versteht, möchte man hier unter „Reich Gottes" ganz plötzlich *nur* das *himmlische* Reich verstanden wissen).

Da die W. T.-Gesellschaft Buße und Bekehrung nicht erwartet, sondern immer wieder hervorhebt: „Wir führen kein *Bekehrungs*werk, sondern ein *Belehrungs*werk durch", und bei der heutigen irdisch ausgerichteten Verkündigung eine Wiedergeburt „aus Wasser und Geist" völlig ausschließt, gibt man selbst zu, in diesem Punkt *nicht* die *Wirkung* der apostolischen Verkündigung zu erreichen. – Man erreicht aber *eine andere* Wirkung: die (Ver-) „Mehrung" der Zahl derer, die die „*irdische* Berufung" haben sollen. Das führt uns hin zu einem weiteren Merkmal des neuen „Evangeliums", das sich von dem der Bibel unterscheidet:

7. Eine andere Berufung: zum Heil auf Erden

Im Evangelium der Bibel beruft nicht ein Mensch oder eine Religionsgemeinschaft, sondern Gott selbst (2. Tim. 1, 9. 10) „zu seinem eigenen Reiche und seiner eigenen Herrlichkeit" (1. Thess. 2, 12). Darum werden die Gläubigen im Hebräerbrief als „heilige Brüder, Genossen der *himmlischen* Berufung" angesprochen (Hebr. 3, 1). Das ganze Neue Testament zeugt davon, daß die frühen Gemeinden nur *eine* Berufung kannten (Eph. 4, 4): die himmlische.

Die „gute Botschaft" der Wachtturm-Gesellschaft hält eine *andere* Berufung den Menschen vor Augen: eine *irdische*. Der alte Traum der Menschheit von einem ewigen irdischen Paradiese soll Wirklichkeit werden, und *heute schon* glaubt die „Neue-Welt-Gesellschaft" den Auftrag zu haben, die „Bürger der neuen Erde" *durch* ihre Verkündigung herbeizurufen. Auch darin steht die Botschaft der Zeugen in direktem Gegensatz zum ursprünglichen Evangelium.

8. Ein anderer Geist: Lust am Untergang

Es hat mich beim Lesen des Neuen Testaments immer wieder tief beeindruckt, wie sehr das Evangelium von Jesus Christus geradezu durchglüht ist vom Geist der Liebe und des Erbarmens mit dem Menschen. Diese Botschaft ist gedeckt durch Jesu gelebte Liebe zu den „Zöllnern und Sündern" (Luk. 15!), durch sein herzliches Erbarmen mit allen *Verlorenen* (Matth. 18, 11; Luk. 19, 10). Diese Botschaft weiß und kündet somit von einer Gottesliebe, die sich nicht einer Elite – etwa von „Wahrheits- und Gerechtigkeitsliebenden", schon gar nicht einer besonderen Organisation – zuwendet, sondern der ganzen verlorenen Welt (Joh. 3, 16). Die Versöhnung und Frieden nicht nur ansagt, sondern wirklich schafft (2. Kor. 5, 19 ff.; Eph. 2, 13–18).

Wo diese Botschaft in Wort und Tat zur Geltung kommt, verwirklicht sich eine Gottesliebe, die auch ihre Verächter und Gegner noch mit einschließt (Matth. 5, 43–48).

Darum lieben Christen ihre Feinde und beten für ihre Verfolger, wie Jesus selbst noch sterbend für seine Mörder gebetet hat und sich gerade so als der verheißene Christus erwies (Luk. 23, 34; Jes. 53, 12).

Wie ganz anders ist doch der Geist, der aus der „guten Botschaft" der Wachtturm-Gesellschaft spricht. Sie ist keine Froh-Botschaft, sondern eine Droh-Botschaft. Sie kennt nur eine Wahl: Entweder Hinwendung zu Lehre und Organisation der Z. J. oder Untergang in der „Schlacht von Harmagedon" für immer und ewig! Wohl wird von der Liebe Gottes noch gesprochen und Texte wie Johannes 3, 16 werden genannt, aber Gottes Liebe wird für eine Elite allein reklamiert. Die Glieder der „Organisation Jehovas" gehen ein in ein irdisches Paradies unbeschreiblicher Freuden und ewigen Glückes; alle anderen Menschen aber werden, samt ihren Kindern, „in Harmagedon vernichtet", „in der Kelter des Zornes Gottes aus dem Dasein gestampft".[16]

Wer den Geist der Wachtturm-Botschaft kennenlernen will, setze sich nur einen Augenblick seiner eiskalten Darstellung und Begründung des Massengemetzels von „Harmagedon" aus: „Zur Zeit, da Wein gemacht wird, um des Menschen Herz zu erfreuen, fließt der Saft, das Blut der Trauben, reichlich unter den stampfenden Tritten des Traubentreters in den Weintrog. Im ‚Krieg des großen Tages Gottes, des Allmächtigen', in Harmagedon, wird Menschenblut fließen, denn menschliches Leben wird in unerhörtem Maße vergossen werden, und wehe denen, die sich dann im Kriege gegen Gott, den Allmächtigen, befinden! Wenn das Lebensblut der Menschen zur Zeit des Zornes Gottes . . . in Gerechtigkeit herausgepreßt wird, so geschieht dies, weil eine große Blutschuld auf der Menschheit lastet . . . Es wird keine Ungerechtigkeit gegenüber der Menschheit bedeuten, sondern die Zahlung ist gerechterweise fällig."[17]

Im Buch „Die Neue Welt" konnte man schon lesen, daß die Z. J. sich „voll Freude laben" werden an diesem glorreichen Triumph Jehovas zur Rechtfertigung seines Namens.[18] Und heute? Im Jahr 1978 kann der

Wachtturm schreiben: „Wir werden . . . sehen, wie unsere Feinde Staub lecken.“[19]

Was hat dieser Geist des Verurteilens und der Lust am Untergang anderer noch zu tun mit dem Geist der Liebe und des Erbarmens, der für das Evangelium von Jesus Christus kennzeichnend ist?

9. Eine andere Vorstellung vom Reich Gottes: „alles schon da“

Das Evangelium der Bibel spricht von einem *kommenden Gottesreich*. Auch insofern (nicht allein wegen seiner himmlischen Reichsberufung) ist es „dieses Evangelium des *Reiches*“ (Matth. 24, 14; Luk. 16, 16). Wohl ist das „Reich“ schon im vorbildlichen und heilsvorbereitenden Reich *Israel* vorhanden; denn der Herr Jesus kündigte an, es werde von Israel „weggenommen und einer Nation gegeben werden, die dessen Früchte bringen wird“ (Matth. 21, 43). Wohl ist das Reich Gottes in der *Person* des Messias, des *Königs* und obersten „Repräsentanten“ des Reiches, und in seinen Wunderwerken mitten unter das Volk Israel getreten (Matth. 12, 28; Luk. 11, 20). Wohl ist dann auch das Reich „mitten unter euch“ in der *Gemeinde* Jesu (Luk. 17, 21), der „Nation“, die des Reiches „Früchte bringen wird“ (Matth. 21, 43). Auch in den Gleichnissen des Herrn Jesus ist die *Gemeinde* das „Reich Gottes“ oder das „Reich der Himmel“ (Matth. 13, 24. 31. 33. 44–46; 18, 23; 20, 1; 22, 2). – Aber das *Reich Gottes* in seiner *Vollendung* ist noch *zukünftig*. Um sein Kommen wird noch gebetet (Matth. 6, 10), sein „Erscheinen“ wird erwartet (Luk. 19, 11), und, die den Willen des Vaters tun, werden darin „eingehen“ (Matth. 7, 21) als *„Erben* das Reiches“ und „Miterben Christi“ (Röm. 8, 17). *Gott* wird dieses messianische Reich „aufrichten“ (Dan. 2, 44). Der *König* wird *Christus* sein, und seine Gemeinde wird dann *mit ihm* herrschen und richten (Offb. 22, 5). Solange ein Teil der Gemeinde noch auf Erden im Fleische wandelt, ist die Königreichsherrschaft Jesu *zukünftig*.

Während also die Reichsankündigung, die das apostolische Evangelium enthielt (Apg. 8, 12; 28, 23. 31), das *zukünftige* Reich Gottes betrifft, handelt es sich bei der Königreichsbotschaft der Wachtturm-Gesellschaft um ein „Evangelium“ von einem bereits *gekommenen* „Reich“ der Gegenwart.

Die Wachtturm-Gesellschaft sieht sich mittlerweile genötigt, dies selbst zuzugeben und dafür Gründe zu nennen: „Im Jahre 1914 brachte der himmlische Vater . . . dieses glorreiche Königreich zur Geburt . . . Somit war vom Jahre 1914 an die gute Botschaft eines kommenden Reiches Gottes alt und unzeitgemäß geworden. Die Botschaft . . . muß fortan die Botschaft eines *gekommenen* Königreiches Gottes sein, . . . eines bereits geborenen Reiches Gottes, das in den Himmeln aufgerichtet und . . . im Himmel und auf Erden in Tätigkeit ist.“[20]

Im Jahre 1976 wird dieses Bekenntnis zu einem neuen Evangelium abermals wiederholt: Nach einem Hinweis auf einen „aufrüttelnden“ Wachtturm-Kommentar des Jahres 1920 heißt es: „Daraus ging deutlich hervor, daß das vorhergesagte weltweite Predigtwerk nicht das gleiche Werk war, das in den vergangenen 1900 Jahren . . . durchgeführt worden war, nämlich die Verkündigung vom *herannahenden* Königreich. Jetzt sollte die Botschaft von seinem bereits aufgerichteten Königreich verkündigt werden."[21] Gern beruft man sich hier auf Matthäus 24, 14.

Der „Wachtturm" vom 1. 2. 1957 schreibt wörtlich: *„Auf ein freudebringendes, trostvolles Werk hinweisend, das seine Nachfolger durchführen sollten, sagte Jesus: ‚Und diese gute Botschaft vom Königreich wird (nach dem Ersten Weltkrieg)*[22] *gepredigt werden auf der ganzen bewohnten Erde, allen Nationen zu einem Zeugnis, und dann wird das vollendete Ende kommen' (Matth. 24, 7–14). Dieses Zeugnis für Gottes aufgerichtetes Königreich muß gegeben werden . . ."* (S. 75).

Als Antwort kann man J. Z. nur fragen: Hat denn der Herr Jesus sich geirrt, als er sprach: „Das Gesetz und die Propheten reichen bis auf Johannes; *von da an* (!) wird das Evangelium des Reiches Gottes verkündigt" (Luk. 16, 16), wobei er an das *kommende* Reich dachte? Oder irrt der Wachtturm-Schreiber, wenn er sagt, daß das Evangelium vom Reich „nach dem Ersten Weltkrieg" erst durch die Zeugen verkündigt werde, wobei *er* an ein *gekommenes* Reich denkt?

Zusammenfassend muß also gesagt werden, daß die „gute Botschaft" der Wachtturm-Gesellschaft und ihrer Verkündiger in direktem Widerspruch steht zum Evangelium unseres Herrn Jesus und seiner Apostel, und zwar in *neunfacher* Hinsicht:

ihr *Inhalt*: nicht das „Wort vom Kreuz" – sondern das „aufgerichtete Königreich";

ihr *Mittelpunkt*: nicht die Person Jesu – sondern das Datum 1914;

ihre *Grundlage*: nicht (heils-) geschichtliche Tatsache – sondern chronologische Berechnung;

ihr *Ursprung*: nicht im Herzen Gottes – sondern in den Köpfen von Menschen;

ihr *Ziel*: nicht Einsammlung zu Jesus hin – sondern zur „theokratischen Organisation";

ihre *Frucht*: nicht Bekehrung – sondern Belehrung;

ihre *Berufung*: nicht die himmlische – sondern die irdische;

ihr *Geist*: nicht der Geist der Liebe und des Erbarmens für die Verlorenen – sondern der Geist des Verurteilens und der Lust am Untergang anderer;

ihre Vorstellung vom *Reich Gottes*: es kommt nicht – es ist schon da!

Doch das Evangelium der Z. J. ist nicht nur ein anderes; es wendet sich auch an andere Adressaten. Während Jesus von Nazareth selbst betont: „Ich bin gekommen, *Sünder* zur Buße zu rufen" (Matth. 9, 13), „das *Verlorene* zu retten" (Matth. 18, 11), und während auch die apostolischen Briefe die Errettung von *Sündern* durch das gepredigte „Wort" hervorheben (1. Tim. 1, 15), betont die Wachtturm-Religion gern, daß die Z. J. „*würdige* Personen suchen".[23]

Je deutlicher ich die abgrundtiefen Gegensätze sehe, um so schwerer wird es mir, mich weiterhin zu den Z. J. zu halten. Immer mehr wird mir klar, daß durch das Ersatz-Evangelium vom 1914 angeblich gekommenen Königreich folgenschwere Wirkungen auf den einzelnen Z. J. ausgehen: Weil Christus als der Gekreuzigte und Auferstandene nicht mehr im Mittelpunkt des Glaubens und der Verkündigung steht, müssen notwendigerweise andere Glaubensinhalte das entstandene Vakuum füllen. Allein das Datum 1914 mit dem angeblichen Beginn des Königreiches ist eine viel zu theoretische Sache, als daß jemand darauf seinen Glauben gründen könnte. Kann überhaupt jemals eine *Lehre* das Gegenüber sein, mit dem der Glaube zu tun hat?

Eine kleine Begegnung am Rande eines Kreiskongresses der Z. J. verhilft mir in dieser Frage zu besserem Durchblick: Ich hatte gehofft, beim öffentlichen Vortrag auf dem Höhepunkt des Kreiskongresses würde den Menschen etwas von Jesus Christus gesagt werden. Im Geheimen erwartete ich wohl immer noch, Jehova möchte diese Gesellschaft doch noch auf den rechten Weg führen. Aber diese meine Hoffnung wurde wieder enttäuscht. Als ein älterer Zeuge Jehovas mich anspricht und mich fragt, wie mir der Vortrag gefallen habe, sage ich frei heraus, was mich bewegt. Er versteht mich, ist dann aber ganz enttäuscht, daß ich nicht wie er mit Worten der Begeisterung den Vortrag rühmen kann noch die Organisation, die uns mit „solch wunderbarer geistiger Speise versorgt".

Die Erlösungstat Christi zu predigen sei heute nicht mehr „zeitgemäß", meint er und ermuntert mich zum treuen Festhalten an der Mutter-Organisation, die es doch so gut mit uns meine. Wurde am Ende *sie* zum eigentlichen Gegenüber, mit dem es der Glaube der Z. J. zu tun hat?

Die Faszination der „allein seligmachenden Kirche" zerbricht

Daß von der „theokratischen Organisation" eine große Faszination ausgeht – zumal für den Außenstehenden und den Neuling – darf nicht verwundern. Tritt sie doch hervor als der Garant einer bewundernswerten Ordnung und organisatorischen Einheit, als Garant der Einheitlichkeit in Lehre und sittlichem Handeln und der Einmütigkeit im internationalen Verkündigungswerk. Gäbe sie sich mit dieser Rolle zufrieden, sie brauchte um Anerkennung und Zustimmung nicht zu fürchten. Doch ihre Garantien gehen weiter:

„Anerkennung der theokratischen Organisation führt zum Leben", so lautet die Überschrift eines „Wachtturm"-Hauptartikels (Ausgabe vom 1. 11. 1954), und dieses Schlagwort ist in die „Fachsprache" der „theokratischen Organisation" und unauslöschlich in die Geschichte dieser Bewegung eingegangen. Die heilsvermittelnde Bedeutung der „göttlichen Organisation" wurde schon in den zwanziger Jahren vom Präsiden-

ten der Gesellschaft selbst, damals „Richter“ Rutherford, „erkannt“. Zuerst waren die Anspielungen darüber im „Wachtturm“ sehr zaghaft und vorsichtig. Später wurde man deutlicher, und heute darf kein Zeuge es mehr wagen, auch nur die leisesten Zweifel oder Bedenken dagegen geltend zu machen. Alles Heil hängt von der „theokratischen Organisation“ ab. Wie weit die vermessenen Ansprüche gehen, zeigen folgende „Wachtturm“-Auszüge:

1. *Leben durch die Anerkennung dieser Einrichtung. „Es kann nicht zu sehr betont werden, daß wir die theokratische Organisation Jehovas anerkennen müssen. Wenn das Leben eines Menschen von einer bestimmten Handlungsweise abhängig ist, sollte er ihr mit Freuden folgen.“* (W. T. 1. 11. 1954, S. 656.)

2. *Nur in Verbindung mit ihr wirkt der Heilige Geist. „Personen, die im christlichen Wachstum zur Reife gelangt sind, sind ... zu dem Verständnis gekommen, daß Jehova mit seinem Volke als Organisation handelt, und daß sein Geist in Verbindung mit dieser Organisation wirkt ...“* (W. T. 1. 7. 1958, S. 413.)

3. *Nur durch Anschluß an sie gibt es Rettung. „Menschen, die sich von Jehova belehren lassen, wird er in die Organisation hereinnehmen ..., und sie werden ewiges Leben erlangen. Sie können es auf keine andere Weise erlangen.“* (W. T. 15. 1. 1958, S. 53.)

„Wer verfehlte, auf die warnende Botschaft einzugehen, die Noah ausrichtete, und sich mit ihm und den Seinen in die Arche zu begeben, durchlebte die damalige Katastrophe nicht. So wird die Gegenwart des Sohnes des Menschen sein (Matthäus 24, 39). Wie dringend notwendig ist es doch, sich in der noch verbleibenden kurzen Zeit als ein Glied der Neuen-Welt-Gesellschaft zu kennzeichnen, die sich innerhalb des archengleichen neuen Systems der Dinge befindet!“ (W. T. 1. 7. 1958, S. 408.)

„Nur wenn man sich dieser Neuen-Welt-Gesellschaft als Gott hingegebener Diener anschließt, kann man erwarten, von ihren Segnungen zu empfangen und das Ende der heutigen Welt zu überleben.“ (Erwachet! 8. 5. 1958, S. 8.)

4. *Sie gewährt „Kraft“, „Schutz“ und „Befreiung“. „Hinter dem Erfolg dieser wunderwirkenden Organisation steht ihr Bildner und Schöpfer, Jehova Gott. Er allein konnte eine so wunderbare Einrichtung für die Bewahrung seines Volkes ausdenken ..., ein so großes Unternehmen ...“* (W. T. 1. 8. 1956, S. 464.) Sie ist *„... eine solch wunderbare Gesellschaft“, „... Jehovas rettende Einrichtung“. Sie „bedeutet für uns Kraft und Stärke ... auch Schutz in dieser bösen Welt“. „Um Befreiung herbeizuführen, benutzt Jehova seine Organisation, und eines Menschen Befreiung hängt von seinem Verhältnis zu Gott und zu seiner Organisation ab.“* (W. T. 1. 12. 1957, 1. 2. 1957, 15. 2. 1957, 15. 11. 1957, 1. 4. 1948, 1. 4. 1953.)

5. *Sie führt die Zeugen „organisiert“ in die „neue Welt“. „Wir wollen aber, daß wir zur Zeit, da wir nach Harmagedon aus der Arche des Geborgenseins hervorkommen, organisiert hervorkommen ..., (dann) werden wir theokratisch organisiert vorwärtsmarschieren, da wir (!) Organi-*

sationsmethoden kennen." (W. T. 1. 1. 1951, S. 12.) „*Es besteht darüber kein Zweifel: diese wunderbare Gesellschaft marschiert vorwärts und wird weiter vorwärtsmarschieren, direkt durch Harmagedon hindurch und in die neue Welt hinein.*" (W. T. 1. 12. 1957, S. 712.)

Entsetzt über solches Höchstmaß menschlicher Anmaßungen frage ich mich: ist das der biblisch-apostolische Glaube, zu dem der „Wachtturm" die Christenheit zurückrufen möchte? Wenn diese Frage bejaht wird, so muß ich fragen, wo denn der Bericht im Neuen Testament steht, daß die Apostel eine solche Ultraorganisation mit diesen gewaltigen Kompetenzen – einschließlich der Vollmacht zur Rettung von Menschen – geschaffen haben. Wo jemals haben die Apostel von einer wunderbaren, wunderwirkenden Organisation gesprochen?

Wo steht geschrieben, daß „Anerkennung dieser Organisation zum ewigen Leben führe",

daß nur „in Verbindung mit" *ihr* Gottes Geist wirke,

daß Zugehörigkeit zu *ihr* zu den „Anforderungen" gehöre, um „das Ende der heutigen Welt zu überleben";

daß durch *sie* „Kraft, Schutz" und „Befreiung" geschenkt werde,

daß es durch *ihre* „Organisationsmethoden" ein organisiertes „Vorwärtsmarschieren" in die neue Welt geben werde?

Nein, der Gedanke, daß Heil und Leben von einer irdischen Organisation und von der Zugehörigkeit zu ihr abhängig seien, ist im Neuen Testament nirgends zu finden. Er ist dem Wesen des ursprünglichen Christentums fremd. Das apostolische Christentum erwartet *nichts* vom Menschen, *nichts* von Menschengruppen, sie seien stark oder schwach an Zahl, es erwartet *alles* von *Gott* durch den einen „Kanal" oder Mittler: Jesus Christus (1. Tim. 2, 5). „Alles aber von dem Gott, der uns mit sich selbst versöhnt hat durch Jesum Christum . . ." (2. Kor. 5, 18).

Alle Heilsgüter empfangen die Seinen aus der Lebens- und Liebesgemeinschaft mit dem lebendigen Herrn; *nicht* in einer *menschlichen* „Organisation".

Sie haben:

„in dem Geliebten"	– „die Erlösung durch sein Blut" (Eph. 2, 7);
„in Christo"	– „die Vergebung der Sünden" (Eph. 2, 7; 4, 32);
„in Christo"	– „Rechtfertigung" (Gal. 2, 17);
„durch unseren Herrn"	– „Frieden mit Gott" (Röm. 5, 1; Phil. 4,7);
„in Christo"	– „Heiligung" (1. Kor. 1, 2);
„in Christo"	– „die Wirklichkeit", „das Wesen" (Menge) (Kol. 2,17);
„in Christo"	– „Sieg" (2. Kor. 2, 14, nach Luther);
„in Christo"	– „ewiges Leben" (Röm. 6, 23, nach Luther);
„in Christo"	– „keine Verdammnis" mehr (Röm. 8, 1);
„mit *ihm*"	– „*alles*" (Röm. 8, 32; 2. Petr. 1, 3).

In Übereinstimmung mit alldem kann der Apostel ausrufen: *Christus* ist uns geworden von Gott zur „Weisheit und Gerechtigkeit und Heiligung und Erlösung; auf daß, wie geschrieben steht: Wer sich rühmt, der rühme sich des Herrn“ (1. Kor. 1, 30. 31, Elb. Fußnote).

Glaube ist somit nach dem Neuen Testament immer eine Beziehung zu einem lebendigen Du, zu einer „Person“. Eine Organisation, ein menschliches System, kann daher niemals Gegenstand des Glaubens sein. Ein Christ glaubt an IHN, nicht an ein ES. Macht der „Wachtturm“ nicht seine Organisation zum Heiland, letztlich zum Ersatz-Christus, wenn er uns dazu verleiten möchte, an die „theokratische Organisation“ zu glauben? Noch im Jahre 1979 hat sich daran nichts geändert. „Der Wachtturm“ vom 1. 6. 1979 hat als Hauptthema *„Glaube an eine siegreiche Organisation“!* Darin heißt es u. a.: *„Was war erforderlich, damit Gott hingegebene getaufte Personen an jenem Sieg (der Organisation zu Jehovas Rechtfertigung) teilhaben könnten? Der Glaube an Jehovas theokratische Organisation“*. Und dann bescheinigt der WT seinen Zeugen: *„Jehovas treue Zeugen haben standhaft an ihrem Glauben an Jehovas Organisation festgehalten . . .“* (Seite 18, Abs. 20. 21). *„Weil wir Organisationsmethoden kennen . . .“*, so verheißen die Führer der Zeugen, soll die „Neue-Welt-Gesellschaft“ „organisiert“ in die „neue Welt“ eingehen. Nein: in Christus – und in Christus *allein* – ist das Heil (Apg. 4, 12)! Wenn wir uns auf „Organisationsmethoden“ verlassen müßten, so wären wir in der Tat *verlassen* genug. Wir wären ewig verloren. Und wenn sie auch behaupten, die in Jesaja 32, 1 verheißenen „Fürsten“ zu sein! Bei Menschen ist keine Rettung! Auch den Zeugen Jehovas gilt die Warnung: „Verlaßt euch nicht auf Fürsten, nicht auf Menschen, die ja nicht helfen *können*! Geht der Odem ihnen aus, so kehren sie zurück zum Staube; am gleichen Tage ist's *aus* mit *ihren Plänen*“ (Psalm 146, 3. 4).

Aus dieser klaren Erkenntnis heraus, daß Rettung und ewiges Leben nur in Jesus Christus zu finden sind, reift in mir der Entschluß, mich ihm ganz zu übergeben. Hinzu kommt das Bewußtsein der Sünde, Irrlehrern gefolgt zu sein, die eine falsche Rechtfertigungslehre und ein „anderes Evangelium“ verkünden, Irrlehrern, die nicht in der Lehre Christi geblieben sind und deshalb nicht Gottes Willen tun können. Ich aber will den Willen Gottes tun; denn das habe ich gelobt, als ich mich taufen ließ. Und das ist Gottes Wille, daß Menschenkinder im Glauben zu Jesus Christus kommen (Joh. 6, 29) und im gläubigen Aufblicken auf ihn das ewige Leben erlangen (Joh. 6, 40).

Darum gehe ich eines Tages in den Wintermonaten des Jahres 1956 in die Stille, beuge mein Herz und Knie vor dem lebendigen Gott, dem ich seit vielen Jahren aus eigener Kraft zu dienen suchte, bekenne ihm alle meine Schuld und flehe im Glauben an das sündentilgende Blut des Herrn Jesus um Vergebung. Ihm übergebe ich in dieser Stunde mein ganzes Leben für Zeit und Ewigkeit, und ich darf fortan die Gewißheit der Vergebung aller Schuld und der Versöhnung mit dem Vater haben. Es ist die eigentliche *Um*bruchsstunde in meinem Leben; denn es ist die Stunde des

*Zer*bruchs alles bisherigen Gott-Dienen-Wollens in eigener Kraft und die des *Auf*bruchs zu einem neuen Leben in der Nachfolge, in der Abhängigkeit vom Herrn, aber auch in der völligen Geborgenheit in ihm.

Wohl gibt es auch nach meiner Bekehrungsstunde Niederlagen im Glaubensleben. Aber ich weiß, daß derselbe Jesus, der für uns starb, auch für uns lebt. „Daher vermag er auch völlig zu erretten, die durch ihn Gott nahen, indem er immerdar lebt, um sich für sie zu verwenden" (Hebr. 7, 25). Sein Blut ist nicht nur die Grundlage unserer einmaligen Vergebung und Begnadigung, sondern auch die unserer völligen und täglichen Reinigung. Darum darf ich fortan fröhlich bekennen:

„Ich weiß von keinem andern Grunde,
als den der Glaub' in Christo hat;
ich weiß von keinem andern Bunde,
von keinem andern Weg und Rat."

Natürlich kann ich von nun an nicht mehr Menschen zu einer Organisation hin rufen. Ich kann nur noch einladen, zu *Jesus* zu kommen und durch ihn zum Vater. Auch Zeugen Jehovas gegenüber beginne ich, die froh machende Botschaft von der Erlösung durch Christus zu bezeugen.

Von dem, was in zahlreichen Diskussionen mit einzelnen und mit Gruppen zur Sprache kam, versuche ich in dem folgenden Zwiegespräch einen Eindruck zu vermitteln.

III. Im Gespräch mit einem Zeugen Jehovas

Ich habe gehört, so wendet sich mein Freund Braun an mich, du seiest nicht mit allem einverstanden, was die Organisation lehrt? – Ja, das stimmt. Ich halte vieles für unbiblisch. – Wenn du dich da nur nicht irrst, antwortet er skeptisch. Sieh einmal: keine Kirche verrichtet den Verkündigungsdienst von Haus zu Haus. Nur wir! –

Aber welche Beweggründe stehen dahinter?

Wider das Leistungsdenken

Du fühlst dich sehr sicher. Vor einigen Monaten dachte ich auch noch so. Aber hast du einmal beachtet, *wie* der Dienst organisiert wird, *wie* man den sogenannten Eifer *macht*? Erinnerst du dich noch, daß im „Erwachet!“ einmal der Propaganda- und Reklameaufwand der „politischen, kommerziellen und religiösen Welt“ mit einem Kanonenbeschuß auf das menschliche Gehirn verglichen wurde? –

Ja, recht gut. –

Nun, verblaßt nicht dieser „Kanonenbeschuß“ zu einem bloßen Kinderspiel, gemessen an dem Trommelfeuer von Felddienstparolen, das jahraus, jahrein auf uns eindringt? „Dienst, Dienst, Dienst“, das ist doch die Parole, die aus allen Wachtturm-Schriften spricht, die das übergeordnete Thema einer jeden örtlichen Zusammenkunft darstellt, und die auch auf allen Kongressen immer neu im Vordergrund steht. –

Das ist schon wahr. Aber haben wir nicht die Aufgabe, das Evangelium zu verkündigen?

Gewiß, doch einiges haben wir nicht bedacht. Der Beweggrund muß die Nächstenliebe sein und die Dankbarkeit Gott gegenüber. Bei uns aber wird der Dienst als *das* Mittel zur Erlangung der Seligkeit hingestellt: „Ohne Felddienst keine Rettung“, heißt die Devise. –

Braun lacht: Ich weiß, da wird viel Unsinn gemacht. Aber das sind die Entgleisungen der Brüder hier „unten“ in den Versammlungen. Dafür kannst du doch die Organisation nicht verantwortlich machen. –

Es tut mir leid, daß ich dir da widersprechen muß, Bruder Braun. Die Brüder sind nur das Produkt ihrer Schulung. Der Knecht ist nicht anders als sein Herr und die Schüler nicht anders als der Lehrer. Die Wachtturm-Gesellschaft selbst hat das Giftkraut des Leistungsdenkens gezüchtet. Indem sie den Z. J. den Zugang zur Gerechtigkeit aus Glauben versperrt, nötigt sie sie zum Jagen nach der eigenen Gerechtigkeit. Wer von der Gnade nicht weiß – oder nicht wissen soll –, der sucht natürlich das

Verdienst. Gewisse Wachtturm-Gedanken drängen geradezu in diese Richtung. Etwa wenn der „Wachtturm“ vom 15. 5. 1957, Seite 317, erklärt:

„Den persönlichen Interessen in selbstsüchtiger Weise den ersten Platz einzuräumen, bedeutet, schlecht zu handeln, und man zieht sich dadurch ein Schuldkonto zu, was Vernichtung zur Folge hat . . . Den Interessen Gottes in selbstloser Weise den ersten Platz einzuräumen, bedeutet, Gutes zu tun, und dadurch entsteht für den Betreffenden ein Verdienstkonto, und er empfängt als Lohn das ewige Leben.“ Du siehst, Bruder Braun, daß man sich als Zeuge Jehovas durch ein bestimmtes Verhalten ein „Verdienstkonto“ bei Gott erarbeiten kann und dafür als Lohn das ewige Leben erhalten soll. –

Ob es sich bei dem Satz vom „Verdienstkonto“ nicht eher um eine Ausnahme handelt. . .? meint Braun. –

Wohl kaum! Wurde doch unser ganzes Denken in diese Richtung gelenkt. Frage doch einmal einen Zeugen, was zur Rettung notwendig sei, was wird er dann antworten? –

Braun überlegt eine Weile. Dann meint er, die Antwort würde etwa so lauten: Man muß, um ewiges Leben zu erlangen,
Erkenntnis annehmen durch ein Studium der Bibel an Hand der W.T.-Schriften;
sich „Jehova hingeben“ und dies durch die Taufe symbolisieren;
sich als Glied der „Neuen-Welt-Gesellschaft“ organisieren lassen;
den „Mitteilungs- und Verbindungskanal“ anerkennen;
in dieser Haltung Treue und Lauterkeit bewahren
und viele „gute Werke“ tun durch Verkündigung der guten Botschaft vom 1914 gekommenen Königreich. –

Ganz recht. So etwa würde jeder echte und treue Wachtturm-Schüler urteilen, denn so hat er's vom „Kanal“ empfangen. Daß die Schrift sagt: „Durch die *Gnade* seid ihr gerettet worden auf Grund des *Glaubens*, und zwar nicht aus euch – nein, Gottes Geschenk ist es –, nicht auf Grund von Werken, damit niemand sich rühme“ (Eph. 2, 8 nach Menge), das ist unter den Zeugen vergessen. –

Wenn Gott nun wirklich ohne unser Verdienst allein auf der Grundlage unseres Glaubens an Jesus Christus uns als gerecht ansieht und das ewige Leben aus lauter Gnade schenkt, dann ist es allerdings recht kühn, von „Verdiensten“ reden zu wollen, bemerkt Bruder Braun, aber . . . –

Einen Augenblick bitte, werfe ich ein, wenn wir so Begnadigte sind, fühlen wir uns doch Gott gegenüber tief in Schuld und wissen uns zu nie endendem Dank verpflichtet. Dann aber kannst du auch ermessen, welche Ungeheuerlichkeit der „Wachtturm“ sich geleistet hat, als er folgende Gedanken auf den ersten Seiten der Ausgabe vom 1. 2. 1956 brachte: *„Wenn Jehovas Knechte den Armen geben, leihen sie in Wirklichkeit ihm, . . . und so betrachtet sich Jehova selbst als solch großherzigen Gebern verschuldet (!). Und wie zahlt er seine Schuld jenen zurück, die den Armen gegenüber so freigebig sind? Indem er seine Verheißungen an ihnen erfüllt,* *und eine dieser Verheißungen besagt, daß ihre Gerechtigkeit (!) ewiglich währen wird.“* In diesem Artikel wird doch das, was wir soeben besprachen, ins Gegenteil verkehrt: nicht mehr sind *wir* bei Gott in Schuld im Hinblick auf die ohne Verdienst und Würdigkeit empfangene Gnade. Hier machen sterbliche Menschen den allein unsterblichen Gott zu ihrem angeblichen Schuldner. *Er*, der heilige, gerechte *Gott*, soll sich den *Zeugen* als „verschuldet“ betrachten, wenn sie den (geistlich) „Armen“ ihre zudem recht fragwürdige geistige Kost geben! Und dann soll er ihnen *seine Schuld* zurückzahlen, indem er seine Verheißungen an ihnen erfüllt und ihnen die verheißene ewigwährende *Gerechtigkeit* schenkt![24] Nein, lieber Bruder, Gott schenkt seine Gerechtigkeit nicht den Hochmütigen, die ihn dank ihrer Verdienste in Schuld bringen wollen, sondern denen, die demütig und bußfertig zu *Jesus* kommen und ihn im Glauben annehmen. Darum sagt auch der Apostel Paulus: „Ich habe alles für Schaden gerechnet . . ., auf daß ich Christum gewinne und in ihm erfunden werde, daß ich nicht habe *meine* Gerechtigkeit, die aus dem Gesetz, sondern die *durch den Glauben an Christum* kommt, nämlich die Gerechtigkeit, die von Gott dem Glauben zugerechnet wird“ (Phil. 3, 8. 9). Nun wolltest du aber noch etwas sagen. –

Ja, mir kam der Gedanke, daß doch wiederum geschrieben steht: „Der Glaube ohne Werke ist tot.“ Würde das nicht dem Wachtturm-Gedanken eine gewisse Berechtigung geben? –

Durchaus nicht. Für den „Wachtturm“ sind ja die angeblich zu erwerbenden Verdienste *Ursache* dafür, daß den Zeugen die Gerechtigkeit zuteil werden soll. Nach der Schrift sind gute Werke Bestätigung des Glaubens und *Folge* der empfangenen Glaubensgerechtigkeit. Gott bietet allen Menschen die Glaubensgerechtigkeit an aufgrund der Erlösungstat *Jesu Christi*. Der „Wachtturm“ aber bietet eine „Gerechtigkeit“ an auf der Grundlage eigener Taten, die für die Gläubigen ein „Verdienst“ – für Gott ein „Schuldkonto“ eintragen sollen. –

Bruder Braun wendet ein: Ich erinnere mich aber, daß der „Wachtturm“ schreibt, daß auf die, die treu bis ans Ende „Gottes Willen tun“, das Lösegeld Jesu Christi angewandt werden wird. –

Ganz recht, so lehrt der „Wachtturm“. Der Unterschied zur Lehre der Schrift besteht darin: für den biblischen Glauben ist *Jesus* und seine Erlösungstat das Primäre. *Unser* Wirken, Dienen und Überwinden ist *Frucht* seines Verdienstes, also sekundär. Für den „Wachtturm“ liegen die Dinge umgekehrt: *unser* Wirken ist das Primäre, und als Folge wird das „Lösegeld Christi“ auf uns „angewandt“ – irgendwann nach bestandener Schlußprüfung am Ende der Tausendjahr-Herrschaft Christi. –

So steht die Wachtturm-Lehre damit ja offensichtlich im Widerspruch zur Heiligen Schrift? fragt Braun entsetzt. –

Gewiß, sie ist – wie in so mancher Hinsicht – auch hierin „weitergegangen, nicht geblieben in der Lehre des Christus“ (2. Joh. 9). Vor allem wird durch die Abkehr von der Glaubensgerechtigkeit und durch die Lehre, daß man dank eigener Verdienste Gott in Schuld bringen kann, *Jesus Christus* und *sein* Verdienst mit Füßen getreten. –

Wider die Überheblichkeit

Mein Gesprächspartner blättert in älteren Wachtturm-Ausgaben und meint etwas nachdenklich: Aber der „Wachtturm" spricht doch auch viel von Jesus Christus. Es wird z. B. nicht geleugnet, daß er der einzige Mittler ist zwischen Gott und Mensch. –

Doch trotz dieser verbalen Bekenntnisse zu Jesus als Mittler wurde die Lehre eingeführt, Jehova führe heute sein Volk durch einen „Mitteilungs- und Verbindungskanal". –

Wer ist das überhaupt? –

Wer das ist? – Früher hieß es immer wieder, die Wachtturm-Gesellschaft sei der „Kanal", später wurde gesagt, der noch auf Erden lebende „Überrest der 144 000" sei es, während „die Gesellschaft" nur als sein Rechtsinstrument anzusehen sei. Aber wo ist denn der sogenannte Überrest? –

Brauns Antwort trifft ins Schwarze: In allen Ländern sind die sich zum Überrest zählenden Z. J. meistens alte und gebrechliche Brüder, die in den Versammlungen überhaupt keine Rolle mehr spielen. Ihre Ämter gaben sie längst an jüngere ab. Macht und Einfluß haben nur *die* Überrestglieder, die der Wachtturm-Gesellschaft bzw. ihren Führungsgremien angehören. –

Genau! Und darum ist auch nicht einsichtig, wie man behaupten kann, der „Überrest" sei der „Kanal", durch den Gott sein Volk führe. Nicht einsichtig ist daher auch folgende Darstellung im „Wachtturm": *„Laßt uns nun den Mitteilungskanal unmißverständlich erkennen, dessen sich Jehova in unseren Tagen bedient, damit wir in seiner Gunst bleiben mögen ... Besonders seit dem Jahr 1919 hat er die kollektive Körperschaft des gesalbten Überrests über all die sichtbaren Interessen des Königreiches gesetzt ... Es ist höchst wichtig, daß wir diese Tatsache verstehen und den Anweisungen des Sklaven so folgen, wie wir der Stimme Gottes (!) folgen würden ..."* (W. T. 15. 8. 1957, S. 498.)

Nein, Bruder Braun, die Brüder, die sich zum „Überrest" zählen, haben noch nie „Anweisungen" herausgegeben. Diese unscheinbaren Leute hin und her in den Versammlungen fordern nicht, daß man ihnen folge „wie der Stimme Gottes". Die Wachtturm-Gesellschaft aber gibt die Anweisungen heraus. Und damit niemand an ihrer Vermessenheit Anstoß nimmt, verschanzt sie sich hinter dem „gesalbten Überrest". Das wird auch dadurch nicht anders, daß ihre Führungsspitze sich zu diesem „Überrest" zählt. Wenn der Leiter eines Verlags zur evangelischen Kirche gehört, so kann er daraus noch nicht das Recht herleiten, zu sagen, daß seine Anordnungen die der evangelischen Kirche seien. –

Mein Freund ist noch immer entsetzt: Wir sollen also „dem Kanal folgen wie der Stimme Gottes“? –

Ja, sage ich, dafür hat er ja auch etwas zu bieten: Im „Wachtturm“ vom 1. 8. 1956, Seite 464 und 477 heißt es:

„Es ist heute gebieterische Pflicht, daß jene, die in der neuen Welt der Gerechtigkeit zu leben wünschen, mit der Neuen-Welt-Gesellschaft Schritt halten. Warum? Weil sie (nicht etwa Gott!) nun alle ihre Glieder durch die größte aller Drangsale, den Krieg von Harmagedon, sicher hindurchbringen und sie in eine helle neue Welt führen wird, die Gott schafft . . .“

„. . . Unsere Freude (ist) überströmend in der vollen Zuversicht, daß wir im Schritt sind mit Gottes Neuer-Welt-Gesellschaft, durch deren Leitung und Führung wir in den letzten Tagen dieser alten Welt nicht nur geistig gut genährt, sondern auch am Leben erhalten werden, um lebend in die neue Welt der Gerechtigkeit einzugehen . . .“

Wenn aber der „Wachtturm“ solche Heilsangebote macht, dann zeigt er doch trotz aller Lippenbekenntnisse zu Jesus als Mittler und König, daß er für *seinen „Kanal“* eine Stellung beansprucht, die *Jesus allein* gebührt. –

Braun meint, die Bezeichnung „Mitteilungs- und Verbindungskanal“ sei an sich schon ein Fehlgriff. –

Ich muß ihm recht geben: schon der Name verrät, daß man eine *Mittlerrolle* zwischen Gott und den Menschen beansprucht. Denn wenn der „Kanal“ glaubt, „Mitteilungen“ überbringen zu sollen, dann doch zweifellos die *von Gott* geoffenbarten *für die Menschen*. Und wenn er eine *„Verbindung“* darstellen will, so doch *zwischen Gott und Menschen*. Das aber ist gerade die Funktion eines Mittlers – des *einen* und *alleinigen Mittlers Jesus Christus* (1. Tim. 2, 5. 6). Tritt nicht damit der antichristliche Charakter dieser „Kanal“-Theorie deutlich zutage? –

Nun wird ja gern behauptet, daß Gott immer einen „Kanal“ gehabt habe: die Patriarchen, die Propheten und andere Gottesmänner seien zu ihrer Zeit „Kanäle Jehovas“ gewesen, durch die er geredet habe. Das entsprechende Gegenstück sei heute die Wachtturm-Gesellschaft bzw. der „Überrest“, hinter dem sie sich verschanzt, wie du sagst. –

Die das behaupten, lieber Bruder, die übersehen: das Gegenstück zu den alttestamentlichen Überbringern der göttlichen Offenbarung ist *Jesus Christus*. In *ihm* ist die göttliche Offenbarung zu ihrem Höhepunkt und zur *Vollendung* gelangt. So steht es geschrieben in Hebräer 1, 1. 2: „Nachdem Gott vielfältig und auf vielerlei Weise ehemals zu den Vätern geredet hat in den Propheten, hat er am Ende dieser Tage zu *uns* geredet im *Sohn*, den er gesetzt hat zum Erben aller Dinge.“ Somit ist die von der W. T.-Gesellschaft für sich beanspruchte Rolle von Gott selbst in die Hände seines Sohnes Jesus Christus gelegt worden. Und das gilt für immer. –

In der Bibel steht ja auch nichts von einem „Mitteilungs- und Verbindungskanal“, meint Braun nachdenklich. –

Nein, für eine solche Einrichtung ist im Heilsratschluß Gottes gar kein Raum

weder *neben* Christus	– denn es ist nur „*ein* Mittler" (1. Tim. 2, 5. 6);
noch *nach ihm*	– denn er bedarf keines Nachfolgers (Hebr. 7, 24);
noch an seiner Statt	– denn das ist der Geist des Antichrists.

Mit ihrer Behauptung, daß die Anerkennung eines „Mitteilungs- und Verbindungskanals" heilsnotwendig sei und daß die „Neue-Welt-Gesellschaft" unter seiner Führung die Zeugen in die „neue Welt" hinüberführen werde, bestreitet die Wachtturm-Religion aber dreierlei:

im Hinblick auf die Bibel:	die Allgenugsamkeit des geschriebenen Wortes (2. Tim. 3, 14–17; 2. Petr. 1, 20–21)
im Hinblick auf den Heiligen Geist:	seine Auslegerfunktion (Joh. 16, 13; 14, 26; 16, 7–8; 14, 16–17)
im Hinblick auf Christus:	sein alleiniges Mittlertum!

Wider den Richtgeist

Braun wendet ein: Wenn nun die Gesellschaft diese Irrlehren auch verbreitet, so kann ich doch als einzelner Zeuge Jehovas auf dem Boden der Heiligen Schrift stehen und ganz schlicht die biblische Wahrheit verkündigen. –

Das könnte man denken. Man sollte der Gesellschaft zutrauen, daß sie ihren Verkündigern dies Recht ließe, gerade weil selbst der beste menschliche Lehrer *nicht* unfehlbar ist, auch die Wachtturm-Gesellschaft nicht. Aber dies Recht wird den Zeugen Jehovas grundsätzlich abgesprochen. Weißt du nicht mehr, daß der „Wachtturm" vor denen warnte, die „eigene Auslegungen" bringen?

Und zu diesen würde man dich zählen. Noch mehr: zur „Klasse des bösen Knechts"! Hast du vergessen, was beispielsweise schon im „Wachtturm" von 1948, Seite 325 und 327 steht:

„*Schaudert es dich vor der Vernichtung, welche diese alle* (Korah und Genossen) *ereilte? So wisse, daß jene, die sich wider Jehovas theokratische Anordnungen und Anweisungen* (gemeint ist: gegen die der Wachtturm-Gesellschaft!) *auflehnen, dem Beispiel Korahs, des Rebellen, folgen und ebenso bestimmt umkommen werden wie er und seine Schar. Wehe ihnen!*"

Auch hier wieder dieser Richtgeist, ruft mein Freund entsetzt aus. Und dieser Gesellschaft hat man so viel Vertrauen geschenkt, wahrlich: „wie der Stimme Gottes" sind wir ihr gefolgt. Aber das stimmt, ich erinnere mich, daß die „Abgefallenen" schon vor Jahrzehnten als „böse Knechte" und als „Rotte Korah" bezeichnet wurden. –

Und beweist das nicht wiederum, daß sie die Stelle des Mittlers, die Stelle Jesu einnehmen will? frage ich. –

Gewiß doch! Die Rotte Korah rebellierte gegen den Mittler des Alten Bundes. Wenn nun die vom „Wachtturm" Abgefallenen die „Korah-Rotte" des Neuen Bundes wäre, dann müßte ja schon die Wachtturm-Gesellschaft Mittlerin des Neuen Bundes sein. –

So rebelliert in Wirklichkeit die Wachtturm-Gesellschaft gegen Christus, indem sie sich an seiner Statt zum Mittler erhebt, nicht wahr? Und bei der Frage schaue ich mein Gegenüber ernst und lange an. –

. . . und der Vorwurf, Gegenstück der Rotte Korah zu sein, fällt wie ein Bumerang zurück. Aber wir wollen nicht „richten", ergänzt Braun leise. –

Mein lieber Bruder Braun, erwidere ich ihm, das brauchen wir gar nicht einmal; denn dieses System richtet sich ja selbst mit seinem üblen *Richtgeist.* Wenn du und ich früher oder später dieser Gesellschaft endgültig den Rücken kehren werden, wird man uns wie Tausenden vor uns das Urteil der „ewigen Vernichtung" sprechen. Noch alle, die wegen ihrer Glaubenstreue zu Gott, dem Vater, und zu seinem Sohn Jesus Christus die Entgleisungen dieser Gesellschaft nicht mehr befürworten konnten, wurden von ihr verdammt. Höre einmal, was das Buch „Neue Himmel und eine neue Erde", S. 325, schreibt:

„Die Abtrünnigen, welche zur Klasse des „schlechten Sklaven" werden, lassen ihren Namen zum Fluchwort (!) zurück und werden hinausgeworfen, um ihr Teil mit den Heuchlern zu haben, die in Harmagedon schließlich hingerichtet werden . . . (!). Weil der Fluch sie trifft wegen ihrer Heuchelei und Rebellion und wegen ihres Ungehorsams (gegen wen? – gegen die Gesellschaft!), *werden sie von allem künftigen Leben abgeschnitten."*

Die Wachtturm-Gesellschaft scheint ausgesprochenen Haß zu hegen gegen die, die sich ihrer Diktatur entziehen und selbständig prüfen, glauben und lehren, meint Braun. –

Offenbar glaubt sie sich von keiner anderen Gruppe von Menschen so durchschaut. Darum muß sie sie in den Augen ihrer Anhänger so schwarz und schmutzig hinstellen wie nur irgend möglich, damit, wie man sagt, „auch der Hund kein trockenes Stück Brot von ihnen nimmt". –

Doch richtet die Wachtturm-Gesellschaft nicht in der gleichen Weise alle Andersdenkenden? –

Ich meine, ja. Nur spricht sie das nicht immer mit der gleichen Schärfe aus. Die Andersdenkenden in der „Welt" und in den christlichen Kreisen will sie ja noch locken. Da kommt sie statt mit der Peitsche auch bisweilen mit Zuckerbrot. Das alles ändert aber nichts an der Tatsache, daß sie für die, die sich ihr nicht unterwerfen und ihre unbiblischen Lehren ablehnen, nur die ewige Vernichtung kennt. Im Buch „Neue Himmel und eine neue Erde" sagt sie auf Seite 326:

„Auf Erden ist heute die Neue-Welt-Gesellschaft die einzige (!) Bewegung, die wahre Aufbauarbeit tut. Alle anderen, die ein Teil dieser Welt sind

und an ihren Plänen, Programmen und Werken teilhaben, werden ihr Schicksal mit jenen teilen, ‚die die Erde verderben'. Sie betreiben eine Tätigkeit, die mit Gottes aufgerichtetem Königreich außer Harmonie ist, und wodurch sie sich Ruin und Verderben zuziehen am Tage des Zornes Gottes in Harmagedon." –

So sind also auch all die gläubigen Christen, echte Jünger Jesu, die es ernst nehmen mit der Nachfolge ihres Herrn, mitverurteilt. Und solche sind doch zweifellos in allen christlichen Kreisen, meint Braun. –

Ganz bestimmt. Wenn nun aber die Wachtturm-Gesellschaft solche Menschen, die an Jesus Christus glauben, zusammen mit der Welt der Ungläubigen zur Verdammnis und zum Verlorengehen verurteilt, stellt sie sich damit nicht abermals gegen *Jesus Christus* selbst, der ihnen und uns verspricht: „Wer an *mich* glaubt, *hat ewiges Leben*" (Joh. 6, 40. 47. 50. 54; 11, 25. 26; 5, 24; 3, 36)? Und gegen *Gottes* Wort, das klar bezeugt: „Wer den *Sohn* hat, hat das *Leben*; wer den Sohn Gottes *nicht* hat, hat das *Leben nicht*" (1. Joh. 5, 12. 13; 2, 23; 4, 15; 5, 1).

Wir müssen es nach den Erfahrungen mit dem Absolutheitsanspruch der Z. J. lernen, auch im andersdenkenden Christen den Bruder zu sehen. „Denn so hat Gott die Welt geliebt, daß er seinen eingeborenen Sohn gab, auf daß *jeder*, der an ihn glaubt, *nicht verlorengehe*, sondern *ewiges Leben habe*" (Joh. 3, 16). Dort steht eben nicht: „Jeder, der ein treuer Zeuge Jehovas ist, soll nicht verlorengehen".

Wenn nun die Wachtturm-Gesellschaft durch ihre Richtersprüche gegen alle Andersdenkenden[25] dies Wort einfach verkennt? überlegt Braun . . .

Dann, meine ich, gilt das Wort: „Wer Gott nicht glaubt, hat ihn zum Lügner gemacht, weil er nicht an das Zeugnis geglaubt hat, welches Gott gezeugt hat über seinen Sohn. Und dies ist das Zeugnis: daß Gott uns ewiges Leben gegeben hat, und dieses Leben ist in seinem Sohn" (1. Joh. 5, 10–13). –

Haben wir dann überhaupt ein Recht, uns Zeugen Jehovas zu nennen? –

Solange wir *gegen* Gott „zeugen", ganz gewiß nicht. Solange könnte man bestenfalls von Wachtturm-Zeugen sprechen, nicht aber von Jehovas Zeugen. Dieser Name verpflichtet zu unbedingter Treue zu Gott, zu unserem Herrn Jesus und zu Gottes Wort. –

Der „Wachtturm" behauptet doch immer wieder, daß alle christlichen Kirchen, Freikirchen und Gemeinschaften sich nicht treu an Gottes Wort gehalten haben. Darum werde Gott sie in der Schlacht von Harmagedon vernichten. Nun aber haben wir ja im Verlauf unseres Gesprächs schon eine Reihe von Irrlehren bei der Wachtturm-Gesellschaft und ihren Anhängern festgestellt. –

Ja, füge ich hinzu, darum sagte ich vorhin, sie richtet sich selbst mit all ihren Verdammungsurteilen gegen andere. Sagt doch die Schrift: „Deshalb bist du nicht zu entschuldigen, o Mensch, jeder, der da richtet; denn worin du den anderen richtest, *verdammst du dich selbst*; denn du, der du richtest, tust dasselbe . . .“ (Röm. 2, 1–3; Matth. 7, 1–5 und Jak. 4, 12).

Braun kommt noch einmal auf die vielen Schriftstellen zu sprechen, die das ewige Leben denen verheißen, die an Jesus Christus gläubig werden, und fährt dann fort: Wenn die Schrift sagt: „Wer *Jesus* hat, hat das Leben; wer *Jesus nicht* hat, hat das Leben nicht“ (1. Joh. 5, 12 und an vielen anderen Stellen) dann zeigt das doch, daß das Kriterium nicht die Mitgliedschaft in dieser oder jener Organisation ist, sondern daß es darauf ankommt, wie der Mensch zu *Jesus* steht. Nicht an einer besonderen Religionsorganisation – an *ihm* scheiden sich die Geister (1. Joh. 4, 1–3). Nicht wer in einer bestimmten Denomination, sondern wer „in *Christo*“ ist, entrinnt der Verdammnis (Röm. 8, 1). Menschen „in Christo“ aber gibt es in allen christlichen Kreisen. Das habe ich schon bei meinem Dienst von Haus zu Haus festgestellt. –

Die gleiche Erfahrung habe auch ich gemacht. Darum bin ich auch überzeugt, daß die Gemeinde Jesu nicht nur in *einer* Kirche, Freikirche oder Gemeinschaft zu finden ist, sondern verstreut in den verschiedensten christlichen Kreisen lebt und wirkt. Wohl ist sie hier schwach, dort stark; hier eingeengt, krank, verkümmert, dort wiederum in lebendiger Blüte; hier durch wenige, dort durch viele ihrer Glieder vertreten. Aber sie *ist* da, und der Herr kennt die Seinen (2. Tim. 2, 19; Joh. 10, 14). –

Dann aber, ergänzt Braun, ist andererseits auch „Babylon, die große Hure“, also die untreue Brautgemeinde, nicht alles das, was sich nicht einer bestimmten Organisation anschloß, sondern was keine Lebensgemeinschaft mit Jesus (mehr) hat; was sich Gemeinde und Braut nennt, ohne es zu sein; was den Namen hat, daß es lebe, und doch tot ist (Offb. 3, 1). Es scheint mir, daß überall da, wo Gemeinde Jesu ist, die treue Braut, sich die Dirne Babylon neben sie stellt. Wo der Herr Weizen säte, da sät der Erzwidersacher Gottes das Unkraut. Und der Herr sagt uns, daß Gottes Knechte weder befugt noch befähigt sind, Unkraut und Weizen voneinander zu trennen (Matth. 13, 28–30). Versuchen wir's dennoch, so reißen wir oft den Weizen aus und schonen das Unkraut. Und das tut auch die W. T.-Gesellschaft mit ihrem Richtgeist. Sie handelt wie jene noch fleischlich gesinnten Jünger, die auf solche, die Jesus nicht sogleich aufnahmen, „Feuer vom Himmel herabfallen und sie verzehren heißen“ wollten (Luk. 9, 49–55). Ich glaube, wir stehen, wenn wir all diese Verirrungen der Gesellschaft sehen, mitten in einer *Glaubensprüfung*. –

Ich muß ihm Recht geben. Aber wir spüren, daß solche Prüfungen anders verlaufen, als wir es uns gedacht hatten.

Als Z. J. erwarteten wir die Gefahren immer nur von außen, und die Gefahren aus dem Innern unserer Organisation (und des eigenen Herzens!) nahmen wir nicht wahr. Wir fürchteten das Eindringen weltlicher und heidnischer Einflüsse und merkten gar nicht, daß in unserer Mitte ein dem Evangelium fremder Geist sich ausbreitete.

Wir hielten streng auf Abgrenzung zu anderen Kreisen, um uns vor Irrtümern und falschen Lehren zu schützen, und im eigenen Kreis wuchert die Irrlehre, so daß gar die Stellung unseres Herrn und Erlösers selbst angetastet wird. Wir bekämpften die groben „Sünden des Fleisches" und entzogen „Hurern und Ehebrechern" – wie wir sie eilfertig nannten – die Gemeinschaft, aber wir ertragen es, wenn sich neben oder gar an die Stelle Jesu ein neuer Mittler (sprich: „Mitteilungs- und Verbindungskanal") stellt und dulden und fördern so die gefährlichste aller Sünden.

Der religiöse Totalitarismus *außerhalb* der eigenen Reihen wird bloßgestellt, und die immer anspruchsvoller werdende geistige Diktatur *innerhalb* derselben findet lebhaften Applaus. An andere Christen wird der Warn- und Bußruf gerichtet, zum „ursprünglichen Christentum" zurückzukehren, auf die „Apostel und ihre inspirierten Schriften" zu hören, aber man selbst denkt gar nicht daran, mit Einfalt des Herzens die klare biblische Linie einzuhalten oder gar Buße zu tun, weil dies versäumt wurde. Man richtet die Welt der Ungläubigen und die Christen im Nachbarkreise, aber sich selbst und die eigenen Mängel schließt man von jeder kritischen Beurteilung aus. –

Nur so kann die erschreckende Tatsache ihre Erklärung finden, daß Jehovas Zeugen in ihrer Gesamtheit den großen Glaubensabfall (vom Worte Gottes, von Jesus Christus und somit auch vom Vater) unwidersprochen hinnehmen und unterstützen. Sie sehen nicht, daß an die Stelle des Evangeliums vom Gekreuzigten das Ergebnis einer chronologischen Berechnung, an die Stelle der Glaubensgerechtigkeit des Neuen Bundes eine neue Werkgerechtigkeit, an die Stelle der Lebensgemeinschaft mit Jesus eine rationale Erkenntnis und an Christi Statt ein menschlicher „Kanal" getreten ist. Die Führung der Wachtturm-Bewegung hat mit ihrem unaufhörlichen Appellieren, den Kampf nach *außen* hin aufzunehmen und fortzusetzen, erreicht, daß Jehovas Zeugen völlig vergessen haben, daß die größten Gefahren für wahre Christen noch immer aus den *eigenen* Reihen kamen, vor allem von seiten *ihrer Führer*. Die ganze Kirchengeschichte ist ein beredtes Zeugnis dafür, daß für die Gemeinde Jesu nicht etwa der unverblümte Atheismus der größte Feind war und ist, sondern die *Irrlehrer* in ihrer Mitte; nicht der *äußere*, sondern der *innere* Feind. –

So war es ja auch in der nachapostolischen Kirche, erinnert mich Braun. Nicht die Christenverfolgungen von *außen* führten den Zerfall herbei, sondern die Irrlehren und Herrschergelüste von Einzelpersonen und Gruppen *innerhalb* der Gemeinde. Paulus hat recht behalten, wenn er in seinen Abschiedsreden vor den *inneren*, nicht vor den äußeren Feinden der Gemeinde warnt: „Ich weiß, daß nach meinem Weggang schlimme Wölfe bei euch einbrechen und die Herde nicht verschonen werden; ja *aus eurer eigenen Mitte (!) werden Männer auftreten und Irrlehren* vortragen, um die Jünger in *ihre Gefolgschaft* zu ziehen. Darum seid wachsam . . ." (Apg. 20, 29–31, nach Menge).

Wider das Dogma von 1914

In den nächsten Wochen widme ich mich mit Freude dem Studium der Heiligen Schrift. Ich bin mir darüber im klaren, daß ich meine Aufmerksamkeit besonders auf die „Eschatologie", auf die biblische Lehre von den „letzten Dingen" richten muß, weil die Lehrverirrungen der Wachtturm-Gesellschaft zum großen Teil gerade darin ihre Wurzeln haben. Die meisten Irrtümer der Gesellschaft sind mittelbar oder unmittelbar auf der Grundlage der 1914-Theorie aufgebaut. Mit ihr stehen oder fallen sie.

Der Herr schenkt mir in den Wochen des systematischen Forschens viel Gnade. Bald sind die Fragen der Wiederkunft des Herrn, der Zukunft Israels und der Völkerwelt keine undurchdringlichen Geheimnisse mehr, über die man sich nur bei den „Kanal"-Führern von Wiesbaden und Brooklyn noch viel geheimnisvollere Auskünfte holen kann. Aber weil ich weiß, daß alles menschliche Erkennen Stückwerk ist, bespreche ich mich auch darüber mit meinem Freund Braun, der gern alles auf Hieb- und Stichfestigkeit prüft.

Im Folgenden möchte ich versuchen, unsere Gespräche über die „letzten Dinge" dem Sinne nach wiederzugeben:

Der „Wachtturm" lehrt, daß im Jahre 1914 die Zeit der „unsichtbaren Gegenwart Christi" begonnen habe. Glaubst du das auch?, fragt mich Braun. Und glaubst du auch, daß 1914 Gottes Reich aufgerichtet wurde? –

Meine Antwort: Nein! –

Hast du Beweise? –

Die Heilige Schrift spricht dagegen. Das ist Beweis genug! Ich möchte mit dem Allereinfachsten beginnen:

1. Der „Wachtturm" sagt, seit 1914 sei der Herr Jesus „unsichtbar gegenwärtig"; denn in jenem Jahr sei er wiedergekommen. Der Herr Jesus war jedoch schon während der vergangenen 1900 Jahre den Seinen „unsichtbar gegenwärtig". Erklärte er doch seinen Getreuen: „Siehe, ich bin bei euch alle Tage bis zur Vollendung des Zeitalters" (Matth. 28, 20). Somit muß seine verheißene *Wiederkunft* mehr bedeuten als „unsichtbare Gegenwart", wenn sie überhaupt noch einen Sinn haben soll. *Daß* sie auch mehr sein wird als nur ein unsichtbarer Vorgang, der den Menschen erst von einigen Eingeweihten verkündigt werden müßte, zeigt die Schrift ganz klar.

2. Der Herr Jesus warnt davor, denen Glauben zu schenken, die von einem verborgenen Gekommensein zu wissen vorgeben: „Denn es werden falsche Christi und falsche Propheten aufstehen und werden große Zeichen und Wunder tun, um so, wenn möglich, auch die Auserwählten zu verführen. Siehe, ich habe es euch vorhergesagt. Wenn sie nun zu euch sagen: Siehe, er ist in der Wüste!, so gehet nicht hinaus; siehe, in den Gemächern!, so glaubet nicht!" Und dann zeigt er den Seinen, daß sein Kommen aller Welt offenbar sein wird: „Denn gleichwie der Blitz ausfährt von Osten und scheint bis gen Westen, *also* wird die Ankunft des

Sohnes des Menschen sein" (Matth. 24, 24–27). Wenn die Ankunft Jesu sein wird wie ein Blitz, der von einem Ende des Himmels bis zum anderen Ende alles hell erleuchtet, wie kann dann noch von einer „unsichtbaren" Ankunft die Rede sein?

Auch Matthäus 24, 30 zeigt, daß die Wiederkunft Jesu ein Ereignis sein wird, das der Welt nicht verborgen bleibt, noch mehr: sie ist seine Selbstoffenbarung mit „großer Macht und Herrlichkeit": „Und dann wird das Zeichen des Sohnes des Menschen in dem Himmel erscheinen; und dann werden wehklagen alle Stämme des Landes, und sie werden den Sohn des Menschen *kommen sehen* auf den Wolken des Himmels mit großer Macht und Herrlichkeit." Das stimmt überein mit Offenbarung 1, 7: „Siehe, er kommt mit den Wolken, und jedes Auge wird ihn sehen, auch die ihn durchstochen haben, und wehklagen werden seinetwegen alle Stämme des Landes." Wo hat die Welt im Jahre 1914 etwas von seiner „großen Macht und Herrlichkeit" gesehen? –

Das leuchtet ein, unterbricht mich Braun, aber willst du damit auch sagen, daß Jesus im Fleische wiederkommt wie vor 1900 Jahren? –

Nein, damals kam er in „Knechtsgestalt" (Phil. 2, 7), nun aber, wie unser letztes Schriftwort zeigte, mit „großer Macht und Herrlichkeit". Damals ist er „*einmal* in der Vollendung der Zeitalter geoffenbart worden zur Abschaffung der Sünde durch sein Opfer", nun aber wird „Christus, nachdem er *einmal* geopfert worden ist, um vieler Sünden zu tragen, zum zweiten Male denen, die ihn erwarten, ohne Beziehung zur Sünde erscheinen zur Seligkeit" (Hebr. 9, 26. 28). –

Mein Freund macht sich wieder zum Anwalt der Zeugen: Wenn nun aber der verherrlichte Christus sich der Welt in dieser „großen Macht und Herrlichkeit" zeigen soll, wird dann nicht alle Welt erblinden oder gar sterben müssen? Schon ein Lichtstrahl seiner Herrlichkeit genügte, um Saulus vor Damaskus erblinden zu lassen. –

Gegenfrage: Hat der Herr Jesus verheißen, daß alle Welt den mit „großer Macht und Herrlichkeit" Wiederkommenden sehen soll, oder nicht? –

Gewiß, das hat er gesagt, gibt Braun zu. –

Glaubst du, daß er dann auch sein Wort halten kann, ohne daß Menschen schon durch den Anblick der übernatürlichen Herrlichkeit und Lichtfülle erblinden oder sterben müßten? Hat er nicht Macht, sein Offenbarwerden den Menschen ertragbar zu machen? –

Natürlich. Dies Argument der Zeugen kann das Wort Jesu von seinem Kommen mit „großer Macht und Herrlichkeit" nicht ungültig machen. Wer sind wir, daß wir ihm ungestraft widersprechen könnten? Doch nun eine Frage: Kommt der Herr nicht in erster Linie zur Heimführung seiner Gemeinde? –

Ja, davon bin ich überzeugt, antworte ich. Wir kommen damit zum dritten und stärksten Beweis gegen die Wachtturm-Theorie, wonach 1914 der Herr kam und sein Reich aufrichtete, die im Glauben an Jesus Entschlafenen 1918 auferweckte, die lebenden Glieder der Gemeinde Jesu jedoch auf Erden zurückließ.

3. Der Apostel Paulus bezeugt in 1. Thessalonicher 4, 15–17, daß Christus bei seinem Kommen die *ganze* Gemeinde, Lebende und Entschlafene „*zugleich*", zu sich nehmen wird. Lesen wir die Worte des Apostels selbst: „Dieses sagen wir euch im Worte des Herrn (also nicht auf Grund *menschlicher* Annahme), daß wir, die Lebenden, die übrigbleiben bis zur Ankunft des Herrn, den Entschlafenen *keineswegs zuvorkommen* werden. Denn der Herr selbst wird mit gebietendem Zuruf, mit der Stimme eines Erzengels und mit der Posaune Gottes herniederkommen vom Himmel, und die Toten in Christo werden zuerst auferstehen; danach werden wir, die Lebenden, die übrigbleiben (bis zur Ankunft des Herrn), *zugleich* mit ihnen (den Entschlafenen) entrückt werden in Wolken dem Herrn entgegen in die Luft; und also werden wir allezeit bei dem Herrn sein."

Somit wäre, wenn die Gesellschaft mit ihrer 1914-Lehre recht hätte, in jenem Jahre bereits die erste Auferstehung gewesen, und mit den Auferstandenen wäre die damals lebende Gemeinde in ihrer Gesamtheit vom irdischen Schauplatz hinweggenommen und zum Herrn hin entrückt worden. *Das* aber ist *nicht* geschehen!

Dann aber ist auch die Auferstehung nicht gewesen, folgert Braun, und also ist auch der Herr noch nicht wiedergekommen. Nach diesem Text ist ja das eine vom andern nicht zu trennen (vgl. auch 1. Kor. 15, 51 ff.).

Wir haben Jesu Wiederkunft noch zu erwarten! Die Wachtturm-Lehre erweist sich auch in dieser entscheidenden Frage als grundfalsch!, stellt Braun fest, und es ist, als ob ein schwerer Alpdruck von seiner Seele gewichen wäre. Nun glaube ich auch nicht mehr an das ganze Endzeit-Lehrgebäude, das die Wachtturm-Gesellschaft auf ihrer These vom Kommen Christi im Jahre 1914 aufgebaut hat.

Um so mehr freue ich mich von Herzen, fügt mein Freund hinzu, daß ich mit der ganzen Gemeinde Jesu seinem wirklichen Kommen entgegensehen darf, das dann auch die Erfüllung alles dessen bringen wird, was Gott verheißen hat. –

Daran denke ich auch gerade! –

4. Die Heilige Schrift bezeugt in vielen Bildern, daß nach Christi Wiederkunft und der Aufrichtung seines Königreichs im Himmel und auf Erden die Segnungen, die aus dem Erlösungswerk Christi fließen, allen Völkern zugute kommen werden. Die ganze Menschheit wird eine große geistliche Wiedergeburt erleben. Wenn nun heute das Königreich bereits gekommen sein soll, müßten wir alle diese Segnungen der Königsherrschaft Jesu ja schon erleben:

Befreiung vom Unglauben (Jes. 25, 7; 49, 6; 42, 6. 7);
geistliche Erneuerung der Menschen (Zeph. 3, 9; Jer. 3, 17);
wahre Anbetung in allen Völkern (Jes. 11, 10; Hab. 2, 14; Mal. 1, 11; Sach. 8, 21. 22);
gerechte Regierung (Jes. 32, 1–4; 11, 4. 5; 9, 6. 7; 29, 19–24);
Frieden für alle (Jes. 2, 4; Micha 4, 3. 4; Sach. 9, 10);
soziale Gerechtigkeit (Jes. 65, 21. 22);

körperliche Gesundheit (Jes. 35, 5. 6);
völlige Sicherheit (Micha 4, 4; Sach. 14, 11; Jer. 30, 10; 32, 37);
Frieden in der Natur (Jes. 11, 6–9; 65, 25).

Daß aber alles dies seit der angeblichen Aufrichtung des Königreiches im Jahre 1914 nicht eingetreten ist, stellt einen weiteren unbestreitbaren Beweis dafür dar, daß die Königsherrschaft Jesu Christi noch in der Zukunft liegt.

5. Als Begründung für ihre 1914-Lehre erklärt die Wachtturm-Gesellschaft: im Jahre 1914 gingen die „Zeiten der Nationen" zu Ende, von denen der Herr Jesus sprach (Luk. 21, 24). Sehen wir uns das Schriftwort genauer an, so ist es gerade ein Beweis dafür, daß die „Zeiten der Nationen" *nicht* zu Ende sind. Lies die Stelle doch bitte einmal! –

Braun liest sie laut vor: „Und sie [die Juden] werden fallen durch die Schärfe des Schwertes und gefangen weggeführt werden unter alle Nationen; und Jerusalem wird zertreten werden von den Nationen, *bis* die Zeiten der Nationen erfüllt sein werden." –

Sagt dieses Wort Jesu nicht ganz eindeutig, wie lange Israel durch die Heidenvölker „zertreten" wird? –

Ganz klar: es soll nur so lange geschehen, bis die „Zeiten der Nationen zu Ende" sind. –

Was ergibt sich daraus?, frage ich weiter, wenn es stimmte, daß die Zeiten der Heiden 1914 endeten? –

Dann müßte das Zertretenwerden Israels durch die Heidenvölker 1914 ein Ende gefunden haben! antwortet Braun. Das aber ist nicht der Fall! Es hat sogar in den Jahren von 1933 bis 1945 einen furchtbaren Höhepunkt erreicht. Folglich sind die „Zeiten der Nationen" noch nicht zu Ende, und eine weitere Begründung der 1914-Lehre fällt dahin. –

Und noch eins!

6. Der Herr Jesus hat seine Jünger gewarnt; „Es ist nicht eure Sache, Zeiten oder Zeitpunkte zu wissen" (Apg. 1, 7). Die Wachtturm-Religion aber hat gerade das zu ihrer Sache gemacht und in diesen Ungehorsam ihre Schüler mit hineingezogen. Sie hat sich darüber hinweggesetzt, daß Jesus sagt: „Von jenem Tage aber oder der Stunde weiß *niemand*, weder die Engel im Himmel noch der Sohn, sondern nur der Vater. Seht zu, wacht und betet; denn ihr wißt *nicht*, wann die Zeit da ist" (Mark. 13, 32–33). Oder ist die Wachtturm-Gesellschaft Gott gleich, daß sie Dinge zu wissen vorgibt, die er allein wissen kann?

Die Antwort liegt auf der Hand, sagt Braun. Wir brauchen darüber kein Wort mehr zu verlieren. Ich möchte mir nur noch einmal die sechs wichtigsten Gegenbeweise vergegenwärtigen: die Lehre, daß der Herr seit dem Jahre 1914 „unsichtbar gegenwärtig" sei und seine Reichsherrschaft begonnen habe, ist deshalb falsch und unbiblisch,

1. weil gerade die Zeit *vor* seiner Wiederkunft die der „unsichtbaren Gegenwart" ist (Matth. 28, 20);
2. weil Jesu Ankunft nicht in der Verborgenheit geschieht (Matth. 24, 24 bis 27. 30; Offb. 1, 7);

3. weil die Gemeinde, die nach der Schrift bei Jesu Kommen „entrückt" werden wird, noch auf Erden ist (1. Thess. 4, 13–17; 1. Kor. 15, 51 ff.);
4. weil die Erde und Menschheit erneuernden Segnungen der Königsherrschaft Christi noch nicht Wirklichkeit geworden sind;
5. weil das „Zertretenwerden" des Volkes Israel noch andauert (Luk. 21, 24);
6. weil wahre Jünger Jesu, denen das Wort und Gebot ihres Herrn etwas gilt, nicht das Errechnen von eschatologischen Zeitpunkten zu ihrer „Sache" machen (Apg. 1, 7; Mark. 13, 32. 33).

Müßte nicht ein Erinnern an diese klare Absage Jesu in Apostelgeschichte 1, 7, die er damit *allen* Datenspekulationen erteilt, schon genügen, um uns von der Abwegigkeit der Lehre über die „Gegenwart Christi seit 1914" zu überzeugen? Braun und ich glaubten das damals. Doch in den folgenden zwei Jahrzehnten wurden wir immer wieder mit einem Doppelargument konfrontiert:

1. Jesus habe doch Zeichen genannt, an denen man ablesen könne, daß seine „unsichtbare Gegenwart als König" im Jahr 1914 begonnen habe;
2. bestätigt würde das auch durch die biblische Chronologie, die direkt auf das Jahr 1914 hinführe.

Zunächst, was ist es um die Zeichen? Sind sie wirklich Hinweise auf eine schon geschehene Ankunft Christi, oder handelt es sich um Vorzeichen, die seine baldige Wiederkunft ankündigen?

Die Zeichen

Die große eschatologische Rede Jesu nach Matthäus 24 gibt uns gewiß manches Rätsel auf. Werden doch die Ereignisse, die im Jahr 70 n. Chr. eintraten, weitgehend zusammengeschaut mit Jesu Wiederkunft und dem Weltende – das nennt man die „prophetische Perspektive"! Dennoch ist die Reihenfolge der Ereignisse sehr deutlich hervorgehoben:

Jesus nennt zunächst die Zeichen der Endzeit: Kriege, Hungersnöte, Erdbeben usw. und spricht von einer „Trübsal, wie noch keine gewesen ist" (V. 4–22), warnt aber: „Wenn euch dann jemand sagt: ‚Jetzt ist der Messias hier oder da', so glaubt es *nicht*!" (V. 23). „Gleich aber *nach* jener Trübsalszeit wird sich die Sonne verfinstern . . . *Dann* erscheint am Himmel das Zeichen des Menschensohnes . . . sie werden den Menschensohn kommen sehen . . . mit großer Macht und Herrlichkeit . . ." (V. 29 ff. – Übersetzung des NT von Ludwig Albrecht, Brunnen Verlag Gießen).

Der Gegensatz zur Wachtturm-Deutung ist offenkundig: Nach dessen Sicht kam zunächst der Herr unsichtbar wieder (1914); danach folgten die Zeichen als Beweise dafür, daß er da sei. Nach Jesu Worten aber gehen die Zeichen und eine zuvor nie erlebte „Trübsalszeit" voraus, und erst „*nach* jener Trübsalszeit" kommt der Herr![26]

Doch nun zum andern Teil des beliebten Z. J.-Arguments: Die „Biblische Chronologie“ führe uns direkt auf das Jahr 1914. Sagt das wirklich die Bibel? Handelt es sich nicht vielmehr um eine sehr fragwürdige Kombination von sehr verschiedenen Bibeltexten, die dazu aus ihrem ursprünglichen Zusammenhang herausgerissen wurden? (Nach dem schon sprichwörtlichen Verfahren: „Kain erschlug seinen Bruder“ – 1. Mose 4, 8; „So gehe hin und tue desgleichen“ – Lukas 10, 37). Günther Pape hat in einem seiner Bücher nicht nur die Fragwürdigkeit der Methode, sondern auch die *Fehler* in dieser Berechnung nachgewiesen.[27]

Die Chronologie

Pape zitiert zunächst das Wachtturm-Buch „Gott bleibt wahrhaftig“, Seite 264, damit der Leser mit diesem „Rechenexperiment“ vertraut wird: Das Buch setzt an bei den sieben „Zeiten“ des Wahnsinns des Königs Nebukadnezar und sagt dazu: „Im Falle Nebukadnezars waren ‚sieben Zeiten‘ sieben buchstäbliche Jahre, während derer er seines Thrones beraubt war.

Diese sieben Jahre entsprechen 84 Monaten oder 2520 Tagen, denn die Bibel rechnet jeden Monat zu 30 Tagen. In Offenbarung 12, 6. 14 werden 1260 Tage als ‚eine Zeit und Zeiten und eine halbe Zeit‘ oder 3 1/2 Zeiten erwähnt. ‚Sieben Zeiten‘ sind also zweimal 1260 oder 2520 Tage.

Ezechiel, ein treuer Prophet Jehovas, schrieb: ‚Je einen Tag für ein Jahr habe ich dir auferlegt‘ (Ez. 4, 6).

Wenn diese Regel angewandt wird (Hervorhebung von H.-J. Twisselmann), sind 2520 Tage gleich 2520 Jahren. Da Gottes Vorbild-Königreich mit seiner Hauptstadt Jerusalem im Herbst des Jahres 607 v. Chr. zu bestehen aufhörte, bringen uns also die 2520 Jahre, wenn wir die ‚Zeiten der Nationen‘ von da an rechnen, zum Herbst des Jahres 1914 n. Chr.“

So weit also das Zitat aus dem Wachtturm-Buch. Und nun weist Pape auf drei gravierende Fehler hin. „Wenn diese Regel angewandt wird . . .“, hatte das Buch gesagt. Hier setzt Pape an: „Der erste entscheidende Fehler in dieser Rechnung: ‚Je einen Tag für ein Jahr‘ . . . Die Anwendung dieser Regel auf die Berechnung der Zeit des Endes ist Willkür.“ (Denn das Wort Ezechiels steht in einem ganz anderen Zusammenhang.) Doch hören wir Papes Argumentation weiter:

Der zweite umstrittene Punkt ist der Anfang der gesamten Rechnung, das Jahr 607 v. Chr. Sämtliche Lexika geben als Datum der Zerstörung Jerusalems nicht 607 v. Chr., sondern 586 v. Chr. an.

„Der dritte entscheidende Fehler dieser Endzeitberechnung: Nehmen wir das Jahr 607 v. Chr. als das Jahr der Zerstörung Jerusalems an und zählen wir die 2520 Jahre für 2520 Tage; glauben wir mit den Zeugen, daß die Bibel jeden Monat zu 30 Tagen rechnet (Trost für die Juden, S. 70; Rüstung, S. 350; Gott bleibt wahrhaftig, S. 264).

Rechnet man jeden Monat mit 30 Tagen, dann umfassen ‚Sieben Zeiten‘ oder sieben Jahre 2520 Tage. Das sind 84 Monate oder sieben Jahre zu je 360 Tagen. Ein Jahr hat nach der Brooklyner Rechnung bloß 360 Tage.

2520 Jahre zu je 360 Tagen (= biblisches Jahr), von 607 v. Chr. an gerechnet, führen uns aber niemals in das Jahr 1914 n. Chr., sondern in das Jahr 1878 n. Chr.

Die Führer der Zeugen müssen in Rechnung stellen, daß die wirkliche Zeitspanne von 607 v. Chr. bis 1914 n. Chr. nicht nach biblischer Zeitrechnung, sondern nach unserem heutigen Kalender 2520 Jahre beträgt. Und nach diesem Kalender zählt jedes wirkliche Jahr 365 Tage einschließlich eines Schalttages in jedem vierten Jahr.

Diese Rechnung der Wachtturm-Gesellschaft stimmt also um 2520 mal 5 Tage, 6 Stunden und 9,54 Minuten nicht. Das sind 36½ Jahre! Welch unbiblische Rechnung haben die Fürsten von Brooklyn aufgestellt! Nicht nur unbiblisch, nein, sogar unrichtig, weil falsch gezählt!

Man kann sich eigentlich gar nicht vorstellen, daß diese falschen Berechnungen den Brüdern in Brooklyn nicht aufgegangen sein sollen, gab es doch unter den Zeugen schon genug Streit um Jahreszahlen und Berechnungen.

In dem Buch ‚Dein Wille geschehe auf Erden‘ haben sie versucht, diesen Fehler wiedergutzumachen, und scheinbar stimmt jetzt wieder alles. Doch auch die neuen Erklärungen in diesem Buch sind nur eine Beschönigung.“

Nach diesem kleinen Exkurs in die Welt der Argumente und Gegenargumente kehre ich wieder zurück zu dem Gespräch mit meinem Freund Braun.

Hoffnung für Israel und die Gemeinde Jesu

Die Führung der Zeugen Jehovas hat uns gelehrt: *„Die Geschehnisse und Prophezeiungen zeigen, daß die natürlichen Juden nie wieder als ein auserwähltes Volk gesammelt werden . . . Zu glauben, daß sie wieder in Palästina versammelt werden müßten und sich . . . massenhaft zu Jesus Christus bekehren würden, ist eine Hoffnung, die trügen wird.“* („Gott bleibt wahrhaftig“, S. 223.) Wir wollen Gottes Wort aufschlagen, um festzustellen, ob der „Kanal“, dem wir uns anvertraut haben, in dieser Sache die biblische Wahrheit lehrt oder aber einen Irrtum, der Gottes Wort bestreitet und somit Gott entehrt. Schlage doch bitte einmal nach: Jeremia 31, 7–10. –

Braun liest: „Denn so spricht Jehova: Jubelt über Jakob mit Freuden . . . Lobsinget laut und sprechet: Rette dein Volk, Jehova, den Überrest Israels! Siehe, ich bringe sie aus dem Lande des Nordens und sammle sie von dem äußersten Ende der Erde . . . Höret das Wort Jehovas, ihr

Nationen, und meldet es auf den fernen Inseln und sprecht: Der Israel zerstreut hat, wird es wieder sammeln und es hüten wie ein Hirt seine Herde." –

Ich kann nicht umhin, Braun sogleich eine Frage zu stellen: Hast du beachtet, wie oft der Name „Jehova" hier genannt wird? Wiederholt wird betont: *Gott* selbst ist es, der die Botschaft an die Nationen ergehen läßt, daß *er* sein Volk, das *er* zerstreute, wieder sammeln will. Können die Schreiber und Verbreiter des genannten Buches noch behaupten, sie seien Zeugen *Jehovas*, wenn sie doch das Gegenteil behaupten? –

Braun kennt die Ausreden: Der „Wachtturm" behauptet, die alttestamentlichen Prophezeiungen, die von einer Rückkehr Israels ins Land der Verheißung sprechen, erfüllten sich schon bei der Rückkehr Israels aus der Gefangenschaft in Babylon im Jahre 537 v. Chr. Was sagst du dazu? –

Darauf antwortete ich ihm dreierlei:

1. Die Heimkehr Israels aus Babylon war ein Zurückbringen aus *einer* Himmelsrichtung. In unserem Schriftwort aber heißt es, Israel werde „von dem *äußersten Ende der Erde*" gesammelt. Das kann also nicht bei der Rückkehr aus Babylon erfüllt worden sein. (Vgl. auch Hes. 39, 28; 34, 12; 5. Mose 30, 3; Jes. 11, 11. 12; 43, 5. 6; 60, 9; Jer. 23, 8; 29, 14; 32, 37.)

2. Auch der Prophet Sacharja, der *nach* der Babylonischen Gefangenschaft lebte, sagte sowohl die Gerichte über Israel (Sach. 12, 2. 3) als auch seine zukünftige Begnadigung voraus: „Ich werde das Haus Juda stärken und das Haus Joseph retten und werde sie [ungestört in ihrem Lande] wohnen lassen; denn ich habe mich ihrer erbarmt, und sie werden sein, als ob ich sie nie verstoßen hätte. Denn ich bin Jehova, ihr Gott, und werde ihnen antworten . . . Ich will sie . . . sammeln; denn ich habe sie erlöst . . . und sie werden mit ihren Kindern leben und zurückkehren" (Sach. 10, 6 ff.). Da dies *nach* der Rückführung aus Babylon ausgesprochen wurde, kann es nicht auf sie bezogen werden (vgl. auch Sach. 8, 3. 7. 8).

3. Die Heimkehr Israels aus Babylon war keine endgültige und führte nicht zur nie endenden Sicherheit für Israel im Verheißungsland. Somit müssen alle die Prophezeiungen, die von einer endgültigen Heimführung Israels und der endgültigen „Sicherheit" Jerusalems zeugen, erst in der Zukunft Erfüllung finden: Sacharja 14, 11; Jeremia 31, 38–40; 24, 6; 30, 10; 32, 37; 33, 16; Jesaja 54, 15; 32, 18; 52, 1; Joel 4, 17. –

Es besteht kein Zweifel mehr, gibt Braun zu, daß alle diese Weissagungen des Alten Testaments noch nicht an Israel erfüllt sind. Aber, und nun kommt das andere Argument der Zeugen, ist nicht die „Einsammlung" des „Israels Gottes", der „geistlichen Juden", also der Gemeinde des Neuen Bundes (Gal. 6, 16; Röm. 2, 26–29), die Erfüllung all dieser Verheißungen? –

Ich kann nicht umhin zu lächeln: Du kennst ja die Argumente der W. T.-Gesellschaft gut. Auch das ist typisch: kommt man mit dem einen Argument nicht zum Ziel, versucht man's mit einem zweiten. Nun gut, wie steht es damit: kann beispielsweise in Jeremia 30, 3 die Gemeinde des Neuen Bundes gemeint sein? –

Braun liest die Stelle laut vor: „Denn siehe, Tage kommen, spricht Jehova, da ich die Gefangenschaft meines Volkes Israel und Juda *wenden* werde, spricht Jehova; und ich werde sie in das *Land zurückbringen,* welches ich ihren Vätern gegeben habe, damit sie es besitzen.“ –

Du wirst mir zugeben, daß dies alles nur auf das „natürliche Israel“, nicht aber auf die Gemeinde Jesu zutrifft. Dasselbe gilt auch von dem Wort: „Der Israel zerstreut hat, wird es wieder sammeln“ (Jer. 31, 10). *Nur* das „Israel nach dem Fleisch“ wurde *zerstreut*. Dann aber ist es auch dasselbe Israel, das wieder gesammelt werden soll. Denn Gott spricht doch nicht in einem Teil dieses so kurzen Satzes von Israel und im zweiten Teil von der Gemeinde. –

Das ist mir völlig klar, erklärt Braun. Nun aber etwas anderes: für jeden Christen ist es doch wohl der stärkste Nachweis für die Zuverlässigkeit einer aus dem Alten Testament gewonnenen Erkenntnis, wenn die Schreiber des Neuen Testaments sie auch vertreten. Hast du einmal nachgeprüft, was *das Neue Testament zur Israel-Frage* sagt? Ist das Verworfensein und der Unglaube der Juden, wovon ja auch im Neuen Testament die Rede ist, dort als ein endgültiger Zustand angesehen oder nicht? –

Wie die Propheten des Alten Bundes, so wissen auch die Schreiber des Neuen Testaments von der Verstockung und dem Verworfensein Israels. Noch mehr: letztere sehen sich dem gegenübergestellt, was jene als für sie schmerzliche Botschaft voraussagen mußten. Aber wie die Propheten hinter der Verwerfung und Zerstreuung des Gottesvolkes auch seine erneute Begnadigung und eine weltweite endgültige Sammlung Israels schauten, so weiß auch das Neue Testament, daß Israel nicht für ewig verworfen, sondern nur für eine von Gott bestimmte Zeit beiseite gesetzt ist, um dann aufs neue Gottes Gnade zu erfahren.

Kommen wir noch einmal auf das Wort Jesu nach Lukas 21, 24 zurück. In den vorhergehenden Versen hat der Herr Jesus von dem Strafgericht Gottes über Israel gesprochen (vgl. auch Lukas 19, 43. 44), das dann auch im Jahre 70 n. Chr. hereinbrach. Und dann fährt er fort: „. . . und sie werden fallen durch die Schärfe des Schwertes und gefangen weggeführt werden unter alle Nationen; und Jerusalem wird zertreten werden von den Nationen, *bis* die Zeiten der Nationen erfüllt sein werden.“ Das heißt also . . . –

Braun unterbricht und führt den Gedanken zu Ende: . . . daß am Ende der Zeiten der Nationen das Zertreten Israels durch die Heiden ein Ende haben wird. Somit ist die Verwerfung Israels zeitlich ganz eindeutig begrenzt. –

Ein weiteres Christuswort zeigt das auch: Matthäus 23, 37–39. Wie nach furchtbarem Unwetter die Sonne hinter Wolkentürmen hervorbricht, so strahlt hinter den ergreifenden Gerichtsankündigungen Jesu (Matth. 23, 31–37) noch einmal die Gnadensonne der Verheißung hervor: „. . . ihr habt nicht gewollt. Siehe, euer Haus wird euch öde gelassen;

denn ich sage euch: ihr werdet mich von jetzt an *nicht* sehen, *bis* ihr sprecht: ‚Gepriesen sei, der da kommt im Namen des Herrn!" Beachte auch hier das: *so lange – „bis"!* Wenn die Zeit gekommen ist, wird Israel den wiederkommenden Christus willkommen heißen, ihn, den es einst gekreuzigt hat. Dann wird auch das Wort Sacharjas (12, 10) erfüllt werden: „Sodann will ich über das Haus Davids und über die Bewohner Jerusalems den Geist der Gnade und der Bitte um Gnade ausgießen, so daß sie auf den hinblicken werden, den sie durchbohrt haben, und um ihn wehklagen, wie man um den einzigen Sohn wehklagt, und bitterlich Leid um ihn tragen, wie man um den Erstgeborenen Leid trägt" (Menge Übersetzung).

Doch kehren wir zum Neuen Testament zurück! Auch der Apostel Paulus weiß von diesem „So lange – bis" im Hinblick auf die Verstockung Israels. Dann wird dessen Unglaube ein Ende haben und „*ganz Israel* errettet werden".

Du denkst an Römer 11, 25 ff., nicht wahr? Aber die Zeugen behaupten, daß sich diese Stelle auch auf die Gemeinde beziehe. –

Hat sie dann überhaupt noch einen Sinn?

„Denn ich will nicht, Brüder, daß euch dieses Geheimnis unbekannt sei, auf daß ihr nicht euch selbst klug dünkt: daß *Verstockung* Israel zum Teil widerfahren ist, *bis* (!) die Vollzahl der Nationen (also die Gemeinde Jesu) eingegangen sein wird; und also wird *ganz Israel* errettet werden, wie geschrieben steht . . . Hinsichtlich des *Evangeliums* sind sie zwar *Feinde,* um euretwillen, hinsichtlich der *Auswahl* aber *Geliebte,* um der Väter willen. Denn die Gnadengaben und die Berufung Gottes sind *unbereubar*. Denn gleichwie auch *ihr* einst Gott nicht geglaubt habt, jetzt aber unter die Begnadigung gekommen seid durch den Unglauben dieser, also haben auch jetzt *diese* an eure Begnadigung nicht geglaubt, auf *daß auch sie unter die Begnadigung kommen.*" Nun, Bruder Braun, was sagt dir diese Stelle? –

Sie kann gar nicht mißverstanden werden. Die Juden werden *nur so lange* verstockt bleiben, *bis* die Gemeinde Jesu aus den Völkern vollständig eingesammelt ist. *Dann* wird *„ganz Israel"* errettet werden. –

Du würdest es also nicht mehr annehmen, wenn dir jemand sagt, hier sei mit Israel die Kirche oder die Gemeinde des Neuen Bundes gemeint? –

Brauns Antwort ist ganz eindeutig: wie könnte hier mit „Israel" die Gemeinde Christi gemeint sein? Von der Gemeinde kann nicht gesagt werden, sie sei „verstockt, bis die volle Zahl aus den Nationen eingegangen ist". Von Christen kann man nicht sagen, sie seien „Feinde im Hinblick auf das Evangelium, aber Geliebte im Hinblick auf die Väter". Und der ganze Wortlaut der letzten Verse zeigt auch, daß Paulus hier *zu* Christen *über* die Juden spricht. Kein Zweifel: der Apostel Paulus will uns sagen, daß Israels Unglaube ein Ende haben und dies hart gezüchtigte Volk noch „unter die Begnadigung kommen" und als Ganzes errettet wird. Daß er sich dabei auf das *Alte Testament* beruft („wie geschrieben steht", Vers 26), beweist auch, daß er die Prophezeiungen des Alten Testaments über eine zukünftige Sammlung und Begnadigung der Juden *buchstäblich* verstanden hat. –

Ganz recht, füge ich hinzu, er hat sie nicht „vergeistigt" und auf die Christen angewandt, noch hat er geglaubt, sie seien bei der Rückführung Israels aus Babylon in Erfüllung gegangen. Das bestätigt auch seine Aussage in 2. Kor. 3, 13–17: „Aber ihr Sinn ist verstockt worden; denn bis auf den heutigen Tag bleibt beim Lesen das Alten Bundes dieselbe Decke unaufgedeckt, die *in Christo weggetan wird.* Aber bis auf den heutigen Tag, wenn Mose gelesen wird, liegt die Decke auf ihrem Herzen. Wenn es aber zum Herrn *umkehren wird*, so wird die Decke *weggenommen*." Auch hier ist Israels Blindheit oder Verstockung *befristet.* –

Dann wird die Weissagung des Propheten Micha sich also auch noch einmal buchstäblich erfüllen, daß der Messias „Herrscher über Israel" sein soll (Micha 5, 1)? fragt Braun weiter. –

Zweifellos, entgegne ich; denn als die Jünger den Herrn fragten: „Herr, stellst du in dieser Zeit dem Israel das Reich wieder her?", hat er sie da getadelt? Vielmehr sagt er ihnen, daß es nur eine Frage der Zeit sei, daß er Israel das Reich wiederherstellt: „Es ist nicht eure Sache, Zeiten oder Zeitpunkte zu wissen, die der Vater in seine eigene Gewalt gesetzt hat" (Apg. 1, 6. 7).

Durch das nach seiner großen nationalen Wiedergeburt erneuerte Israel aber soll der Segen der Königsherrschaft Jesu auch den anderen Völkern zufließen. Davon weiß schon das Alte Testament (Jes. 2, 2–4; Micha 4, 1 ff.; Sach. 14, 16). Darum sagt auch der Apostel Paulus: „Denn wenn (schon) ihre Verwerfung die Versöhnung der Welt ist, was wird die *Annahme* (Israels durch Gott) anders sein als Leben aus den Toten?" (Röm. 11, 15). Den gleichen Gedanken finden wir schon in Vers 12. Lies doch bitte einmal die Stelle in der Albrecht-Übersetzung! –

Braun liest: „Hat nun schon der Fehltritt der Juden die Welt reich gemacht, und hat schon die kleine Zahl, die aus ihrer Mitte gläubig geworden ist, den Heiden solchen Segen zugeführt, *wie groß* wird da erst der *Segen für die Heiden* sein, wenn sich einst *die Vollzahl der Juden* bekehrt!" Und alles dies will die Wachtturm-Gesellschaft einfach bestreiten, ruft mein Freund aus und greift noch einmal nach dem Buch „Gott bleibt wahrhaftig", in dem es heißt, daß „die Juden nie wieder als auserwähltes Volk gesammelt werden", und daß es eine trügerische Hoffnung sei, zu glauben, daß die Juden sich einmal zu Christus bekehren werden. Und dann liest er mit dem Ausdruck größter Überraschung auf Seite 222 dieses Buches: „Gottes Verheißungen hinsichtlich einer Wiederherstellung erfüllen sich an seinen geistlichen Israeliten, an *Jehovas Zeugen . . .*" –

Du bist überrascht, daß das gelehrt wird? frage ich meinen Freund. Erinnere dich doch bitte daran, daß die W. T.-Gesellschaft in ihren Zeitschriften und Büchern stets alle alttestamentlichen Gnaden- und Segensverheißungen auf *ihre* Organisation angewandt hat, die Gerichtsprophezeiungen aber auf die *Juden* – oder aber auf die „abtrünnige Christen-

heit". Nach ihrer Art der Schriftauslegung wird ja

nicht Israel aus den Völkern gesammelt	– sondern die Z. J.;
nicht nach Palästina hin	– sondern ins „Land" des „Überrests";
nicht gegen Israel wird „Gog" kämpfen (Hes. 38; 39)	– sondern gegen die „Neue-Welt-Gesellschaft";
nicht um Israels willen wird Gott eingreifen	– sondern ihretwegen;
nicht durch Israel wird den Völkern Segen zufließen	– sondern durch sie;
nicht Israel sollen sich die Völker in der Anbetung Gottes anschließen	– sondern den Zeugen Jehovas.

So nimmt also diese Gesellschaft die göttlichen Zukunftsverheißungen für sich und ihr Werk in Anspruch. Damit aber stellt sie sich gegen Gottes Wort Alten und Neuen Testaments und beweist so, daß ihr übertriebener Gebrauch des Namens Gottes – ob richtig oder falsch ausgesprochen, bleibe dahingestellt[28] – ein Mißbrauch des heiligen Namens ist. Nicht durch die ständige Wiederholung des Jehova-Namens kann ein Christ Gott ehren, wie man den Zeugen einzureden sucht, sondern durch Glauben an das, was Gott geredet hat.

Warum mögen die Wachtturm-Führer so hartnäckig die Wahrheit von der zukünftigen Begnadigung Israels bestreiten? fragt mein Freund. –

Die tieferen Gründe kann ich nicht wissen. Aber ich vermute folgendes:

1. Die vielen Verheißungen über eine Sammlung der Juden in der Endzeit, umgedeutet und angewandt auf die Zeugen Jehovas, eignen sich ausgezeichnet dazu, *ihr* „Einsammlungswerk" als von Gott vorhergesagt und als schriftgemäß erscheinen zu lassen. –

Die „Neue-Welt-Gesellschaft" will das neue *Israel* sein, um eine biblische Legitimation davon herzuleiten? –

Ja, durchaus. Aber ein noch zwingenderer Grund mag da vorliegen:

2. Israel ist der Zeiger an der Weltuhr. Würde die Gesellschaft das erkennen und anerkennen, was wir heute über Israel hier besprochen haben, so fiele doch auch ihr ganzes restliches Lehrgebäude wie ein Kartenhaus zusammen. Müßte sie dann doch erkennen und zugeben:

daß die Zeiten der Nationen 1914 nicht endeten	– denn das Zertretenwerden Israels dauert noch an;
daß der Herr Jesus noch nicht wiederkam	– denn in dem Falle würde Israel ihn willkommen geheißen und angenommen haben;
daß sein Königreich noch nicht aufgerichtet ist	– denn dann stände Israel jetzt in der Gnade;
daß die Gemeinde Jesu noch nicht vollzählig ist	– denn die „Verstockung" Israels dauert an (Röm. 11, 25).

Daraus folgt: *noch gilt die himmlische Berufung.*

Noch gilt das Wort: „. . . es ist noch Raum . . . Geht hinaus auf die Wege und an die Zäune und nötigt sie, hereinzukommen, auf daß mein Haus voll werde!“ (Luk. 14, 22. 23.) Noch gilt, was der Dichter singt:

Es ist noch Zeit! Die Liebe rufet noch; noch gehen Diener aus
in Stadt und Land; sie laden heute noch ins große Vaterhaus.
Noch ist die Türe nicht verschlossen,
für Kind und Greis noch nicht verflossen
die Gnadenzeit, die Gnadenzeit! –

Tatsächlich, ruft Braun aus, allein der Umstand, daß Israel noch verstockt ist, beweist ja schon, daß die „Vollzahl“ der Gemeinde noch nicht erreicht, daß darum noch Zugang zur himmlischen Berufung ist. Und die Wachtturm-Gesellschaft behauptet, die Tür sei verschlossen zum himmlischen Reich. Die Gemeinde Jesu sei vollzählig, und daher bleibe für „Menschen guten Willens“ nur noch eine irdische Hoffnung. Nur ein „Überrest“ der Leibesglieder Christi soll ja noch auf Erden weilen. So hat die W. T.-Gesellschaft also eigenmächtig die Tür zugeschlagen für die, die auf sie hören, während Gott noch zur Nachfolge Jesu mit dem himmlischen Ziel beruft. –

Eine traurige Tatsache, füge ich hinzu. So erfüllt sich auch heute wieder das Wort Jesu, das er den Religionsführern seiner Zeit sagte: „Ihr verschließt das Reich der Himmel vor den Menschen; denn ihr geht nicht hinein, noch laßt ihr die Hineingehenden eingehen“ (Matth. 23, 13). Schon im vorigen Jahrhundert verkündigte die W. T.-Gesellschaft das Ende der himmlischen Berufung für 1881. *„So betrachten wir 1881 als den Markstein des Endes der besonderen Gnade für die Heiden, des Endes der hohen Berufung“* (Band II der „Schriftstudien“, S. 226). Später hat sie das Datum verlegt auf 1931 („Gott bleibt wahrhaftig“, S. 321). So fand sie einen Weg, sich über die Heilsbedingungen des Neuen Bundes hinwegzusetzen, um der Welt ein neues „Evangelium“ zu bringen, eine Heilsbotschaft ohne das Ärgernis des Kreuzes Christi, ohne das Wort von Buße, Bekehrung und Wiedergeburt, eine Botschaft, die statt einer „kleinen Herde“ die „Millionen“, die niemals sterben sollen, zur „theokratischen Organisation“ bringen sollte. –

Kannst du mir ein Schriftwort sagen, fragt Braun, das zeigt, daß die Einführung einer irdischen Hoffnung in diesem Zeitalter falsch ist? –

Ich weise auf Epheser 4, 4 hin: „Da ist *ein* Leib und *ein* Geist, wie ihr auch berufen worden seid in *einer* Hoffnung eurer Berufung.“ Wenn das Neue Testament nur von *einer* Berufung spricht, dürfen wir keine zweite einführen. Selbstverständlich ist diese eine Berufung die himmlische. –

Für dich und mich mag das selbstverständlich sein, protestiert mein Freund, aber vielen wird man das erst beweisen müssen! Ich möchte mir die Schriftstellen notieren, die das zeigen.

Daraufhin nenne ich ihm Hebräer 3, 1, wo alle Leser angeredet werden als „heilige Brüder, Genossen der himmlischen Berufung“. Ferner weise ich auf Kolosser 3, 1–4; Philipper 3, 14–21 und 1. Petrus 1, 3–5 hin. –

Aber die „Unentwegten“ unter den Zeugen werden den Einwand erheben, diese Stellen hätten für sie keine Gültigkeit und wären nur „für den Überrest“, meint Braun. –

Ich antworte ihm: Sie gelten für alle die, die an Jesus glauben. Johannes 1, 12 sagt: „So viele *ihn* aufnahmen, denen gab er das Recht, Kinder Gottes zu werden.“ Aus der Kindschaft aber resultiert die himmlische Berufung und Miterbschaft mit unserem Herrn: „Der Geist selbst zeugt mit unserem Geiste, daß wir Gottes Kinder sind. *Wenn* aber Kinder, so auch *Erben* – Erben Gottes und Miterben Christi“ (Röm. 8, 16. 17). So kann man nicht umhin, mit der Gotteskindschaft aufgrund des Glaubens an Jesus Christus auch die Miterbschaft mit dem erhöhten Herrn aufgrund der Gotteskindschaft anzuerkennen. –

Oder umgekehrt ausgedrückt, ergänzt Braun: wer die Miterbschaft der Gotteskinder mit Christus leugnet, der leugnet auch, daß sie aus Glauben an Christus Gottes Kinder sind. Der leugnet Gottes Wort. – Steht nicht auch geschrieben: „Laßt niemand euch um den Kampfpreis bringen!“ (Kol. 2, 18)? Bei wie vielen Menschen hat der „Wachtturm“ gerade das erreicht! –

Das ist wahr. Die heutigen Z. J. zählen ja zu 99 % zur „irdischen Klasse“ und haben daher einen Stand außerhalb des Gnadenreichtums des Neuen Bundes.[29] Sie sind – nach offizieller Z. J.-Lehre! –

nicht „mit Gott versöhnt“ (Röm. 5, 10)	– sondern erhalten lediglich „ein Zeichen der Vergebung“;
nicht gerechtfertigt (Röm. 5, 9)	– sondern erwarten die Rechtfertigung am Ende der tausend Jahre;
nicht Kinder Gottes (Joh. 1, 12)	– sondern „Fremdlinge“, dem Mischvolk entsprechend, das mit Israel zog;
nicht im Besitz des Lebens (1. Joh. 5, 12)	– sondern auf der Suche nach Leben;
nicht „unter der Gnade“ (Röm. 6, 14)	– sondern in der Erwartung des *„Lohns“* in „Harmagedon“;
nicht „Miterben Christi“ (Röm. 8, 17)	– sondern immerdar „Untertanen des Königreichs“. –

Damit wird in erschreckender Weise deutlich, daß die Wachtturm-Gesellschaft mit ihrem irdischen Heilsangebot den apostolischen Glauben verlassen hat.

Doch was ist dann zu den zahlreichen alttestamentlichen Verheißungen zu sagen, die ja in sehr irdischen Bildern die Herrlichkeit des messianischen Reiches schildern? gibt Braun zu bedenken. Von ihnen sprachen wir kurz in Verbindung mit der Wiederkunft Christi. –

Darüber habe ich viel nachgedacht, antworte ich ihm. Ich meine, diese kostbaren Verheißungen erinnern uns daran, daß Gott seinen Anspruch auf diese Erde nicht aufgibt. Bitten wir nicht im Gebet des Herrn darum, daß auf dieser Erde, die das Blut des Gottessohnes vergossen hat, Gottes Wille geschehen möge „wie im Himmel"? Wenn von unserer christlichen Hoffnung die Rede ist, denke ich daher *auch* an die Erde. Gott hat einen neuen Himmel *und* eine neue Erde verheißen (Jes. 65, 17; 2. Petr. 3, 13; Offb. 21, 1).

Dieses Neue, das Gott schafft, wird aber niemals nur eine Wiederholung des Alten und Untergehenden, kein Abklatsch des jetzt Bestehenden, sondern etwas völlig Neues sein. „Siehe, ich mache alles neu", verkündet der erhöhte Christus (Offb. 21, 5). Es handelt sich also um eine wirklich neue, ganz andere Welt! Das wird man beim Zitieren der alttestamentlichen Verheißungen für das messianische Friedensreich bedenken müssen: diese zeichnen das Neue noch mit den Bildern der alten Erde. Somit weisen sie über sich hinaus auf eine weit größere Erfüllung, von der die Propheten nur ahnend sprechen konnten.

Darum heißt es: „Was kein Auge gesehen und kein Ohr gehört hat und was in keines Menschen Herz gekommen ist, was Gott bereitet hat denen, die ihn lieben" (1. Kor. 2, 9). –

Unser Fehler als Z. J. ist demnach der, meint Braun, daß wir die alttestamentlichen Bilder ungebrochen übernommen haben? –

Genau! Statt dessen sollten wir sie *deuten* – alle Bilder und Gleichnisse bedürfen ja der Deutung –, und zwar im Licht des Neuen Testaments. Ich glaube, es war Luther, der einmal gesagt hat: „Das Alte Testament ist die Wurzel des Neuen, das Neue Testament aber ist das Licht des Alten."

Der Kardinalfehler der Z. J. auf diesem Gebiet aber scheint mir darin zu bestehen, daß sie *heute* schon die Plätze im Reich Gottes zu verteilen versuchen, indem sie die Regierungssitze für die einen, die Rolle der Untertanen des Königreiches den andern zuteilen. –

Damit greifen sie Gott sozusagen vor, meinst du? –

Ja, und zwar nicht nur in dieser Beziehung. Bedenke, daß nach der offiziellen Wachtturm-Lehre fast das ganze biblische Hoffnungsgut in die Gegenwart, in die neuzeitliche Geschichte der Z. J. „verlegt" wurde.

„Gottesherrschaft" – von Menschen geführt?

Man fragt sich, worauf J. Z. eigentlich noch warten: Christus soll bereits 1914 unsichtbar wiedergekommen sein. Er regiert schon als König. Seine „Regierungsmannschaft" hat er schon 1918 auferweckt. Selbst das Volk ist da: natürlich Jehovas Zeugen. Sie bilden heute schon die „Neue-Welt-Gesellschaft", wie ihre Führer beim internationalen Kongreß 1953 auf der Zeppelinwiese in Nürnberg verkündigten. Noch mehr: „Neuer Himmel und neue Erde" sind bereits da! Man kann nur staunen: *„1914 hat Gott die neuen Himmel aufgeschlagen . . ."* und *„Die*

Gründung der ‚neuen Erde‘ beginnt in Wirklichkeit mit der Rückkehr des geistlichen Überrests (der damaligen Bibelforscher) aus dem gegenbildlichen Babylon (der Christenheit) vom Jahre 1919 an.“[30]

Braun unterbricht: Ich wundere mich nur, wie die Wachtturm-Gesellschaft diese großen eschatologischen Ereignisse, die doch nach der Bibel wirklich Himmel und Erde umspannen, in ihre eigene Geschichte hineinzudeuten versucht . . . –

Ja, antworte ich, letztlich ist also *die „neue Erde“ da in Gestalt der „Neuen-Welt-Gesellschaft“, und das Königreich Christi ist identisch mit der „theokratischen Organisation“.*[31]

Es liegt ganz auf der gleichen Linie, wenn der „Wachtturm“ die zahlenmäßige Ausdehnung der Z. J.-Anhänger als „Mehrung der Theokratie“ rühmt (W. T. vom 1. 11. 1950 und vom 15. 2. 1951). „Mehrung der Theokratie“ war das Motto eines der Wachtturm-Kongresse der ersten Nachkriegszeit. Daher ist es auch nicht verwunderlich, daß sich unter den Z. J. die Redewendung eingebürgert hat, „etwas für die Theokratie tun“, wenn gemeint ist, etwas für die Organisation zu tun. –

Wenn ich richtig sehe, begann diese Entwicklung also in den fünfziger Jahren, meint Braun. –

Das bezweifle ich. Schon im Jahre 1940 schrieb man in der Zeitschrift „Consolation“ („Trost“, heute „Erwachet!“) in ihrer September-Nummer: *„Die Theokratie ist die verheißene Regierung der Angelegenheiten der Erde durch Jehova Gott, den Schöpfer, durch den für diesen Zweck eingesetzten König, Christus Jesus . . .“* Hier unterbreche ich beim Vorlesen des Zitats einen Augenblick und blicke meinen Freund fragend an. Bis hierher kann man es unterschreiben, nicht wahr? –

Gewiß doch, entgegnet er, aber nun kommt sicherlich der berühmte „Pferdefuß“ . . .? –

Wie du erwartest! Die Zeitschrift fährt fort: *„Jene Theokratie ist heute auf Erden in Funktion . . . Die Theokratie wird gegenwärtig regiert durch die WATCH TOWER BIBLE AND TRACT SOCIETY (Wachtturm Bibel- und Traktat-Gesellschaft), von der Richter Rutherford Präsident und Hauptgeschäftsführer ist.“* –

Braun ist sichtlich erschüttert: So weit geht also diese gefährliche Gleichsetzung der Theokratie mit der Wachtturm-Organisation, des Königreiches Christi mit der „Neuen-Welt-Gesellschaft“. Ich frage mich, wie wir das noch länger mitmachen können! –

Dabei wird man nicht übersehen dürfen, füge ich hinzu, daß es sich hier um mehr handelt als um einen Mißbrauch von Begriffen. Die Wachtturm-Gesellschaft hat alles getan, ihre „Theokratie“ so herzurichten, daß sie dem Bild der Z. J. von der wahren Gottesherrschaft möglichst genau entspricht:

1. Wenn der König schon regiert, müssen auch die Fürsten her!

Der Prophet Jesaja weissagt von der messianischen Königsherrschaft, daß dann ein König in Gerechtigkeit regieren „und die Fürsten nach Recht herrschen" werden. Soll nun die Wachtturm-Gesellschaft das Königreich sein, so muß sie diese *„Fürsten"* schon *heute* haben. Daher proklamiert der „Wachtturm": *„Seitdem Gott im Jahre 1914 das Königreich aufgerichtet hat, und besonders seit dem Jahre 1919 erfüllt sich die Prohphezeiung von Jesaja 32, 1. 2: ‚. . . und die Fürsten, sie werden nach Recht herrschen.' Die hier erwähnten „Fürsten" oder sarim sind keine weltlichen Fürsten, sondern führende theokratische Männer, die eingesetzten Häupter einer Klasse oder Gruppe . . . Somit nimmt die Klasse des ‚treuen und verständigen Sklaven' den anderen Schafen der ‚Zeugen Jehovas' gegenüber eine fürstliche Stellung ein (!) . . . Irgendein männlicher Diener, der von der leitenden Körperschaft ernannt ist, wäre also ein theokratischer Fürst oder sar"* (W. T. 1. 11. 1954, S. 661). Die „Fürsten" *herrschen* also schon – trotz 1. Petr. 5, 3!

2. Eine Theokratie ist keine Demokratie!

Darum schaffte man in der „theokratischen Organisation" alle parlamentarisch-demokratischen Spielregeln ab. Hat man bis in die zwanziger Jahre hinein die „Ältesten" noch *gewählt*, so gilt heute das Prinzip der „theokratischen Einsetzungen". Der „Wachtturm" rühmt es als einen großen Fortschritt, daß alle Amtsträger ihr Mandat nicht „von unten" her, durch „untheokratische Wahlen", sondern „von oben" her – direkt von Jehova durch Jesus Christus" – erhalten.[32]

Richtig, fügt Braun hinzu, wie oft haben wir gehört von der ‚Kette theokratischer Einsetzungen', die von Gott ausgeht über Jesus Christus und die dann über „die leitende Körperschaft" der Z. J. hinabreicht bis zum kleinsten Dienstamt in der Ortsversammlung. –

Eine schöne Theorie, so gestehe ich, doch ist dir einmal aufgefallen, daß die Praxis der „theokratischen Einsetzungen" einen empfindlichen Mangel aufweist? Wahr ist, daß alle „Fürsten" durch das zuständige Zweigbüro der Wachtturm-Gesellschaft „von oben" her eingesetzt werden. Wahr ist auch, daß der Leiter des Zweigbüros vom Hauptbüro in Brooklyn (USA) bestellt wird. Die Stellungen im Hauptbüro wiederum werden besetzt nach den Direktiven des Präsidenten der Wachtturm-Gesellschaft. Wer *aber setzte den Präsidenten „theokratisch" ein* – „von oben nach unten"? Etwa Jesus Christus? – Nein! Der Präsident wird *gewählt*! Gerade an der Stelle, wo sich die behauptete Kette „theokratischer Einsetzungen" als *echt* erweisen müßte, reißt sie ab . . . Sie reicht nicht weiter „nach oben", als bis ins Amtszimmer des Präsidenten. Von ihm aus nach „unten" hin wird „theokratisch" regiert, er selbst aber gewählt. Ihn ins Amt zu bringen oder darin zu bestätigen, fand sich weder Jehova noch Jesus Christus bereit. –

Kannst du nachweisen, daß der Präsident auf dem Weg „untheokratischer“ Wahlen in sein Amt kam? erkundigt sich Braun. –

O ja, in manchem „Jahrbuch der Zeugen Jehovas“ habe ich einen Bericht über die Wahl bzw. Wiederwahl der Leitungsgremien der Wachtturm-Gesellschaft gefunden.[33] Doch auch der „Wachtturm“ vom 1. 1. 1956 erwähnte sie auf Seite 10: *„Am Nachmittag des 13. Januar 1942 kamen alle Mitglieder der zwei Ausschüsse im Gesellschaftsraum des Bethelheims in Brooklyn zusammen . . . Nach gebührender, sorgfältiger Erwägung wurden folgende Brüder einstimmig gewählt: Nathan H. Knorr als Präsident und Hayden C. Covington als Vizepräsident . . .“*[34]

Damit aber wird deutlich, man hat die demokratischen Wahlen nur „unten“ abgeschafft, damit man von „oben“ her um so unbeschränkter regieren kann. Nein, lieber Bruder, in dieser „Theokratie“ regiert nicht Gott, in diesem „Königreich“ regiert nicht Jesus Christus, sondern der von zwei Ausschüssen gewählte Präsident der Wachtturm-Gesellschaft! Grund genug, die These von einer in unserer Mitte schon heute verwirklichten Königsherrschaft Gottes oder vom Anbruch der „neuen Erde“ zurückzuweisen. Nicht allein um des Glaubens willen, der niemals einer Gleichsetzung des Reiches Gottes mit einer Religions-Organisation zustimmen kann, sondern nun zeigen uns auch die offenbaren Tatsachen: diese „Theokratie“ ist in Wahrheit eine menschliche – allzu menschliche – Diktatur.

Hier werde ich den Dialog mit Braun abbrechen und – bevor ich auf meine Konsequenzen zu sprechen komme – mich dem Einwand der Z. J. der siebziger Jahre stellen müssen, „das habe sich inzwischen alles geändert“. Tatsächlich verkündet der „Wachtturm“ in seiner Nummer vom 15. 3. 1976 auf Seite 192: *„Änderung in der leitenden Körperschaft“* (Überschrift). Was aber hat sich denn konkret geändert?

Hören wir den „Wachtturm“:

1. Erhöhung der Zahl der Vorstandsmitglieder

„Um dem Bedürfnis nach weiterer Ausdehnung gerecht zu werden, wurde im Jahre 1971 die Zahl der „älteren Männer“, die als leitende Körperschaft dienten, von sieben (die Vorstandsmitglieder der Watch Tower Society) auf insgesamt elf erhöht. Ende 1974 wurde sie auf achtzehn erhöht.“

2. Turnusmäßiger Wechsel im Vorsitz

Im folgenden Jahr – 1975 – erwog man, so berichtet der „Wachtturm“ weiter, *„eine der bedeutendsten organisatorischen Änderungen der 100jährigen Geschichte“* der Z. J. Die Besprechungen zogen sich fast ein ganzes Jahr hin, und dann wurde die „Reorganisation“ von allen Gliedern der „leitenden Körperschaft“ gebilligt. Der Beschluß sieht vor, daß *„alle Glieder der leitenden Körperschaft . . . die gleiche Stellung einnehmen und deren Vorsitzender . . . jedes Jahr wechselt. Die administrativen Aufgaben* *sind auf das aus drei Gliedern bestehende Komitee des Vorsitzenden (zu dem der Vorsitzende des laufenden Jahres, der des vorigen und der des kommenden Jahres gehören) und auf fünf ständige aus fünf bis sieben Gliedern bestehende Komitees verteilt, die die Tätigkeit der Zeugen Jehovas in der ganzen Welt überwachen. Jedes dieser fünf Komitees hat einen Vorsitzenden, der turnusgemäß jedes Jahr wechselt, sowie einen ständigen Koordinator oder Sekretär.“* („Der Wachtturm“ vom 1. 4. 1977, Seite 207).

Dasselbe Prinzip des „turnusmäßigen Wechsels“ im Vorsitz wurde auch in allen Zweigbüros der Watch Tower Society in den einzelnen Ländern eingeführt, sowie in der Leitung der Ortsversammlungen der Z. J. Hier sollen die „Ältesten“ – dieser lange Zeit verpönte Begriff wurde wieder aufgenommen – im Turnus von jeweils einem Jahr der Versammlung vorstehen.

Bedeutet das Ganze nun eine gründliche Abkehr vom bisherigen „monarchischen“ Prinzip zu einem mehr kollegialen und demokratischen Führungsstil? Kenner der „theokratischen“ Organisation rechnen damit, daß die ganze „Reorganisierung“ eher dazu dient, daß ja niemand in seinem Amt allzu heimisch wird, daß ja niemand allzu festen Stand gewinnt, aber gerade auf diese Weise um so mehr in der Abhängigkeit von der „leitenden Körperschaft“ bleibt. Wie sagt doch der „Wachtturm“ über die drei oder mehr „älteren Männer“, die jetzt als Komitee den Zweigaufseher von einst ersetzen: *„Sie nehmen unter der Aufsicht der leitenden Körperschaft die Interessen der Zeugen Jehovas in dem betreffenden Gebiet wahr“!* („Der Wachtturm“ vom 1. 4. 1977, Seite 208, Abs. 19). Die Aufsicht der „leitenden Körperschaft“ bleibt also sichergestellt. Und damit kein Zweifel darüber aufkommt, daß sie „direkt von Jehova und Jesus Christus“ eingesetzt ist, wurde diesem Wachtturm-Artikel die auf der nächsten Seite dargestellte Illustration beigegeben.

Ob nicht diejenigen Zeugen Jehovas, die eine Reform an „Haupt und Gliedern“ erwartet hatten – oder gar eine tiefgreifende Reformation! –, sie wieder einmal getäuscht sehen? War nicht am Ende die ganze „Reorganisation“ doch nur eine kosmetische Maßnahme? Oder darf man in ihr doch einen ersten Schritt zu einer gewissen Liberalisierung sehen? Immerhin wurde ja die ursprünglich aus nur sieben Personen (nämlich den Vorstandsmitgliedern der Watch Tower Society) bestehende „leitende Körperschaft“ auf 18 Personen erweitert, die nunmehr alle gleiche Rechte haben und sich im Vorsitz abwechseln.

Gab und gibt es in den USA als einem Land mit einer großen und tief verwurzelten freiheitlichen Tradition starke Kräfte in den Reihen der Z. J., vielleicht bis in die Führungsgremien hinein, die auf einen schritt weisen Abbau der Präsidenten-Diktatur drängten? Daß fast ein ganzes Jahr lang über die „Reorganisation“ verhandelt werden mußte, bis ein Konsens erreicht wurde, und alle Glieder der „leitenden Körperschaft“ zustimmten, könnte als ein Indiz dafür gewertet werden, daß – bei aller Demonstration von Einheit und Geschlossenheit nach außen hin – hinter den Kulissen in Brooklyn widerstreitende Parteien kräftig miteinander ringen.

Dies würde auch in etwa erklären, warum es in der W. T.-Literatur immer wieder zu unterschiedlichen, ja gegensätzlichen Darlegungen kommt (etwa in der schon erwähnten Frage der „eigenen Verdienste" oder in den Erwartungen für 1975. Vgl. Kapitel V). Es würde ferner erklären, wie es zu den bekanntgewordenen internen Auseinandersetzungen im Brooklyner Hauptquartier kommen konnte, nachdem der damalige Vizepräsident Franz die Erwartungen für 1975 verkündet hatte. Und nicht zuletzt läßt dies ahnen, wie es möglich wurde, daß nach dem Ableben des Präsidenten Knorr am 8. 6. 1977 noch 3 Monate vergingen, bis der „Wachtturm" „Jehovas Volk" davon in Kenntnis setzte.

Das oben als Vermutung Ausgesprochene hat sich unterdessen als richtig erwiesen: Die Anweisungen der Führung, von den Z. J. als „Gesetz Gottes" angenommen und befolgt, sind in Wahrheit oft das Ergebnis mühsamen Ringens um Mehrheiten in der „Leitenden Körperschaft", wobei die jeweiligen Mehrheitsentscheidungen in diesem obersten Leitungsgremium von den zufälligen Stimmungen und (wechselnden!) Meinungen seiner Mitglieder abhängig sind. So nachzulesen im Buch „Crisis of Conscience" (Gewissenskonflikt) von Raymond Franz, dem Neffen des WT-Präsidenten „Freddy" Franz, der in jüngster Vergangenheit – als Glied der „Leitenden Körperschaft" – mit Führung und Organisation der Z. J. brach.[56] Nach seinen Enthüllungen über die Arbeitspraxis der „Leitenden Körperschaft" wundern mich die Wechselbäder, denen die Z. J. ständig ausgesetzt sind, fast gar nicht mehr. Auch nicht, daß der turnusmäßige Wechsel im Vorsitz der Ältestenschaft, jene Einrichtung, die als „eine der bedeutendsten Änderungen der 100-jährigen Geschichte der Z. J." gepriesen wurde, schon im Jahre 1983 stillschweigend *rückgängig gemacht wurde!*

Illustration aus: „Der Wachtturm" – 1. April 1977

IV. Mein Bruch mit den Zeugen Jehovas

Es ist im Winter 1955/56. Mit meinem Freund Braun treffe ich jede Woche einmal zum gemeinsamen Bibelstudium zusammen. Bald schließen sich weitere Zeugen Jehovas an. Nach einigen Wochen sind es etwa fünfzehn, die sich getrennt von der „Neuen-Welt-Gesellschaft" versammeln. Wohl wird uns von dem zuständigen Aufseher mitgeteilt, daß es „nicht nur überflüssig, sondern direkt verkehrt" sei, selbständige Versammlungen zu veranstalten. Aber wir lassen uns von diesem Weg, auf den Gott selbst uns geführt hat, nicht mehr abhalten. Es ist der Weg „Jesu nach". Es geht um den Glauben, der „ein für allemal" den Heiligen überliefert wurde (Judas 3). Der Herr hat uns gerufen, für diesen Glauben zu kämpfen. Und er schenkt uns die Kraft, den Mut und große Freudigkeit dazu. Einst lähmte uns die Furcht, auch nur einen Finger gegen die Diktatur von Brooklyn zu erheben. Nun sind wir auch davon los. Wen der Sohn Gottes frei macht, der ist wahrhaft frei.

In diesen Tagen und Wochen zerreißen in der Kraft des Herrn selbst solche die ehernen Fesseln der Wachtturm-Gesellschaft, von denen es kaum jemand geglaubt hätte. Da befreit der Herr Menschen, die als so schüchtern und still galten, daß niemand ihnen zutraute, daß gerade sie allen Wachtturm-Verdammungsurteilen und Gerichtsandrohungen zum Trotz den Weg des persönlichen Glaubensgehorsams gehen würden. Wir erleben die Siegeskraft des Evangeliums und den Triumph des Rechtfertigungsglaubens.

Schon beginnen die linientreuen Wachtturm-Zeugen uns zu meiden, aus Furcht vor ihren „Fürsten" und ihrer „Theokratie". Nie sahen wir so deutlich, daß Furcht diese Bewegung zusammenhält, und daß sie es ist, die ihre Glieder in den Propagandafeldzug treibt:
Furcht vor dem lebendigen Gott, mit dem sie noch keinen Frieden haben;
Furcht vor Jesus Christus, den man ihnen als den „Scharfrichter Jehovas" schilderte;
Furcht vor dem Krieg von Harmagedon, den sie überleben möchten;
Furcht vor ihrer „Theokratie", deren Vernichtungsurteile sie kennen;
Furcht vor den Zurechtweisungen ihrer „Fürsten".

Erst jetzt gehe ich daran, an die Wachtturm-Gesellschaft zu schreiben. Mir geht es vor allem um *Jesus*, um den Vorrang der Erlösungswahrheit im Glauben und in der Verkündigung. Warum soll ich die anderen Dinge im Brief noch mit erwähnen? Werden sie nicht nur von dem *Einen* ablenken, um den es geht?

Brief an die Wachtturm Bibel- und Traktat-Gesellschaft

Liebe Brüder!

Eine tiefe innere Besorgnis veranlaßt mich, Euch diese Zeilen zu schreiben. Seit ein paar Jahren studiere ich die christlichen griechischen Schriften [das Neue Testament]. Dabei wurde mir mehr und mehr klar, daß zwischen dem, was ich in den Schriften der Apostel und Jünger Jesu las, und dem, was ich im Studium der Schriften der [Wachtturm-]Gesellschaft vor und nach meiner Hingabe und Taufe empfangen habe, ein Unterschied besteht. War ich vorher überzeugt, daß Jehovas Zeugen den apostolischen Glauben wiederhergestellt hätten, so drängt sich mir nun – ob ich mich zunächst auch dagegen wehrte – immer mehr die Gewißheit auf, daß in der Urgemeinde der Herr Jesus Christus und das durch ihn vollbrachte Erlösungswerk weit mehr im Vordergrund standen und die Errettung nicht als zuerst vom Predigt*dienst* und einer *Organisation* abhängig betrachtet wurde, sondern „von der Erlösung, die in Christo Jesu ist", und von Gottes Gnade oder *unverdienter* Güte (Röm. 3, 24; Eph. 2, 5. 8).

Obwohl hin und wieder in der letzten Zeit in den Schriften der Gesellschaft vom „Lösegeld" die Rede ist, wird dennoch das Loskaufsverdienst Christi als *zweitrangig* hingestellt und die *Glaubens*gerechtigkeit des Evangeliums durch eine Art neuer *Werk*gerechtigkeit ersetzt. Statt des Vertrauens auf Gottes *unverdiente* Güte kennen wir nur noch das Erreichen einer monatlichen Felddienst*stunden-* und *Zeitschriftenquote.* –

Wir lesen in den Schriften der Gesellschaft (als Erklärung für die Unterbewertung der Erlösungswahrheit), die Rechtfertigung des Namens Jehovas sei wichtiger als die Errettung von Geschöpfen. Das leuchtet dem Verstande ein; doch *warum*, so frage ich, schrieb das nicht auch Paulus oder Petrus oder Johannes, wenn es doch das A und das O der Wahrheit ist, genauso deutlich wie etwa in Römer 5 von der Rechtfertigung aus Glauben oder in Galater 3, 26 von der Sohnschaft durch den Glauben an Christus oder wie in 1. Johannes 4, 9 ff. von der Liebe Gottes, die sich darin offenbarte, „daß Gott seinen eingeborenen Sohn in die Welt gesandt hat, auf daß wir durch ihn leben möchten"? Und wie klar sagt der Herr Jesus selbst, was in Wahrheit das Werk Gottes ist in Johannes 6, 29: „Dies ist das Werk Gottes, daß ihr an den glaubt, den er gesandt hat"! Warum stellten nicht auch die inspirierten Schreiber der Bibel das Lösegeld als von *zweitrangiger* Bedeutung hin?

. . . Paulus stellte Christus als Herrn und Erretter nicht anderen Lehren gleich, sondern hob die Botschaft von Christus über alles hervor. Sonst hätte er nicht geschrieben: „Denn ich hielt nicht dafür, etwas unter euch zu wissen als nur Jesum Christum, und ihn als gekreuzigt" (1. Kor. 2, 2), oder: „Die Gerechtigkeit aus Glauben aber sagt also: „Sprich nicht in deinem Herzen: Wer wird in den Himmel hinaufsteigen?', das ist, um Christum herabzuführen; oder: ,Wer wird in den Abgrund hinabsteigen?', das ist, um Christum aus den Toten heraufzuführen; sondern *was* sagt sie? ,Das Wort ist dir nahe, in deinem Munde und in deinem Herzen'; das ist das Wort des Glaubens, welches wir predigen, daß, wenn du mit deinem Munde Jesum als Herrn bekennen und in deinem Herzen glauben wirst, daß Gott ihn aus den Toten auferweckt hat, du errettet werden wirst" (Röm. 10, 6–9). Warum lehren wir dies nicht mit der gleichen Entschiedenheit wie die Heilige Schrift? Daß es in Matthäus 24, 14 heißt: „. . . dieses Evangelium vom *Königreich* wird gepredigt werden", kann nicht besagen, daß Christus und sein Erlösungswerk heute nicht mehr „aktuell" seien, sondern statt dessen das „aufgerichtete Königreich" . . . Und Paulus warnt: „Aber wenn auch wir oder wenn ein Engel aus dem Himmel euch etwas als Evangelium verkündigte außer dem, was wir euch als Evangelium verkündigt haben, er sei verflucht!" (Gal. 1, 8). Manche in der Christenheit sind dem Extrem verfallen, über süßliche Gefühlsduseleien das *Königtum* Jesu und das *Reich* Gottes zu vergessen. Sind wir, seitdem Pastor Russell die Augen schloß, in das andere Extrem abgeglitten, da wir praktisch die *Gnade* leugnen? Sehen wir nicht, daß auch der Gott hingegebene Christ immer wieder zufolge seiner Unvollkommenheit Fehler, ja, Ungerechtigkeiten begeht, somit bei Gott in *Schuld* kommt und auf Jehovas *unverdiente* Güte und auf Jesu Loskaufsverdienst angewiesen ist (1. Joh. 1, 8 bis 1. Joh. 2, 2)? Darum lehrte auch der Herr Jesus seine Jünger (nicht etwa die Welt) beten: „. . . und *vergib* uns unsere *Schuld*!" Die Gesellschaft dagegen lehrt im „Wachtturm" vom 1. 2. 1956, daß der allmächtige Gott, der unsterbliche Souverän des Universums, sich sterblichen, unvollkommenen Menschen „als verschuldet betrachtet" (da sie dadurch ihm leihen, daß sie den „Armen" borgen (Spr. 19, 17). Gott „zahlt seine Schuld zurück" (!), daß er u. a. „ihre Gerechtigkeit ewiglich währen" läßt.

Gottes heiliges Wort, an das ich glaube, aber lehrt, daß Jehova uns *nicht* darum Gerechtigkeit zurechnet, weil er bei uns in „Schuld" wäre dank unserer Verdienste, sondern: (wir) werden *ohne Verdienst (als eine freie Gabe) gerecht aus seiner Gnade*, durch die Erlösung, so durch Jesum Christum geschehen ist" (Röm. 3, 23–28).

Liebe Brüder, ich schreibe Euch diese Zeilen, weil ich mich vor meinem Gewissen und vor Jehova, unserem Gott, dazu verpflichtet fühle. Ich kann nicht beten: „. . . und vergib uns *unsere* Schuld!" und gleichzeitig unterschreiben, daß Gott sich *mir* verschuldet betrachten soll. Ich kann nicht ohne Gewissensbelastung glauben, daß ich Errettung und Rechtfertigung *verdienen* kann mit Werken, wenn die Schrift sagt: „. . . durch die *Gnade* seid ihr errettet" (Eph. 2, 8). Ich kann nicht das, was in der Schrift einen so breiten Raum einnimmt wie das Loskaufswerk, das Jehova durch Jesus hinausführte, aufs Abstellgleis schieben, weil die „Rechtfertigung des Namens und des Wortes Jehovas" wichtiger wäre.

Gute Werke sind nach meinem Verständnis der Schrift Bestätigung des Glaubens. Evangeliumsverkündigung, aus *Liebe* getan, nicht aus *Zwang*, dient zur Errettung derer, die hören wollen, jedoch nicht dazu, daß ich als

Mensch Verdienste aufzuweisen habe, die mir die Gunst Jehovas eintragen. Wenn diese Auffassung richtig wäre, dann widerspräche sich ja die Schrift. Dann wäre die Errettung aus Werken, nicht aus Gnade. „Wenn aber durch *Gnade,* so nicht mehr aus Werken; sonst ist die Gnade nicht mehr Gnade" (Röm. 11, 6). – Aber Jehova sei Dank durch Jesum Christum, unseren Herrn – *sein Wort ist Wahrheit!* Ich würde mich freuen, von Euch eine Antwort zu erhalten, und bleibe, mit den Gedanken des Apostels Paulus aus 1. Kor. 16, 23. 24,

Euer Bruder
Hans-Jürgen Twisselmann

Täglich warte ich auf Antwort aus Wiesbaden. Was wird man tun? Wird man sogleich das Versammlungskomitee zusammenrufen lassen, um über mich zu richten? Oder wird das Zweigbüro den Versuch machen, die Lehren der Wachtturm-Gesellschaft zu rechtfertigen?

Einige Wochen vergehen, bis die deutsche Zweigstelle der Wachtturm Bibel- und Traktat-Gesellschaft mir Antwort gibt. Habe ich erwartet, daß man auf meinen langen Brief, in dem ich die Ursachen für meinen inneren Konflikt zwischen Bibelglauben und Wachtturm-Lehre dargelegt habe, eine umfassende Antwort geben werde, so war auch das eine Täuschung. Man teilt mir nur mit, daß wegen Arbeitsüberlastung nicht eher geschrieben werden konnte, und zur Sache selbst heißt es:

> Mit diesen Zeilen möchten wir Dir mitteilen, daß wir Deinen Brief dem Bezirksdiener zugesandt haben, damit er Gelegenheit hat, diesen Punkt bei der im nächsten Monat stattfindenden *Kreisversammlung* mit Dir zu besprechen. Wir bitten Dich, bis zu diesem Zeitpunkt noch Geduld zu haben. Wir grüßen Dich mit dem Wunsche, daß „Dein Reichtum an guten Werken offenbar" werde als
>
> Deine Brüder und Mitdiener
> Watch Tower B. & T. Society (Stempel)

Besuch der Aufseher

Die Kreisversammlung findet in Itzehoe (Holstein) statt, etwa 40 km von meinem Wohnort entfernt. Da ich aus Gewissensgründen an diesen Versammlungen der Wachtturm-„Theokratie" nicht mehr teilnehmen kann, bin ich nicht gewillt, die lange Fahrt dorthin zurückzulegen, nur um mir einige Zurechtweisungen wegen meiner Ketzereien geben zu lassen. Aus Erfahrung weiß ich auch, daß bei solchen Veranstaltungen die Kreis- und Bezirksaufseher viel zu beschäftigt sind, als daß sie zu einem eingehenden Gespräch über tiefere Probleme Zeit und Andacht fänden. Darum lasse ich durch den örtlichen Versammlungsaufseher dem Bezirksdiener mitteilen, daß ich nicht kommen werde, da sich die Fragen, die mich innerlich bewegen, nicht mit drei Worten erledigen lassen. Daraufhin kommt der

Bezirksaufseher, sekundiert vom Kreisaufseher und dem örtlichen Versammlungsaufseher, eines Tages überraschend in meine Wohnung.

Inmitten einer größeren Anzahl von Schriftstücken sehe ich nun meinen an das Zweigbüro der W. T.-Gesellschaft gerichteten Brief wieder. Der Bezirksaufseher versucht dann, meine gegen ihre Lehren erhobenen Bedenken Punkt für Punkt zu entkräften. Aber die schlagfertigste Argumentation und die schlausten Versuche, den Wachtturm-Theorien zum Recht zu verhelfen, vermögen mich nicht zu überzeugen, daß der schlichte Glaube an das klare Gotteswort falsch, die dem Worte *widersprechenden* Wachtturm-Lehren aber richtig sein sollen. In einigen Punkten muß ich sogar feststellen, daß der Bezirksaufseher nicht in der Lage ist, der Überzeugungskraft des Wortes Gottes zu widerstehen, was seine wiederholte Bemerkung verrät: „*Warte doch, bis der ‚Wachtturm' das bringt!*" Schließlich verfällt er der alten Methode der Gesellschaft: er stellt ultimativ die Frage: „Anerkennst du die Gesellschaft als den von Jesus vorhergesagten ‚Sklaven' (nach Matth. 24, 45)?"[35] Ich muß ihm darauf meine Einstellung sagen, daß sich die Antwort auf diese Frage von selbst ergibt, wenn entschieden ist, ob die *Lehren* und Autoritätsansprüche der Wachtturm-Gesellschaft *schriftgemäß* sind oder nicht. Es ist überdies schon ein sehr schlechtes Zeichen, wenn eine christliche Organisation mit Bestimmtheit und ultimativ fordernd Anerkennung als besonderes Werkzeug Gottes verlangt. Wahre Gottesknechte traten stets bescheiden zurück und versuchten nicht, laut prahlend von ihrer Funktion im „Vorhaben Gottes"[36] zu reden und sich selbst zu empfehlen (2. Kor. 3, 1; 5, 12).

Überdies zeigen neuzeitliche Übersetzungen, daß der von der Wachtturm-Gesellschaft auf *sich* bezogene Schrifttext *nicht* auf eine Gesellschaft oder eine Einzelperson anzuwenden ist, sondern für *jeden* einzelnen Nachfolger des Herrn Geltung hat. So lautet diese Stelle gemäß der Albrecht-Übersetzung: „Wäre doch jeder Knecht treu und klug, den ein Hausherr über sein Gesinde setzt, damit er ihnen Speise gebe zu rechter Zeit! Wohl dem Knechte, den sein Herr bei seiner Rückkehr also tätig findet! Wahrlich, ich sage euch: er wird ihn über alle seine Güter setzen! Ist aber der Knecht gewissenlos und denkt in seinem Herzen: ‚Mein Herr bleibt noch lange weg', und fängt er dann an, die ihm untergebenen Knechte zu *mißhandeln*, während er mit Trunkenbolden schmaust und zecht: so wird sein Herr ihn überraschen an einem Tage, wo er's nicht vermutet, und zu einer Stunde, wo er's nicht erwartet" (Matth. 24, 45–50). Alle Knechte Gottes, auch die in der Wachtturm-Gesellschaft, sollten sich fragen, ob sie in ihrem Handeln vor Gott sich als „treu und klug" erweisen oder aber als „gewissenlos". Denn diese Worte Jesu stellen keine Prophezeiung eines zu erwartenden „Kanals" dar, sondern eine ernste Mahnung an alle, sich als treue Verwalter der Geheimnisse Gottes zu erweisen (1. Kor. 4, 1–5).

„Was wirst du nun in Zukunft tun?" fragt mich der Bezirksaufseher bei seinem Abschied nach der mehrstündigen Auseinandersetzung. „Ich werde das Evangelium verkündigen", ist meine Antwort, „nicht aber all die Wachtturm-Sonderlehren und -Irrtümer, die wir durchgesprochen haben."

Vorladung vor das Versammlungs-Komitee

Bald darauf zitiert man mich vor das örtliche „Versammlungskomitee". Was soll ich tun? Erscheine ich vor diesem Komitee, so habe ich vielleicht noch einmal Gelegenheit, die biblische Wahrheit den Irrtümern gegenüberzustellen. Oder wird man mir dazu diesmal gar nicht mehr Gelegenheit geben, sondern nur noch einmal das Ultimatum wiederholen: Anerkennung der „Gesellschaft" als „treuen und verständigen Sklaven" – oder nicht? Wäre nicht auch schon ein Erscheinen vor diesem Gerichtskomitee eine „De-jure-Anerkennung" ihrer Richteransprüche, für die sie durchaus keine göttliche Vollmacht besitzt? Eine Organisation, die den apostolischen Glauben nicht vertritt, hat auch keine apostolische Vollmacht. Darum lehne ich es ab, vor dem Wachtturm-Komitee zu erscheinen. Hinzu kommt, daß berufliche Aufgaben mich am Erscheinen hindern.

Ein Nichterscheinen wird zweifellos meinen Ausschluß zur Folge haben. Damit muß ich rechnen. Wer nicht in Reih und Glied mit der straff organisierten und weder Gewissensbedenken noch Gehorsamsverweigerung kennenden „Neuen-Welt"-Armee marschiert, der wird rücksichtslos zum „Tode" verurteilt und nach der Lehre des Wachtturms in „Harmagedon" „hingerichtet". Doch ich fürchte ihren „Bannstrahl" nicht. Vor allem aber, versöhnt mit Gott durch das Blut Jesu, gerechtfertigt aus Glauben an ihn, können mich die Flüche der Menschen nicht mehr innerlich verwunden. „Wer wird wider Gottes Auserwählte Anklage erheben? Gott ist es, welcher rechtfertigt; wer ist, der verdamme? Christus ist es, der gestorben, ja noch mehr, der auch auferweckt, der auch zur Rechten Gottes ist, der sich auch für uns verwendet. Wer wird uns scheiden von der Liebe Christi?" (Röm. 8, 33–35).

In dem Zusammenprall zwischen Wachtturm-Religion und dem biblischen Glauben kann nur der *Glaube* triumphieren. „Denn alles, was aus Gott geboren ist, überwindet die Welt; und dies ist der Sieg, der die Welt überwunden hat: unser Glaube. Wer ist es, der die Welt überwindet, wenn nicht der, welcher glaubt, daß Jesus der Sohn Gottes ist" (1. Joh. 5, 4. 5). An das „Versammlungskomitee", an die armen, verblendeten Brüder, schreibe ich sofort einen Brief mit folgendem Wortlaut:

> An das Komitee der
> „Neuen-Welt-Gesellschaft" in . . .
>
> Liebe Brüder!
>
> Leider ist es mir nicht möglich, am Montag in . . . zu sein . . . Erlaubt mir daher bitte, Euch auf diesem Wege eine Stellungnahme zugehen zu lassen!

Als ich mich vor mehr als fünf Jahren Jehova hingab und dies durch die Wassertaufe symbolisierte, nahm ich damit freiwillig die Verpflichtung auf mich, nicht mehr meinen Willen, nicht den Willen irgendwelcher Menschen, sondern den Willen Jehovas zu tun. Diese heilige Verpflichtung vor Jehova ist für mich bindend. Sein in seinem Wort geoffenbarter Wille ist darum allein maßgeblich.

Da es aber, wie Euch bekannt ist, liebe Brüder, der heilige Wille des Vaters war, daß seinem Sohn Jesus Christus im Glauben und in der Verkündigung der apostolischen Kirche die Vordergrundstellung eingeräumt wurde, daß das „Wort vom Kreuz" im Mittelpunkt der Predigt stand (1. Kor 1, 18. 23), so muß ich gegen jeden Versuch protestieren, diese Botschaft als die heute nicht mehr „zeitgemäße" hintenanzusetzen. Der Neue Bund, der vor 1900 Jahren in Kraft trat, gilt immer noch. Der „Bürge" und Mittler des Bundes ist derselbe (Hebr. 7, 22; 8, 6; 9, 15; 1. Tim. 2, 5), die Bedingungen zum Leben sind die gleichen, somit auch die Botschaft. Keine andere Botschaft kann „zeitgemäßer" sein als die apostolische! Die Warnung der inspirierten Schrift hat auch heute Gültigkeit: „Aber wenn auch wir oder wenn ein Engel aus dem Himmel euch etwas als Evangelium verkündigte außer dem, was wir euch als Evangelium verkündigt haben: er sei verflucht!" (Gal. 1, 8). Darum muß ich es ablehnen, ein anderes Evangelium, das „zeitgemäß" sein soll, anzuerkennen, zu glauben und zu predigen, als den „einmal den Heiligen überlieferten Glauben" (Judas 3).

In zahlreichen biblischen Fragen stehe ich ebenfalls vor der Frage, ob ich Gott und seinem Worte mehr glaube oder einer menschlichen Gesellschaft, die oft schon geirrt hat, und zu deren kühnen Prophezeiungen sich Jehova nicht bekannt hat. Auf Grund meiner Hingabe, seinen Willen zu tun, glaube ich der Bibel, dem „Zeugnis Gottes", mehr als der menschlichen Auslegung. „Wenn wir das Zeugnis der Menschen annehmen, das Zeugnis Gottes ist größer ... Wer Gott nicht glaubt, hat ihn zum Lügner gemacht" (1. Joh. 5, 9. 10).

Gerade die darauffolgenden Verse zeigen wieder die Bedeutung Jesu Christi in der Verkündigung. Ja, liebe Brüder, „wer den Sohn hat, hat das Leben; wer den Sohn Gottes nicht hat, hat das Leben nicht" (1. Joh. 5, 12). Das ist meine Zuversicht. Diese und ungezählte andere göttliche Verheißungen beweisen, daß ein Christ und Diener Jehovas auch dann noch Leben erlangen wird durch die Gnade Gottes, auf der Grundlage des Blutes unseres teuren Erlösers Jesus Christus, wenn Ihr ihn aus Eurer Organisation hinausstoßt, und das nur, weil er dem Herrn der Herrlichkeit mehr glaubte als Menschen, nur, weil er dem, in dessen Namen „jedes Knie sich beugen" soll, die Ehre gibt, die ihm gemäß Gottes Willen gebührt. Selbst „alle Engel Gottes sollen ihn anbeten", wenn Jehova ihn, den Erstgeborenen, „wieder in den Erdkreis einführt“ (Hebr. 1, 6).

Wenn wir dem Herrn Jesus und seiner Botschaft mehr Ehre geben, als es Euch recht erscheint, liebe Brüder, aber auch gerade so viel, wie Jehova es verlangt, so mögt Ihr uns immerhin exkommunizieren. Wollt Ihr darauf bestehen, in der Weise wie bisher die Gemeinschaft mit dem einen Mittler zu vernachlässigen, mit Jesus Christus, so macht nur das Maß voll, indem Ihr seinen Jüngern und Zeugen (Apg. 1, 8) auch die Gemeinschaft entzieht! Als Diener Jehovas und Jünger Jesu erdulden wir gern Schmach und Ungerechtigkeit um seines Namens willen. In . . . haben wir ja schon das Beispiel [dort wurden etliche, wie erwähnt, schon vor diesem Zeitpunkt aus der Versammlung hinausgeworfen]. Es ist unsere Hoffnung und unser Gebet, daß auch die Gesellschaft eines Tages wieder auf den Boden der Demut und zu Christus zurückkehrt. Um Euretwillen, liebe Brüder, die Ihr in Verblendung dem Irrtum mehr glaubt als der Wahrheit, aber auch um der Verherrlichung des Vaters und des Sohnes willen.

Die Gnade unseres Herrn Jesus Christus sei mit Euch! Gedenkt des Wortes Johannes 5, 23 und 1. Johannes 2, 23!

Seid nun alle recht herzlich gegrüßt mit vielen brüderlichen Grüßen der Liebe!

Euer Bruder
Hans-Jürgen Twisselmann

Exkommunikation

Die von mir erwartete Exkommunikation aus der „theokratischen Organisation“, der sogenannte „Gemeinschaftsentzug“, läßt nicht lange auf sich warten. Und der Grund des Ausschlusses? – „. . . völlig außer Harmonie mit der Neuen-Welt- bzw. Wachtturm-Gesellschaft.“ Man hätte das auch positiv ausdrücken können: zu sehr in Harmonie mit der Bibel. Denn erst mein Glaube an die Bibel hat mich ja „außer Harmonie“ mit dieser Gesellschaft gebracht.

Der Ausgestoßene ist kein „Bruder“ mehr in den Augen der „Neuen-Welt-Gesellschaft“. Er darf weder gegrüßt noch beachtet werden. Ein Gespräch mit ihm kann zur Folge haben, daß man selbst hinausgeworfen wird. Nicht einmal die üblichen weltlichen Formen der Höflichkeit und des Taktes werden gewahrt. Darum ist auch der Exkommunikationsbescheid ohne Anrede, ohne Gruß und ohne Wahrung selbst der elementarsten Gebote der Höflichkeit:

Versammlung . . .
Betr. Gemeinschaftsentzug

Seit einiger Zeit ist Hans-Jürgen Twisselmann völlig außer Harmonie mit der Neuen-Welt- bzw. Wachtturm-Gesellschaft, wie sowohl aus seinen Äußerungen als auch aus seinem Schreiben hervorgeht. Auch bemüht er sich, andere Mitverbundene der Versammlung und Nachbarversammlungen in die gleiche Stellung zu bringen. Für heute war er vor das Komitee der Versammlung geladen, aber nicht erschienen. Statt dessen sandte er einen Brief, woraus zu entnehmen ist, daß er auf demselben Standpunkt verharrt. Daher wird ihm mit Wirkung vom 27. März 1956 an die Gemeinschaft entzogen.

(Unterschriften)

So also reagiert die „Neue-Welt-Gesellschaft", wenn einer ihrer Anhänger es wagt, selbständig zu denken, Gottes Wort zu erforschen und daran zu *glauben.* So handelt sie, wenn ein Zeuge Jehovas Gott mehr glaubt als der Wachtturm-Gesellschaft (Apg. 5, 29). Und dieser neuzeitliche religiöse Totalitarismus wagt es, als Hüter und Vorkämpfer der Glaubens- und Gewissensfreiheit aufzutreten. Er kämpft vor weltlichen Gerichten so lange um die „Freiheit der Anbetung", wie er sie selbst noch nicht hat, um diese Freiheit sofort abzuwürgen, wo er die Freiheit zu seiner eigenen Machtentfaltung besitzt. In der Zeitschrift „Erwachet!" wurde vor einigen Jahren mit aller Schärfe gegen den Katholizismus zu Felde gezogen, weil er nur so lange tolerant sei, wie er sich in der Minderheit befindet. Deshalb lautete die Überschrift des damaligen „Erwachet!"-Artikels: „Meister der *Unduldsamkeit.*" Verdient aber die Wachtturm-Gesellschaft etwa eine andere Bezeichnung, da sie die *gleiche* Haltung an den Tag legt?

Die „Meister der Unduldsamkeit" in Brooklyn versuchen, ihre Gläubigen unter allen Umständen in geistiger *Abhängigkeit* und Unselbständigkeit zu halten. Die Freiheit des Individuums opfern sie ihrer „Einheit der Organisation", die im Grunde nur eine schablonenmäßige Gleichschaltung, eine geistige Uniformierung ist, die mit schriftgemäßer „Einheit des Geistes" (Eph. 4, 3) nicht das Geringste zu tun hat. Christliche Einheit ist nicht stumpfsinnig eintöniges Einerlei!

Unduldsamkeit ist gewiß kein Zeichen für einen besonders hohen Grad christlicher Reife. Wenn die Wachtturm-Hierarchie ihr Glaubensgebäude statt auf dem Flugsand der menschlichen Theorien auf den *einen Felsengrund*, „der gelegt ist, welcher ist *Jesus Christus*" (1. Kor. 3, 11), gebaut hätte, so würde sie keine Ursache zu solcher Engherzigkeit und Intoleranz haben. „*Unduldsamkeit ist ein Zeichen von Schwäche*", sagt der „Wachtturm" selbst, und in dem Artikel unter dieser Überschrift heißt es: „*Die Unduldsamkeit ist eine leider weitverbreitete moralische Krankheit . . . Der sündige Mensch kann davon befallen sein, ohne es zu bemerken. Webster definiert das Wort ‚Intoleranz' als ‚die Weigerung, die Meinungen, Rechte oder die Anbetungsform anderer gelten zu lassen' . . . Obwohl Unduldsamkeit stets mit Gefühlen der Überlegenheit verbunden ist, mögen diese Gefühle . . . nur oberflächlich sein; es liegt ihnen ein Gefühl der Unsicherheit, der Minderwertigkeit zugrunde, ja eine Furcht, hervorgerufen durch Schwäche . . . Aber wahrscheinlich ist die Unduldsamkeit auf keinem Gebiet ein so ausgeprägtes Zeichen von Schwäche wie auf dem Gebiet der Religion . . .“* (W. T. 1. 8. 1959, S. 451.)

In der Theorie weiß der „Wachtturm“ gar manches sehr gut. Mit schönen Worten wird im „Erwachet!“ vom 22. 2. 1956, S. 15 ff. die Bibel als „die einzige Quelle der Freiheit des Geistes“ gerühmt. Dem unter dieser verheißungsvollen Überschrift stehenden Artikel sind die folgenden Worte vorangestellt:

„Warum ist der Geist der Menschen in Knechtschaft? Können sie trotz der gegenwärtigen Verhältnisse wahre, dauernde Geistesfreiheit erlangen? Ja, weil heute eine Botschaft gepredigt wird, die befreiend wirkt auf den Menschengeist.“ Natürlich meint man die Botschaft vom 1914 „aufgerichteten Königreich“, die die Zeugen predigen. Klingen nicht diese schönen Redensarten der Wachtturm-„Fürsten“ wie ein Hohn? Man verheißt den Menschen wahre und dauernde Geistesfreiheit und praktiziert Glaubens- und Gewissenszwang. Man rühmt, daß die von ihnen gepredigte Botschaft *„befreiend“* auf den Menschengeist wirkt. Aber die Erfahrung, die ich selbst machen mußte, beweist, daß überall, wo sie angenommen wurde, die *Versklavung* des Menschengeistes und die Einengung der Freiheit des Denkens, Glaubens und Lehrens beginnt.

Die Wachtturm-Gesellschaft tritt in Wort und Schrift mit der verlockenden Devise an die Menschen heran, daß sie selbst an Hand von Gottes Wort *prüfen* sollten, ob die Lehren ihrer Kirche schriftgemäß seien, und Jehovas Zeugen seien „gern bereit“, ihnen dabei „behilflich“ zu sein. Haben dann aber diese Menschen dank der Behilflichkeit der Zeugen mit ihrer früheren Religionsgemeinschaft gebrochen und sich dieser „Freiheit“ verheißenden Organisation ganz verschrieben, dann ist das selbständige *Prüfen* der Lehren an Hand der Bibel eine *Todsünde*, sobald die Prüfung ein negatives Ergebnis zeitigt. Das verlockende Angebot der Freiheit zum selbständigen Bibelstudium ist für sie nur ein Mittel, Menschen in ihre Organisation zu locken, um ihnen dann diese *Freiheit* für *immer zu rauben.*

Etwa ein Jahr nachdem ich als Zeuge Jehovas die Lehren der Wachtturm-Gesellschaft an Hand des Wortes Gottes überprüft hatte und feststellte, daß sie nicht mit ihm übereinstimmten, so daß ich meine Glaubensansichten ändern mußte, weil ich Gott mehr gehorchte als Menschen, erschien im „Wachtturm“ ein Artikel, in dem die Anhänger *anderer* Denominationen gerade zu dieser Handlungsweise aufgefordert wurden: *„Wer aber sind die zuverlässigen Autoritäten in Sachen der Religion – Menschen oder Gott? Die Antwort liegt auf der Hand. Studiere daher Gottes Wort! Prüfe, ob es mit deiner Kirche übereinstimmt, und wenn dies nicht der Fall ist, ändere deine Glaubensansichten!“* (W. T. 15. 1. 1957.) *Das* hatte ich schon getan, als dieser Satz noch nicht geschrieben war, und man hatte mich gerade *deshalb* exkommuniziert „zur Vernichtung in Harmagedon“.

Überwundener Irrtum

Nicht jedem ist es vergönnt, aus diesem geistigen Gefängnis zu entrinnen. Aber während der vergangenen Jahre und Jahrzehnte sind dennoch Tausende auf der ganzen Welt den Fesseln dieses religiösen Totalitarismus entkommen. Sie haben sich in der Regel zu freien Bibelstudiengruppen zusammengeschlossen, um sicherzugehen, daß sie nie wieder in ein System der Gewissensknechtschaft geraten. Wer die ungeistliche Diktatur der Wachtturm-Hierarchie kennengelernt hat, kann diese Reaktion der Freigewordenen recht gut verstehen. Die Wachtturm-Gesellschaft hat die Existenz freier Bibelstudienkreise ehemaliger Opfer ihres Systems erklärlicherweise verschwiegen und den Eindruck zu erwecken versucht, als seien alle „Abtrünnigen" ins „Meer zurückgegangen, aus dem sie gekommen". An einer Stelle schreibt der „Wachtturm" (Ausgabe vom 1. 10. 1950, S. 294): *„Wo sind aber die Rebellischen heute? Sie sind nicht mehr zu finden. Es ist, als ob die Erde ihren Mund aufgetan und sie verschlungen hätte, gleichwie es mit Korah . . . geschah . . ."* (4. Mose 16, 1–35). Dieses Schicksal Korahs und seiner Rebellen, die gegen den Mittler des Alten Bundes, Mose, rebellierten, und die ein treffendes Abbild derer sind, die heute gegen *Jesus*, den Mittler des Neuen Bundes, wirken, möchte man allerdings gern an *uns vollzogen* sehen. Und damit schon zeigt sich deutlich, wie fleischlich-menschlich das ganze System ist. Darum kann vor dieser Bewegung nur gewarnt werden.

Dazu ist es oft nötig, eine ganz entschiedene und deutliche Sprache zu reden, damit jeder, der bereit ist, sich warnen zu lassen, sich des ganzen Ernstes der Sache bewußt wird. Aber den üblen Geist der Kampfmethoden der Wachtturm-Gesellschaft dürfen bibelgebundene Christen nicht mit den *gleichen* ungeistlichen Kampfmethoden beantworten. Wenn wir auch gegen den Irrtum mit aller Entschiedenheit Stellung beziehen müssen, allein schon im Interesse derer, die noch gefangen sind, so wollen wir uns dennoch nicht von Feinden Gottes die Kampfesweise aufzwingen lassen. Wir sollen und wollen als Jünger Jesu auf dieser haßerfüllten Erde, ob anerkannt oder verkannt, Träger des Geistes der *Liebe* sein, so das Vermächtnis unseres Herrn und Meisters hütend und bewahrend. Die unbiblischen Richtersprüche der Wachtturm-Gesellschaft beantworte ich daher nicht mit ähnlichem Richtgeist, ihre Exkommunikation nicht mit Haß, sondern mit vermehrtem Glauben an Gottes Gnadenverheißungen; ihre Flüche nicht mit Bitterkeit, sondern mit der Fürbitte für Irrende und Irregeführte. „Vergeltet nicht Böses mit Bösem oder Scheltwort mit Scheltwort, sondern im Gegenteil, *segnet*, weil ihr dazu berufen worden seid, daß ihr Segen *ererbet!*" (1. Petr. 3, 9).

Besonders *nach* meinem Abgang von der „Neuen-Welt-Gesellschaft" darf ich in der Kraft des Herrn es lernen, nach diesen Worten zu handeln. Wenn ich nicht seine Kraft empfinge und mich nicht ständig an seine unverdiente Barmherzigkeit und *Vergebung* erinnern würde, wäre ich kaum imstande, all die Schmähungen und Beleidigungen von seiten derer, die nun nicht mehr meine Brüder sein wollen, ohne entsprechende Gegenantwort zu erdulden. Es gibt wohl keine Untugend, die man mir nicht nachsagt und als *Ursache* für mein Ausscheiden aus der „theokratischen Organisation" in die Welt hinausposaunt. Zuerst heißt es, ich wolle mir „die Taschen mit Ehre füllen", dann soll der „Satan" mich beeinflußt haben. Später heißt es, ich wäre nur deshalb in die Organisation gekommen, um einen „Posten" zu erjagen, sei aber wieder gegangen, als ich dies Ziel nicht erreichte. Andere behaupten, ich hätte die „Sünde wider den Heiligen Geist begangen", und noch Klügere wollen wissen, daß ich wegen sittlicher Verfehlungen exkommuniziert wurde.

Doch nicht alle Zeugen sind blinde und gehässige Fanatiker. Während die einen es entschieden ablehnten, in ein Haus zu kommen, in dem ich zu Gast weilte, gibt es bis heute andere, die trotz des offiziellen Verbotes mit mir korrespondieren, mich besuchen und mich in ihre Wohnung einladen. Einige freuen sich sogar über jede Gelegenheit zu einem Gespräch über die biblische Wahrheit. Aber jeder Umgang mit einem „Abtrünnigen" birgt für sie die Gefahr in sich, selbst wegen „Abtrünnigkeit" exkommuniziert zu werden. Sooft ich auf der Straße mit Zeugen Jehovas spreche oder sie begleite, blicken sie sich ängstlich um, ob wir auch nicht von anderen beobachtet werden. In solchen Augenblicken scheint mir dieses System mit seinen Eingriffen in die individuelle Freiheit, seiner Gewissensschnüffelei und Intoleranz schlimmer zu sein, als irgendein Polizeistaat.

Manches persönliche Erlebnis mit dieser religiösen Diktatur, in der alle üblen Erscheinungen neuzeitlicher totalitärer Systeme noch einmal hervorgebracht werden, könnte ich hier berichten, sowohl aus dem Bereich meiner eigenen Erfahrungen als auch aus dem meiner Glaubensbrüder, die schon vor vielen Jahren bzw. Jahrzehnten der Wachtturm-Gesellschaft den Rücken kehrten. Manche von ihnen kennen das System bis in die höchsten Stellen hinein, und ihre Berichte habe ich „schwarz auf weiß". Aber obwohl man uns „Abtrünnige" gleich kübelweise mit Schmutz zu überschütten versucht, möchte ich doch auf eine Veröffentlichung solcher Tatsachen verzichten. Der heilige Name Gottes und der unseres Herrn und Erlösers ist durch dies System der Wachtturm-Hierarchie, durch ihre Irrlehren, Richtersprüche und Fehlprognosen im Namen Gottes und Christi in einem solchen Ausmaß befleckt worden, daß ich fürchten muß, ein Bekanntwerden *aller* Tatsachen über einstige und jetzige Zustände in den untersten und obersten Kreisen dieser religiösen Partei kommt schließlich dem Unglauben zugute. Der Zweck dieser Veröffentlichung aber ist nicht der, dem Unglauben Nahrung zu geben, sondern *für die biblische Wahrheit* Zeugnis abzulegen. Darum lag mir beim Schreiben dieser Darlegungen *mehr* daran, die *Irrlehren* der Zeugen im Lichte des heiligen Gotteswortes richtigzustellen, als traurige Erfahrungen mit dieser Bewegung zu berichten[37]. „Wir müssen vieles übersehen und überhören können, was menschlich ist, damit wir innerlich frei werden, das zu sehen und zu hören, was göttlich und wichtig ist für die Ewigkeit" (J. A. Neidhart).

Ich habe geirrt. Das ist das grundlegende Bekenntnis, das ich vor Gott und Menschen abzulegen mich gedrungen fühle. Mein Anschluß an die „Neue-Welt-Gesellschaft" war das Einschlagen eines Irrweges. Zwar meinte ich damals, diese Bewegung wäre zum wahren, ursprünglichen Christentum zurückgekehrt, aber im Laufe der Jahre mußte ich erkennen, daß sich Jehovas Zeugen immer weiter vom „ein für allemal" überlieferten Glauben entfernen. An Stelle der erwarteten Wahrheit fand ich nur den religiösen Irrtum; statt der versprochenen Befreiung des Menschen sah ich Versklavung und statt Gottes Herrschaft eine menschliche Diktatur. Und als ich Gott mehr Glauben und Gehorsam entgegenbrachte als der Wachtturm-Gesellschaft und deshalb von ihren ergebenen Schülern exkommuniziert wurde, zerbrach in meinem Innern der letzte Rest jener Illusion, wonach diese religiöse Richtung einmal die *Gesellschaft* der *neuen Welt* bilden soll.

Mit ihr zusammen aber zerbrach in mir das ganze „religiöse Ich", das Bestreben, vor Gott etwas sein oder tun zu wollen, der Hang zur pharisäischen Selbstgerechtigkeit und der Eifer für das eigene „fromme" Werk. Ich erlebte, wie *Gott* in mein Leben trat, den alten Menschen in mir zerschlug, um seinen *Sohn* mir zu offenbaren. Je mehr ich die falschen religiösen Krücken, an denen ich bisher gegangen war, fortwarf, um so mehr hielt mich *seine* sichere Hand. Je unbedeutender mir die menschlichen religiösen Institutionen wurden, je kleiner und zerschlagener ich selbst mir in meinen Augen vorkam, je mehr ich meine Sünde und mein Verlorensein erkannte, um so größer wurde mir *Jesus* und sein Erlösungswerk, um so herrlicher die göttliche Gnade.

> Dein Tod hat unsern Tod bezwungen,
> dein Leben *Leben* uns gebracht.
> Der Sieg, o Herr, den du errungen,
> hat aufgelöst des Feindes Macht.
> Der Strick des Voglers ist entzwei
> und die erlöste Seele frei.
>
> Dora Rappard

An die Stelle des Verschworenseins auf eine menschliche Religionsorganisation trat fortan die Hingabe an den gekreuzigten und auferstandenen Herrn; an die Stelle des eigenen Eiferns trat der aus der Liebe zum Heiland geborene Dienst.

Heute weiß ich, daß mit der Mobilisierung des nichterneuerten Menschen für einen noch so gutgemeinten „Felddienst" nichts, aber auch gar nichts getan ist. Wenn das Bekennen nicht aus dem lebendigen Glauben an Jesus und aus der Liebe heraus geschieht, taugt es nicht für Gottes Reich. Wo aber die Liebe uns drängt (2. Kor. 5, 14), bedarf es nicht der Drängelei einer Organisation. Es ist ein Unterschied zwischen dem Nicht-Verschweigen-Können (Apg. 4, 20) und einem organisierten Zwang zum Reden. Erwächst das eine aus der Freude am Heil, so kommt das andere eher aus der Angst vor dem Unheil. Angst ist immer ein schlechter Ratgeber. Für den Glauben und das christliche Handeln gilt das erst recht. Angst verträgt sich nicht mit der Liebe (1. Joh. 4, 18), noch mit dem neuen Gottesverhältnis, in das ich durch Jesus Christus habe eintreten dürfen: „Jehova" habe ich einst zu fürchten gelernt. Nun aber – „in Jesus Christus" – ist er mir Vater geworden. Ich darf ihm vertrauen, wie nur ein Kind seinem Vater vertrauen kann. „Denn die der Geist Gottes treibt, die sind Gottes Kinder. Denn nicht den Geist von Knechten habt ihr empfangen, daß ihr euch wieder fürchten müßtet, sondern den Geist von Kindern, durch den wir rufen: Abba, lieber Vater! Der Geist selbst bezeugt unserm Geist, daß wir Gottes Kinder sind" (Röm. 8, 14–16, Revidierter Luthertext). Seit ich zu Gott in kindlichem Vertrauen „Vater" sagen darf, ist mir das Betonen des „Jehova"-Namens fragwürdig geworden.[38]

Ich sah bald, daß ich meinen Glaubensbruder nicht im engeren Kreise *einer* bestimmten Religionsorganisation zu suchen habe, sondern überall da, wo Gott seine *Kinder* oder „Söhne" hat. Und die Tatsachen zeigen, daß sie in den verschiedensten kirchlichen und freikirchlichen Kreisen zu finden sind. „Denn ihr alle seid Söhne Gottes durch den Glauben an Christum Jesum" (Gal. 3, 26). „So viele *ihn* aber aufnahmen, denen gab *er* das *Recht*, Gottes Kinder zu werden, denen, die an *seinen* Namen glauben" (Joh. 1, 12). Kinder des *einen* Vaters aber sind untereinander *Brüder*. Danken möchte ich meinem Gott, daß er es mir schenkte, den sektiererischen Standpunkt des exklusiven „Nur Wir" endgültig zu überwinden und einen klaren Blick zu gewinnen für die *Gemeinde Jesu* in allen Denominationen. Eine christliche Bewegung, sie möge sich nun als Kirche, Freikirche, Gemeinde oder Gemeinschaft bezeichnen, kann niemals gleichbedeutend sein mit der Gesamtgemeinde unseres Herrn. Sie kann ein Teil derselben sein, und das in dem Maße, wie ihre Glieder in lebendiger Gemeinschaft mit Jesus stehen.

Demzufolge mußte ich einen weiteren Zeugen-Standpunkt als falsch erkennen. Hatte ich einst gelernt, daß alles darauf ankäme, daß jemand die „rechte Lehre" und ein gewisses Maß rationaler „Erkenntnis" (natürlich aus der Wachtturm-Quelle) haben müsse, um „in der Wahrheit" zu sein, so mußte ich nach meiner geistigen Befreiung erkennen, daß wichtiger als alles religiöse Kopfwissen um die „reine Lehre" die Erkenntnis *Jesu Christi* ist. Leider ist oftmals gerade da, wo man auf die Lehre einen übermäßigen Nachdruck legt, diese nicht einmal schriftgemäß. Gerade die gepriesene „biblische Erkenntnis" der Zeugen ist in höchstem Grade *unbiblisch*, und die zum Kriterium und zum Kennzeichen der Bruderschaft erhobene „reine Lehre" erweist sich im Lichte der Heiligen Schrift als recht *unrein*. Darum kenne ich heute, nachdem ich zu Jesus kam, nur noch das eine Ziel, mit ihm immer enger und fester verbunden zu werden, ihn anzuschauen (2. Kor. 3, 18; Hebr. 12, 1. 2), um ihn noch besser zu erkennen. Mit dem Apostel Paulus möchte ich bekennen: „Aber was irgend mir Gewinn war, das habe ich um Christi willen für Verlust geachtet; ja wahrlich, ich achte auch alles für Verlust wegen der Vortrefflichkeit der Erkenntnis Christi Jesu, meines Herrn, . . . auf daß ich Christum gewinne und in ihm erfunden werde“ (Phil. 3, 7. 8). Dabei möchte ich nicht etwa wahre biblische Erkenntnis als unwesentlich oder gar als schädlich hinstellen. (Auch im Rahmen dieser Darlegungen habe ich den Irrlehren eine mehr erkenntnismäßige Darstellung der biblischen Wahrheiten gegenüberzustellen versucht.) Aber über allen Wahrheit*en* steht *die Wahrheit: Jesus*. Er ist die Wahrheit in Person (Joh. 14, 6). Darum schreibt auch der an Erkenntnis überreich gesegnete Apostel Paulus: „Denn ich hielt nicht dafür, etwas unter euch zu wissen als nur Jesum Christum, und ihn als gekreuzigt“ (1. Kor. 2, 2).

Diese Botschaft sind wahre Christen auch heute noch der ungläubigen Welt schuldig. Darum zog ich mich nach meinem Abgang von der „Neuen-Welt-Gesellschaft“ nicht in ein sogenanntes „Privatleben“ zurück, um ganz in einem irdischen Beruf aufzugehen. Auch konnte ich mich nicht damit begnügen, eine schwache Verbindung mit christlichen Brüdern und Schwestern zu pflegen, um mich selbst zu erbauen. Ich weiß mich vom Herrn gerufen, *seine Gnadenbotschaft* zu predigen. Darum kann ich von Jesus nicht schweigen. Darum höre ich nicht auf, das Evangelium zu bezeugen.

Auch bei der Herausgabe der vorliegenden Schrift, in der ich die Wachtturm-Lehren einer kritischen Betrachtung unterziehen mußte, ist es mein erstes Anliegen, die *Frohe Botschaft* von unserem gekreuzigten, auferstandenen und erhöhten Herrn aufleuchten zu lassen. Indes macht es die Liebe zu Jesus und die Treue zu seinem Wort auch nötig, daß gegen unbiblische Lehren und Praktiken kompromißlos Stellung genommen wird. Manche Leser, die zur „Neuen-Welt-Gesellschaft“ gehören, mögen daran Anstoß nehmen, daß auch Dinge aufgezeigt werden, die für die Wachtturm-Gesellschaft peinlich sind, und die sie deshalb geflissentlich zu verbergen pflegt. Aber es sei daran erinnert, daß die *Bibel* in ungeschminkter Weise die Fehler von *Gottesmännern* berichtet. Diese Berichte sind allen zugänglich, selbst den Ungläubigen, und das noch Jahrtausende, nachdem sie aufgezeichnet wurden. Wieviel mehr haben wir als Christen das Recht – nein, die *Pflicht* –, offenkundige Irrtümer und historisch nachweisbare Entgleisungen einer irreführenden und für das ewige Heil der Gläubigen gefährlichen Richtung aufzuzeigen!

V. Aus der Geschichte der Zeugen Jehovas

Der Ursprung

Gründer der „Bibelforscher"-Bewegung – den Namen „Jehovas Zeugen" trägt sie erst seit dem Jahre 1931 – ist der amerikanische Kaufmann Charles Taze *Russell*. Ihre Wurzeln jedoch reichen zurück in die Wiederkunftsberechnungen amerikanischer Adventistengruppen des vorigen Jahrhunderts. Entscheidende Entwicklungen in Geschichte und Lehre der Z. J. werden erst verständlich und durchschaubar, wenn wir ihre adventistische Vorgeschichte ein wenig kennenlernen:

Wie so oft in den vergangenen zwei Jahrtausenden gerade in Krisen- und Umbruchzeiten der Gedanke wachgerufen wurde, das Ende dieses Zeitalters sei herbeigekommen, so brach auch um die Mitte des 19. Jahrhunderts, in einer Zeit des Umbruchs auf allen Gebieten des menschlichen Lebens, besonders in den Vereinigten Staaten von Amerika die eschatologische Hoffnung von neuem auf. In den Zeichen der Zeit glaubten vor allem kleinere christliche Gruppen das Nahen des Weltendes und der Wiederkunft des Herrn zu erkennen. Außerdem stellten manche an Hand von in der Bibel angegebenen Zahlen *Berechnungen* an, wann mit diesen Ereignissen zu rechnen sei. Mehrere Adventistengruppen verkündigten mit großem Eifer eine sichtbare Wiederkunft Christi für die Jahre 1873 bzw. 1874, obwohl sich die von ihrem Gründer, William *Miller*, errechneten Daten 1843 und 1844 bereits als irrtümlich erwiesen hatten. Miller selbst, ein ehemaliger Baptistenprediger, hatte seinen Irrtum und seine Enttäuschung über die Fehlberechnung zugegeben.

Das Jahr 1874 aber kam und ging. Die aus der Miller-Bewegung hervorgegangenen Richtungen hatten mit ihrer Ankündigung einer sichtbaren Wiederkunft für dieses Jahr nicht recht behalten. Erneute Spaltungen unter den Gläubigen waren die Folge. Unter denen, die von der Bewegung der „Second Adventists" wegen der Enttäuschung des Jahres 1874 (bzw. auch 1873) abgingen, befand sich ein Kreis unter der Führung von N. H. *Barbour*, der eine Zeitschrift „The Herald of the Morning" (Der Morgenherold) herausgab. Diese Gruppe gelangte zu der Auffassung, daß das in den meisten Bibelübersetzungen mit „Ankunft", „Wiederkunft" oder auch „Zukunft" (des Menschensohnes) wiedergegebene griechische Wort „parousia" eigentlich mit *Gegenwart* übersetzt werden müßte, wie dies in dem „Emphatic Diaglott" (einer englischen Übersetzung des Neuen Testaments von Benjamin Wilson) geschehen ist. Man kam zu dem Schluß, daß die Zeichen der Zeit nicht Beweis für ein bevorstehendes *Kommen* Jesu, sondern für seine bereits begonnene *un*sichtbare *Gegenwart* sein müßten. So hatte man einen Grund, die Voraussagen für 1874 nachträglich zu rehabilitieren: Das *Datum* stimmte; der Fehler bestand nur darin, so meinte man, daß man mit einer *sichtbaren* Wiederkunft Christi gerechnet hatte.

Charles Taze Russell

Im Januar des Jahres 1876 kam die Zeitschrift Barbours „The Herald of the Morning“ in die Hände eines Kaufmanns mit Namen *Charles Taze Russell*. Dieser setzte sich sofort mit Barbour in Verbindung; denn auch er glaubte, daß der Herr *nicht sichtbar* wiederkommen würde.

Russell wurde als Sohn gläubiger Presbyterianer schottisch-irischer Abstammung am 16. Februar 1852 in Old Allegheny geboren. Schon als neunjähriger Junge verlor er seine Mutter. Sein Vater betrieb ein Textilgeschäft, und schon in ganz jungen Jahren wurde Russell sein Teilhaber. Als er fünfzehn Jahre zählte, war er bereits zusammen mit seinem Vater Teilhaber an einer ganzen Reihe von Herrenbekleidungsgeschäften. Die Fragen des christlichen Glaubens bereiteten ihm früh erhebliche innere Schwierigkeiten. Die Lehren der Prädestination (Vorherbestimmung) und die der ewigen Verdammnis für die Bösen ließen ihn nicht zur Ruhe kommen. Er trat von den Presbyterianern zur Kongregationalkirche über. Aber auch dort wurde sein „von Natur aus zum Nachdenken und Nachforschen“ geneigter Sinn nicht befriedigt. Als Siebzehnjähriger „war er ein verschworener Zweifler geworden und schob die Bibel und die Glaubensbekenntnisse der Kirchen beiseite“[39].

Schließlich kam Russell im Jahre 1870 mit den Adventisten in Berührung. Er selbst berichtet darüber wie folgt: „Ganz zufällig, wie es den Anschein hatte, betrat ich eines Abends eine nur schwach erleuchtete und nicht allzu saubere Halle in Allegheny, Pa., woselbst, wie ich früher einmal gehört hatte, religiöse Versammlungen stattfinden sollten, und ich trat in die Halle mit dem Gedanken in meinem Sinn, ich möchte wohl sehen, ob die Handvoll Leute, die sich dort versammelten, etwas Vernünftigeres zu bieten hätten als die Glaubensdogmen der Kirchensysteme. Bei dieser Gelegenheit hörte ich zum ersten Male etwas über die Ideen, die der Lehre des zweiten Advents zugrunde liegen ... Somit bekenne ich mich sowohl den Adventisten wie auch anderen Bibelforschern gegenüber zu Dank verpflichtet ...“

Mehrere Jahre danach kam Russell mit fünf weiteren Personen regelmäßig zum Bibelstudium zusammen. Die Ergebnisse dieser Forschungsarbeit legte Russell in einem Flugblatt „The Object and Manner of Our Lord’s Return“ (Der Zweck und die Art und Weise der Wiederkunft unseres Herrn) nieder, von dem er fünfzigtausend Exemplare herstellen ließ. Obwohl es scheint, daß Russell schon damals an eine *un*sichtbare Parusie glaubte, setzte er doch kein Datum für dieses Ereignis fest.

Dann aber lernte er Barbours „Herald of the Morning“ kennen. Bald wurde eine Zusammenkunft zwischen ihm und Nelson H. Barbour verabredet, die zu dem Ergebnis führte, daß *Russell* die von der *Barbour*-Gruppe nachträglich zurechtgestutzte Adventistenlehre von der *Wiederkunft des Herrn im Jahre 1874* als richtig annahm. Zum Beweis sei hier der Bericht Russells über diese Begebenheit zitiert:

„Ich bezahlte nun Herrn Barbours Auslagen für eine Reise nach Philadelphia . . ., um mich dort aufzusuchen und mir, wenn er dazu imstande sei, einen vollständigen und durch die Schrift erhärteten Beweis zu bringen, daß die biblischen Prophezeiungen auf das Jahr *1874* als den Zeitpunkt, an welchem des Herrn *Gegenwart* und die Erntezeit begann, hinwiesen. Er kam, und *die von ihm vorgelegten Beweise befriedigten mich.* Als ein Mann von entschiedener Überzeugung und völlig dem Herrn geweiht, sah ich sofort, daß die besonderen Zeiten, in denen wir leben, in sehr enger Beziehung zu unseren Pflichten und zu unserem Werk als Christi Jünger stehen; daß, da wir in der Zeit der Ernte leben, die Erntearbeit getan werden sollte; und daß die gegenwärtige Wahrheit die Sichel ist, mit der wir, wie es der Wunsch des Herrn ist, ein Werk des Einerntens überall unter seinen Kindern tun sollten. Ich fragte Herrn Barbour, was in dieser Richtung durch ihn und den ‚Herald of the Morning‘ geschehe. Er erwiderte, daß *nichts* getan würde.“[40]

Darum ergriff C. T. Russell die Initiative. Er wurde Mitherausgeber des „Herald“, veröffentlichte mit Barbour zusammen ein Buch „Three Worlds or Plan of Redemption“ (Drei Welten oder Plan der Erlösung), gab schließlich sogar seinen bürgerlichen Beruf auf und stellte sich ganz in den Dienst der Sache. Er hielt öffentliche Vorträge, predigte auf den Straßen und auch in protestantischen Kirchen, wo immer man ihm dazu Gelegenheit gab. Das Besondere dieser Verkündigung aber war die Nachricht, daß die zweite Gegenwart des Herrn im Jahre 1874 begonnen habe, die eine vierzigjährige Erntezeit einleitete. Am Ende dieser Erntezeit, im Jahre 1914, würde dann das Königreich Christi anbrechen und die „Heidenkönigreiche“ wie Töpfergefäße zerschmettern.

Aber die Zusammenarbeit Russells und Barbours währte nicht lange. Schon nach zwei Jahren, im Jahre 1878, sah sich Russell genötigt, sich von Barbour zu trennen, weil dieser sich der „höheren Textkritik“ zugewandt hatte und im „Herald“ das Erlösungswerk Jesu Christi anzuzweifeln begann. Russell schied als Mitredakteur des „Herald“ aus, und ein großer Teil der Anhänger Barbours verließ dessen Versammlung in Rochester, um sich der Russellschen Gruppe in Pittsburgh anzuschließen. Aber trotz der nun vollzogenen Trennung Russells von Barbour behielt er die Lehre von der „unsichtbaren Gegenwart des Herrn seit 1874“ bei, die er einst von Barbour übernommen hatte.

Im Interesse der Verbreitung dieser Botschaft entschloß sich C. T. Russell zur Veröffentlichung einer eigenen Zeitschrift. Am 1. Juli 1879 erschien die erste (englische) Ausgabe von „Zion's Watch Tower and Herald of Christ's Presence“ (Zions Wachtturm und Verkünder der Gegenwart Christi). Die emsige Tätigkeit der Anhänger Russells bewirkte, daß in kurzer Zeit 6000 Exemplare dieser Zeitschrift verbreitet waren. Der Anfangsschritt für das internationale Verkündigungswerk der Wachtturm-Bewegung war getan. Von 6000 Exemplaren im Jahre 1879 stieg die Auflagenhöhe auf 25 000 im Jahre 1904, und geschäftstüchtige Nachfolger Russells brachten sie auf 500 000 im Jahre 1949, und heute, im Jahre 1979, erscheint der „Wachtturm" in 82 Sprachen mit der Massenauflage von 9 200 000 Exemplaren.

Aber noch ahnten die frühen „Bibelforscher" nichts von diesen Höchstzahlen der späteren Jahrzehnte, noch von all den groben Verirrungen, die später in der Wachtturm-Zeitschrift veröffentlicht wurden. Obwohl die Lehren von der „unsichtbaren Gegenwart des Herrn seit 1874", vom „Kommen des Herrn zum Tempel im Jahre 1878", vom Zuendegehen des *himmlischen* Rufes seit dem Jahre 1881 und von der Lehre über den Anbruch des Königreichs und der Verherrlichung der Gemeinde im Jahre 1914 einen recht breiten Raum einnahmen, herrschte in ihren Reihen durchweg ein guter Geist.

Die ganze Bewegung baute sich nach der kongregationalen Kirchenordnung auf. Jede örtliche Gruppe war unabhängig und wählte aus ihrer Mitte die Ältesten oder Presbyter. Die Gemeinden waren nur ganz lose miteinander verbunden und keiner menschlichen Zentralgewalt unterworfen, noch auf eine Person, eine Hierarchie oder auf ein Glaubensbekenntnis verpflichtet. Dies änderte sich auch in keiner Weise, als Russell sich im Interesse der Verbreitung seiner Traktate, Broschüren und Bücher veranlaßt sah, eine *Gesellschaft* zu gründen. Wie ihr Name sagt, sollte die im Jahre 1881 ins Leben gerufene, zunächst nicht eingetragene Körperschaft „ZION'S WATCH TOWER TRACT SOCIETY" eine *Traktat*-Gesellschaft sein. Kein „Bibelforscher" in jenen Tagen, am wenigsten Russell selbst, hegte die Absicht, dieser Körperschaft *Autorität* über die „Bibelforscher"-Gruppen einzuräumen.

Ein schwerer Schlag für die „Bibelforscher" war das Jahr 1914. Russell hatte auf der Grundlage der von Barbour übernommenen 1874-Lehre weitergerechnet und für 1914 große Dinge vorhergesagt. Zum Beispiel schrieb er in Band 2 seiner „Schriftstudien" (Seite 73 und 212):

„. . . daß das völlige Ende der Zeiten der Heiden . . . mit dem Jahre 1914 erreicht sein wird; und daß dieses Datum die Auflösung der Herrschaft unvollkommener Menschen bringen wird";

„. . . daß dann das Königreich Gottes . . . anfangen wird, die Herrschaft an sich zu nehmen und ‚aufgerichtet' oder auf Erden [!] fest gegründet zu werden";

„. . . daß einige Zeit vor dem Ende des Sturzes das letzte Glied der göttlich anerkannten Kirche Christi . . . mit dem Haupte verherrlicht sein wird";

„. . . und daß von jener Zeit an Jerusalem nicht länger von den Nationen zertreten sein, sondern sich aus dem Staube der göttlichen Ungnade zur Ehre erheben wird; denn die ‚Zeiten der Nationen' sind dann erfüllt . . ."

Die Juden werden „nach 1915 in die volle Gnadenstellung zurückgelangt sein“.

Russells Erwartungen für 1914 und 1915 wurden *nicht* erfüllt. Statt des Königreiches Gottes auf Erden kam der Erste Weltkrieg. Die „Herrschaft unvollkommener Menschen“ hörte nicht auf. Die Kirche Christi wurde nicht verherrlicht, und Israel gelangte nicht in die Gnadenstellung zurück. Die „Zeiten der Heiden“ waren offensichtlich nicht zu Ende. Kein Wunder, daß große Bestürzung diejenigen befiel, die ungeduldig diesem Zeitpunkt entgegengeblickt hatten. *Gott* hatte sich zu den kühnen Prophezeiungen der Wachtturm-Gesellschaft und ihres Präsidenten *nicht* bekannt.

Nicht lange danach folgte ein weiterer schwerer Schlag für die ganze Bewegung: am 31. Oktober 1916 starb „Pastor“ Russell, wie er von seinen Freunden gern genannt wurde, auf der Heimfahrt von einer Vortragsreise. Nun brachen die bestehenden Spannungen innerhalb der Reihen der „Bibelforscher“ erst recht auf. Erst im Jahre 1917 konnte man zur Wahl eines neuen Präsidenten schreiten: ein neuer Herr zog ins „Brooklyn Tabernacle“ ein.

„Richter“ J. F. Rutherford

Mit ihm kam ein neuer Geist. Mehrere Direktoren der Gesellschaft, die sich weigerten, den nach Russells Tod von einigen Wachtturm-Funktionären veröffentlichten „Siebenten Band der Schriftstudien“ anzuerkennen, wurden kurzerhand auf die Straße gesetzt. Doch das war erst ein unbedeutender Anfang der neuen Entwicklung, die dahin zielte, aus der einst freiheitlichen, locker zusammengefügten Bewegung eine straff organisierte religiöse *Diktatur* zu machen. Langsam, aber sicher erreichte der „Richter“ sein Ziel: die Organisation – einst als notwendiges Übel angesehen – wurde zur Heilsanstalt erhoben. Die Wachtturm-Gesellschaft, von der Russell am Ende seiner Bücher zu sagen pflegte: „Dies ist der Name einer *Geschäftsfirma* . . .“, stieg zum heilsvermittelnden „Kanal“ zwischen Gott und der Menschheit auf. Seit Rutherfords gelungenem Verwandlungskunststück ist sie nunmehr: der „Engel“ des Herrn (W. T. 1917, S. 197), der „Kanal Gottes“ (W. T. 1919, S. 94) und „der treue und kluge Knecht“, *der* allein „das Werk des Herrn“ verrichtet.

Rutherford machte sich auch bald daran, aus den Trümmern des durch die deutliche Sprache der Weltereignisse zusammengebrochenen chronologischen Lehrgebäudes ein neues zu bauen. Und da der Nimbus der Wachtturm-Gesellschaft auf keinen Fall beeinträchtigt werden durfte, wurde das 1914-Datum rehabilitiert und zur Grundlage der neuen Lehre erhoben. Und das geschah, obwohl Russell einst ausdrücklich betont hatte, seine Berechnungen wären *„falsch“, wenn* die für 1914 und 1915 prophezeiten Ereignisse ausbleiben würden. Wörtlich schrieb Russell im Jahre 1907:

„Angenommen, das Jahr 1915 würde unter ruhigen Weltverhältnissen

vorübergehen, und es würde sich herausstellen, daß die ‚Auserwählten' noch nicht alle ‚verwandelt' wurden, und ohne daß die Wiederherstellung des natürlichen Israels in die Gnadenstellung unter dem Neuen Bunde eingetreten wäre (Röm. 11, 12. 15). Was dann? Würde das nicht beweisen, daß unsere Chronologie falsch ist? Ja, bestimmt! Und würde nicht jenes sich als ausgesprochene Fehlerwartung erweisen? Tatsächlich! Es würde nicht wiedergutzumachenden Schiffbruch bewirken ... für die Jubeljahr-Berechnungen ... und für die Epoche der sogenannten ‚Zeiten der Heiden' ... Keine von diesen könnte weiterhin aufrechterhalten werden" (W. T. 1. 10. 1907; erneut veröffentlicht in der Ausgabe vom 15. 12. 1913, „Reprints", S. 5368, engl.).

Die Verwandlung der „Auserwählten", d. h. die Entrückung der Gemeinde Jesu, und die Wiederherstellung Israels waren nicht eingetreten. So hätte Rutherford *auch* zu dem Schluß kommen müssen, daß die (menschliche) „Chronologie" *falsch* war und daß die 1914-Prophezeiung eine „ausgesprochene Fehlerwartung" war. Aber was tat er? Er behauptete trotz des *Nichteintreffens* der erwarteten Ereignisse, daß die „Zeiten der Heiden" zu Ende gegangen seien. Aus dem erhofften Zusammenbruch der weltlichen Nationen machte er nun ein „Ende ihres Herrschafts*rechts*". Und da das Königreich Gottes nicht auf *Erden* und in *Wirklichkeit* „fest gegründet" worden war, wie man es für 1914 erwartet hatte, lehrte er, daß das Königreich unsichtbar „in den *Himmeln*" aufgerichtet sei – und Freund und Feind der Bewegung konnten nur noch staunen, als der „Richter" die Feststellung traf, es sei 1914 alles „eingetroffen", was die „Bibelforscher" erwarteten. In der Artikelserie „Neuzeitliche Geschichte der Zeugen Jehovas" wird die alle geschichtliche Wahrheit mißachtende Behauptung gewagt:

„Die *Watch Tower Society hatte recht (!) in ihrem dreißigjährigen öffentlichen Feldzug, durch den sie die Heidennationen vor dem verhängnisvollen Jahr 1914 warnte. Einzelne (!) jedoch, die am Geben jener Warnung teilgenommen hatten, waren enttäuscht, da sie unrichtigerweise von sich gedacht hatten, sie kämen 1914 in den Himmel ... Viele (!) hatten ebenfalls den ungenauen Gedanken, daß der Weltkrieg, der im Jahre 1914 begann, in die ‚Schlacht des großen Tages Gottes, des Allmächtigen', in Harmagedon münden ... werde."* (W. T. 15. 5. 1955, S. 302.)

Letzteres ist eine ausgesprochene Unwahrheit. Nicht „einzelne" sind es gewesen, die die Heimholung und Verherrlichung der Gemeinde Jesu erhofften, sondern die offizielle *Wachtturm*-Gesellschaft einschließlich ihres damaligen Präsidenten C. T. Russell. Er selbst gab diesen *seinen* Fehler öffentlich zu, indem er nach der Enttäuschung von 1914 im neuen Vorwort zu Band 2 der „Schriftstudien" schrieb:

„Der Autor (der Präsident der Wachtturm-Gesellschaft!) gibt zu, daß er in diesem Buch den Gedanken nahelegt, daß des Herrn Heilige erwarten dürfen, am Ende der Zeiten der Nationen (1914) bei ihm zu sein in Herrlichkeit. Dies war ein Fehler ... Viele können allerdings ihrer Dankbarkeit gegenüber dem Herrn Ausdruck verleihen, daß die Hoffnungen der Kirche

nicht in der von uns (!) erwarteten Zeit erfüllt wurden, und daß wir . . . weiterhin Gelegenheit haben, unsere Heiligung zu vollenden.“

Somit ist klar erwiesen, daß nicht *„einzelne“* unter den Bibelforschern diese Fehlerwartung gehegt haben, sondern die *ganze* Bewegung, und zwar deshalb, weil die *Wachtturm*-Gesellschaft es sie *„unrichtigerweise“* gelehrt hat. Und noch eins: *Nicht „viele“* hatten den „ungenauen Gedanken“, daß der Weltkrieg, der 1914 begann, in Harmagedon münden würde. Die offizielle *Wachtturm*-Lehre lautete:

„. . . daß es die Zeit ist, da die Welt ihre Ernte von Sturm hält, da das Ernten der Trauben des Weinstocks der Erde und das Treten derselben in der großen Kelter des Grimmes Gottes stattfinden soll. Er hat uns gezeigt, daß diese beiden Ernten . . . in einer Periode von vierzig Jahren, die mit dem Jahre 1914 zu Ende geht, vollendet werden sollen.“ (Bd. 2 der „Schriftstudien“, S. 165/166.) Diesen „ungenauen Gedanken“ hatten also nicht „viele“, sondern die Wachtturm-Gesellschaft selbst vertrat ihn. Ist es nicht in höchstem Grade unfair und unaufrichtig, wenn die heutige Führung, nur um *selbst „recht“* zu haben, ihre Fehler auf *jene* ablädt, die sich z. T. in jahrzehntelangem Dienst für sie und ihre Lehren aufgeopfert haben?

„Richter“ Rutherford kümmerte sich wenig um die geschichtliche Wirklichkeit, durch die das chronologische System widerlegt worden war. Er bestand darauf, daß die „Zeiten der Nationen“ im Jahre 1914 *doch* zu Ende gegangen seien und das „Königreich“ begonnen habe – nun aber: unsichtbar im Himmel, und diese Theorie verkündigen Jehovas Zeugen *heute* noch. Es ist das oft zitierte „Evangelium vom 1914 aufgerichteten Königreich“. So geht eine verborgene Verbindungslinie von den Wiederkunftserwartungen der amerikanischen Adventisten für 1874 über die Königreichserwartung der Russell-Bewegung für das Jahr 1914 zu der Verkündigung der Zeugen Jehovas in unseren Tagen.

Alles, was die Gesellschaft einst mit den Jahren 1874, 1878 und 1881 verbunden hatte, brachte Rutherford kurzerhand 40 (bzw. 50) Jahre näher an die Gegenwart heran und gab damit dem Jahr 1914 einen neuen Inhalt.

Fortan wurde wie folgt gelehrt:

Christi Wiederkunft war nicht 1874	– sondern 1914;[41]
sein Kommen zum „Tempel“ nicht 1878	– sondern 1918;
die erste Auferstehung nicht 1878	– sondern 1918;
die Verwerfung der Christenheit nicht 1878	– sondern 1918;
das Ende des himmlischen Rufes nicht 1881	– sondern 1931.

Und viele der damaligen „Bibelforscher“ glaubten daran, denn diese „neue Erkenntnis“ kam ja wieder durch den „bewährten Kanal Jehovas“.

Für die Zweifelnden und Enttäuschten aber wußte die Wachtturm-Gesellschaft Abhilfe zu schaffen. Sie brachte eine neue Sensation und lenkte damit von der 1914-Panne und den „überholten“ Daten der Vergangenheit ab. Das neue, sensationelle Erkenntnis-„Licht“ hieß: 1925 – das entscheidende Jahr!

Die Tragikomödie um das Jahr 1925

In ungezählten öffentlichen Vorträgen und mit einer Flut von Traktaten und Broschüren wurde das neue Datum 1925 verkündet – für die damaligen „Bibelforscher" neues „Licht, direkt von Jehova durch seinen alleinigen Kanal". Dieser hatte betont, das Jahr 1925 sei *„sogar noch schärfer von der Schrift gekennzeichnet als selbst 1914"* („Der Wachtturm" 1923, S. 15). Was sollte denn 1925 nach der offiziellen Wachtturm-Literatur geschehen?

1. *Die Verherrlichung der Gemeinde Jesu und der Beginn des Königreiches. „Der Gedanke ist der, daß das Jahr 1925 einen Wendepunkt in der Menschheitsgeschichte bringen werde, indem in der Bibel enthaltene vorbildliche Geschehnisse dann ihr Ende erreicht haben sollen und das Gegenbild beginne, nämlich das große Jubeljahr der Menschheit, das messianische Königreich der Wiederherstellung der ganzen Menschheit zu Freiheit, Glückseligkeit und ewigem Leben auf der Erde"* (Das Goldene Zeitalter, 1924).

2. *Die Auferstehung der Treuen des Alten Bundes. „... und da andere Schriftstellen der Tatsache bestimmt Ausdruck geben, daß eine Auferstehung Abrahams, Isaaks und Jakobs und anderer Treuen des Alten Bundes stattfinden wird, ... können wir erwarten, im Jahre 1925 Zeuge zu sein von der Rückkehr dieser treuen Männer Israels aus dem Zustande des Todes ..."* (Broschüre „Millionen jetzt lebender Menschen werden nie sterben", S. 69 u. 53).

3. *Höhepunkt und Abschluß der großen Drangsal. „Wir erwarten mit voller Gewißheit, daß die jetzige große Drangsal im Jahre 1925, etwa im Herbst, ihren furchtbaren Höhepunkt erreicht und alsdann zum endgültigen Abschluß kommen wird, damit anschließend das Werk der Wiederherstellung aller Dinge unter der gerechten Regierung des Christus und seiner Getreuen beginnen kann"* (Das Goldene Zeitalter, 15. 3. 1924).

4. *„Todesstoß" für die Christenheit („Babylon"). Der „Herbst 1925 wird gewißlich dem symbolischen Babylon den Todesstoß bringen"* (W. T. 1924, S. 268).

Viel Zeit, Kraft und Geld wurde aufgewandt, um vielen Völkern diese Botschaft zu bringen. Wehe, wenn „Bibelforscher" es wagten, gegen die so selbstsichere 1925-Verkündigung der Wachtturm-Gesellschaft unter Berufung auf die Schrift Bedenken zu äußern! Sie wurden als unreif betrachtet, als „lauwarm" angesehen und als „böse Knechte" hinausgeworfen, wenn sie sich nicht vor der diktatorischen Führung beugten. Der „Wachtturm" warnte. *„Manche sind geneigt, zweifelhaft mit Bezug auf 1925 zu werden, und darum werden sie lauwarm"* (W. T. 1923, S. 131).

Viele Mitverbundene der W. T.-Gesellschaft hegten ernsthafte Zweifel an der Richtigkeit der Berechnungen. Das verrät auch die im „Wachtturm" von 1923, S. 208, veröffentlichte Anfrage: *„Ist es wahr, daß vor acht Monaten den Pilgerbrüdern der Auftrag zuging, aufzuhören, über 1925 zu* *predigen? Haben wir mehr Grund oder ebensoviel, um zu glauben, daß das Königreich 1925 errichtet werden wird, als Noah hatte, um zu glauben, daß eine große Flut kommen würde?"* Die Antwort auf diese Frage beweist endgültig, daß die *Wachtturm-Gesellschaft* auch angesichts der Zweifel ihrer Schüler an der 1925-Botschaft festhielt: *„Es ist überraschend, wie Berichte in die Welt hinausgehen. Den Pilgerbrüdern ist niemals zu irgendeiner Zeit auch nur ein Wink zugegangen, daß sie aufhören sollten, über 1925 zu predigen . . . Unser Gedanke ist der, daß der Zeitpunkt 1925 endgültig von der Schrift festgelegt ist als ein Markstein des Endes der vorbildlichen Jubeljahre."* Am Schluß der Antwort wird dem Fragesteller mit Nachdruck versichert, daß der Christ jetzt *viel mehr* besitze, worauf er seine Erwartungen für 1925 stützen kann, als Noah es hatte, um die große Flut zu erwarten. Wie *zuversichtlich* war die W. T.-Gesellschaft hinsichtlich 1925!

Als aber dieses Jahr in gefährliche Nähe rückte, als es schließlich *vorüberging, ohne* auch nur *eine* der Erwartungen der *Wachtturm-Gesellschaft* zu erfüllen, da hatte *sie* plötzlich mit der ganzen Sache gar nichts mehr zu tun. Hieß es früher immer wieder: „*Wir* erwarten mit voller Gewißheit", „*Wir* können erwarten" usw., so hieß es nunmehr: *„Jetzt ist es nicht an der Zeit, Glaubensschwäche zu zeigen oder mutlos zu werden, weil es einigen (!) nicht so scheint, als ob 1925 das bringen wird, was sie (!) erwarteten"* (W. T. 1924, S. 326). Nein, die Wachtturm-Gesellschaft ist jetzt völlig unbeteiligt an der Panne von 1925. Sie kann nur noch berichten, daß „viele" gewisse Dinge erwartet haben: *„Das Jahr 1925 ist gekommen. Mit großer Erwartung haben Christen diesem Jahre entgegengesehen. Viele (!) haben zuversichtlich erwartet, daß alle Glieder des Leibes Christi während des Jahres zu himmlischer Herrlichkeit verwandelt werden. Dies mag vielleicht erfüllt werden. Es mag vielleicht nicht so sein . . ."* (W. T. 1925, S. 35.) – *„Einige dachten, daß das Werk 1925 enden würde, aber der Herr hat dies nicht gesagt"* (W. T. 1926, S. 264).

Der Herr hat dies *nicht* gesagt? Ist nicht aber immer behauptet worden, daß *ihre* 1925-Verkündigung „das Werk des Herrn" wäre? So war dies „Werk des Herrn" *doch nicht* vom *Herrn*, obwohl es laut im Namen *Jehovas* durchgeführt wurde. Was der Wachtturm-Prophet Rutherford verkündigt hatte, traf nicht ein. Die Heilige Schrift sagt: „Und wenn du in deinem Herzen sprichst: wie sollen wir das Wort erkennen, das *Jehova nicht* geredet hat? Wenn der Prophet im Namen Jehovas redet (!), und das Wort *geschieht nicht* und *trifft nicht ein*, so ist das das Wort, welches *Jehova nicht* geredet hat; mit *Vermessenheit* hat der Prophet es geredet; du sollst dich *nicht vor ihm fürchten*" (5. Mose 18, 21. 22).

Die Wachtturm-Gesellschaft aber dachte gar nicht daran, über dies Fiasko von 1925 Buße zu tun. Sie zog sich geschickt oder ungeschickt aus der Affäre, indem sie die Schuld anderen zuschob. Noch Jahrzehnte später (W. T. 15. 4. 1949, S. 124) schreibt sie über „Gottes Tag": *„Wir können ihn nicht vorverlegen, wie es einige versucht haben in ihrem Studium* *der Chronologie, indem sie für gewisse Ereignisse . . . im voraus Daten festlegten.*"

Statt also Buße zu tun über ihre Fehlerwartungen und vor allem über die Tatsache, daß durch *ihre* nicht eingetroffenen Prophezeiungen der *Name Jehovas* und *Jesu Christi* vor Ungläubigen und Spöttern der *Lästerung* preisgegeben wurde und das geschriebene Gotteswort demzufolge an Glaubwürdigkeit einbüßte, statt auch nur eine schwache *Entschuldigung* wegen ihrer prahlerischen 1925-Verkündigung ihren vor aller Welt blamierten Anhängern und Verkündigern gegenüber hervorzubringen, machte die Wachtturm-Gesellschaft diese bedauernswerten Opfer ihrer Verführung für die Pleite verantwortlich. Sie selbst *darf* wohl niemals eines Irrtums, eines Fehlers oder Versagens überführt werden, da das sofort ihrem Nimbus Abbruch tun würde als „Kanal" oder „kollektiver *Prophet*" Jehovas.

Heute hofft die Wachtturm-Gesellschaft offenbar, die letzten Spuren ihrer 1925-Erwartungen verwischen zu können, indem sie die geschichtliche Wirklichkeit einfach ins Gegenteil zu verkehren sucht. Heute bestreitet sie nicht nur, deren Urheber zu sein, indem sie „einigen" und „vielen" die Schuld zuschiebt. Heute stellt sie die Dinge so dar, als habe der „Wachtturm" die Brüder vor diesen Erwartungen „gewarnt".

Im Buch „Jehovas Zeugen in Gottes Vorhaben" (S. 107) wird zunächst vorsichtig erklärt, daß das Jahr „1925 . . . für eine Anzahl Zeugen Jehovas ein kritisches Jahr war. Die Gesalbten hatten im allgemeinen die Ansicht vertreten, daß die Überrestglieder des Leibes Christi in jenem Jahre ihre Verwandlung zur himmlischen Herrlichkeit erfahren würden". Dann folgt der Einwand: „Aber schon die ersten Jünger Jesu erwarteten das in ihren Tagen, nicht wahr?" und darauf die Antwort: „Richtig, aber sie wurden davor gewarnt, so wie die Brüder im Jahre 1925 *gewarnt* wurden. *Der Wachtturm* führte aus: Christen sollten nicht so tief bekümmert sein um das, was sich während dieses Jahres ereignen mag . . ."

Damit hat die Wachtturm-Führung wie bei der „Bewältigung" der Panne von 1914 den Boden der Wahrhaftigkeit verlassen. Hält sie ihre Anhänger und die übrige Welt für so vergeßlich? Ist es nicht eine ausgesprochene Geschichtsfälschung, wenn sie den Eindruck erweckt, „Der Wachtturm" habe die Brüder vor den falschen Erwartungen des Jahres 1925 „gewarnt"? Dieser erschütternde Tatbestand bestätigt, was bisher nur geahnt werden konnte: daß die Wachtturm-Führung manches schreibt, was sie selbst nicht glaubt; – ja noch mehr: von dem sie weiß, daß es nicht wahr ist.[42] Diesen Weg schlug sie ein, um ihr Gesicht zu wahren. Dabei hat sie es verloren. An dieser Stelle aber wird es für den unvoreingenommenen Wahrheitssucher leicht, zu erkennen: Die Unglaubwürdigkeit der Wachtturm-Führung und ihrer Hoheitsansprüche[43] erweist sich nicht nur im Licht des *Wortes Gottes*, sondern auch angesichts *ihrer eigenen Geschichte*, erst recht aber durch die Tatsache, *daß sie diese ihre Geschichte wissentlich gefälscht hat*. Nun ist auch *das* Geschichte geworden. Und sie kann sich davon nicht mehr lösen. Was für jeden Einzelmenschen zutrifft, das hat sich auch hier herausgestellt: *Nur wer seine Sünden bekennt und durch das sündentilgende Blut des Herrn Jesus die Vergebung und den lebenrettenden Freispruch* erfährt, ist von aller Schuld frei. Wer dagegen unter Umgehung der Buße und der Umkehr zu Jesus Christus seine Vergangenheit auf dem Wege der *Winkelzüge* zu „bewältigen" versucht, den wird sie wie ein Schatten begleiten.

Sollte man nicht erwarten können, daß J. Z. nach den enttäuschenden Erfahrungen von 1914 und 1925 von der „Chronologitis", ihrer alten Krankheit der Datenberechnungen, geheilt wären? – Ihre Führung jedenfalls ist auch in der zweiten Hälfte dieses Jahrhunderts davon noch weit entfernt. 1966/67 verkündet sie ihren überraschten Anhängern noch einmal einen neuen Endtermin: 1975! Das geschah zwar mit einer gewissen Zurückhaltung, aber doch – zumindest zeitweilig – mit sehr eindeutigen Aussagen.

Ein neuer Endtermin als Aktivierungsmittel: 1975

Es begann bei einem Kongreß der Z. J. in Baltimore/USA. Wie bei fast allen größeren Kongressen der Z. J. wurde ein neues Buch freigegeben, zunächst in englischer Sprache: „Life Everlasting – in Freedom of the Sons of God" (Ewiges Leben in der Freiheit der Söhne Gottes), ein verheißungsvoller Titel!

Doch das eigentlich Erregende an diesem Buch war etwas anderes. „Der Wachtturm" berichtet darüber („Der Wachtturm" vom 1. 1. 1967): *„. . . der Vorrat an Büchern war bald erschöpft. Sofort wurde der Inhalt untersucht. Es dauerte nicht sehr lange, bis man die Tabelle fand, die auf Seite 31 beginnt und die zeigt, daß 6000 Jahre des Daseins des Menschen im Jahre 1975 enden. Erörterungen über dieses Jahr 1975 überschatteten nahezu alles andere. ‚Das neue Buch zwingt uns zu erkennen, daß Harmagedon tatsächlich wirklich sehr nahe ist', sagte ein Kongreßbesucher. Das war bestimmt eine der hervorragenden Segnungen, die wir mit nach Hause nehmen konnten!"*

Dies war also offenbar das eigentlich „Aufregende"! Doch hören wir weiter den Wachtturm-Bericht über den Kongreß in Baltimore und über eine merkwürdig zweideutige Erklärung des damaligen Vizepräsidenten Franz: *„Auf der Versammlung in Baltimore gab Bruder Franz in seinen Schlußworten einige interessante Kommentare über das Jahr 1975. Er begann beiläufig damit, indem er sagte: ‚Gerade bevor ich auf das Podium ging, kam ein junger Mann zu mir und sagte: ‚Sag, was bedeutet dieses Jahr 1975? Bedeutet es dieses oder jenes oder noch irgend etwas anderes?' Auszugsweise wiedergegeben, fuhr Bruder Franz fort zu sagen: ‚Ihr werdet die Tabelle auf den Seiten 31–35 in dem Buch gesehen haben. Sie zeigt, daß 6000 Jahre menschlicher Geschichte im Jahre 1975, in ungefähr neun Jahren, enden werden. Was bedeutet das? Bedeutet es, daß*

Gottes Ruhetag 4026 v. u. Z. begann? Es könnte so gewesen sein. Das Buch ‚Life Everlasting‘ sagt nicht, daß es nicht so war. Das Buch gibt lediglich die Chronologie an. Ihr könnt sie annehmen oder ablehnen. Wenn es sich jedoch so verhält, was bedeutet das für uns?‘ (Er ging ausführlich auf Einzelheiten ein und zeigte, wie begründet das Jahr 4026 v. u. Z. als Datum für den Anfang des Ruhetages Gottes ist.)

‚Was ist nun mit dem Jahr 1975? Was wird es bedeuten, liebe Freunde?‘ fragte Bruder Franz. ‚Bedeutet es, daß Harmagedon dann vorüber und Satan bis zum Jahre 1975 gebunden ist? Es könnte das bedeuten! Es könnte das bedeuten! Alle Dinge sind bei Gott möglich. Bedeutet es, daß Babylon die Große bis 1975 beseitigt ist? Es könnte das bedeuten. Bedeutet es . . .? Es könnte das bedeuten. Doch wir sagen das nicht. Alle Dinge sind bei Gott möglich. Doch wir sagen das nicht. Und möge auch niemand von Euch sich irgendwie bestimmt äußern und etwas sagen, was zwischen der Gegenwart und dem Jahre 1975 vor sich gehen soll. Doch der wichtige Gedanke bei all diesem, liebe Freunde, ist der: Die Zeit ist kurz. Die Zeit läuft ab, darüber besteht keine Frage.‘“

Franz hatte damals gezeigt, „wie begründet“ die Berechnung sei, die auf das Jahr 1975 hinführt, gleichzeitig jedoch hatte er alles getan, um hinterher sagen zu können, er habe sich nicht festgelegt. So ging die einmal ausgestreute Saat auf: Die 1975-Botschaft wurde „mit Begeisterung“ aufgenommen („Der Wachtturm“ 1967, Seite 20). In den Versammlungen gab es „rege Debatten“ („Der Wachtturm“ 1968, Seite 686). Dennoch muß zur Ehre der vielen gutwilligen Z. J. hin und her in den Landen gesagt werden, daß längst nicht alle sich beeindrucken ließen. Einer, der in jenen Jahren noch „dabei“ war, hat einmal auch die kritischen Stimmen in den eigenen Reihen festgehalten und möglichst wörtlich wiedergegeben:

„Nein, das kann nicht wahr sein, es steht doch deutlich geschrieben, daß uns nicht zusteht, Zeiten und Zeitpunkte zu wissen, die Jehova in seiner Machtvollkommenheit festgelegt hat.“

„Warten wir ab, das wird sich auch wieder ändern mit 1975.“

„Das versteh' ich nicht! – Wenn 1975 Harmagedon nicht kommen sollte, dann sind wir erneut die Blamierten.“

„Schon wieder Zahlen, diese ewige Rechnerei. Tag und Stunde wissen wir nicht, daran halte ich mich!“

„Das geht doch zu weit! Erst sollte 1914 Harmagedon kommen, dann 1925 und nun 1975. Das geht auf die Dauer nicht gut!“

„Ich lasse mich nicht aus dem Gleichgewicht bringen. Warten wir bis 1975, dann sehen wir weiter.“

„Meine Richtlinie ist die Bibel und keine Jahreszahl 1975.“

„Diese Zahlenhoffnungen sind nur für die Brüder gut, die darauf warten, ihre Schulden loszuwerden.“

„Ich lebe als Christ so, daß Harmagedon noch heute kommen kann. Wozu die Versprechen über 1975?“

„Ich habe noch nie an den Türen der Menschen ein Zahlenevangelium vorgebracht. Ich werde mich hüten, mit 1975 aufrichtige Menschen vor den Kopf zu stoßen."

„Was soll ich dazu sagen? Ich halte von 1975 rein gar nichts!"[44]

Andere Z. J. aber zogen aus der Prognose für 1975 sofort entscheidende Konsequenzen, erhöhten ihre Stundenzahl im „Felddienst" oder nahmen sogar den „Pionierdienst" auf. Einer von ihnen schrieb begeistert an die Wachtturm-Gesellschaft: „Aber dann kam für mich wahrhaftig zur rechten Zeit geistige Speise in Form der Erkenntnis, daß 1975 die 6000 Jahre der Menschheitsgeschichte ablaufen werden . . . das war die heilende Spritze, und meine Entscheidung war selbstverständlich: Nach der Lehre sofort in den Pionierdienst!"[45]

Besonders in Vorträgen und im internen Informationsblatt „Königreichsdienst" hatte die Wachtturm-Gesellschaft die Naherwartung kräftig angeheizt. Man rechnete schon die Monate aus bis zum Tag X: *„Bedenkt liebe Brüder, daß nur noch ungefähr 90 Monate verbleiben, bis 6000 Jahre der Existenz des Menschen voll sind. Erinnert Ihr Euch, was wir im vergangenen Sommer auf den Kongressen lernten? Die Mehrheit der heute lebenden Menschen wird wahrscheinlich noch am Leben sein, wenn Harmagedon ausbricht, und für diejenigen, die dann vernichtet werden, besteht keine Hoffnung auf eine Auferstehung."*[46]

Je präziser jedoch die Wachtturm-Gesellschaft in ihren Erwartungen für 1975 sich äußerte, desto mehr wuchs die Kritik in ihren eigenen Reihen. Im Hauptbüro in Amerika kam es, wie aus unterrichteten Kreisen zu erfahren war, zu heftigen internen Auseinandersetzungen, die dazu führten, daß mehr als 300 Z. J. – mehr als der vierte Teil der „Bethel-Familie" in Brooklyn – entweder auszogen oder ausgeschlossen wurden. Auf der anderen Seite setzte sich der deutsche Zweigdiener Franke von denen ab, die unverbindliche Formulierungen vorzogen, und erklärte am 20. 1. 1968 vor den versammelten Aufsehern der Z. J. Hamburgs: „Gemäß dieser zuverlässigen Bibel-Chronologie werden 6000 Jahre . . . mit 1975 enden . . . Es wird hier kein Wort davon gesagt: ‚Es könnte sein'!" Die Antwort der übermächtigen „Gesellschaft" aber lautete: „Brüder, die das behaupten, fälschen den Sachverhalt", und am 1. Oktober 1969 wurde Franke als Leiter der westdeutschen Z. J. kurzerhand durch Kelsey abgelöst, durch einen Amerikaner (Information aus der Zeitschrift „Christliche Verantwortung" 35/1971, Gera/DDR).

Warum jetzt diese, die „1975-Begeisterung dämpfenden Maßnahmen"? Nahm die Opposition in den eigenen Reihen allzusehr zu? Hatte sich der neue End-Termin nicht in hervorragender Weise ausgezahlt? Die statistischen Tabellen im Jahrbuch der Z. J. und im Wachtturm zeigen ganz deutlich nach dem enormen Wachstum der 50er Jahre eine geringere Zunahme zu Beginn der 60er Jahre. In der Bundesrepublik beklagte die Gesellschaft sogar einen Rückgang von 1 Prozent (1950: 23 Prozent Zunahme!). Nun aber, nach der Veröffentlichung der 1975-Botschaft hatten die in jahrzehntelangen Kämpfen und Arbeiten Müdegewordenen ein festes Nahziel. „Nur noch die wenigen Jahre . . .“, so hieß es jetzt. Der Erfolg blieb nicht aus: Die Statistiker in Brooklyn konnten wieder ein Ansteigen der Wachstumsrate verzeichnen (1968: 5,6 Prozent; 1969: 8,7 Prozent; 1970: 10,2 Prozent; 1974: 13,5 Prozent).

Man sieht: ein fester Endtermin steigert nicht nur die Lebendigkeit der Erwartung, sondern auch die Einsatzfreudigkeit. Andererseits mußte die Gesellschaft – für den Fall, daß 1975 rein gar nichts Wesentliches passierte – mit katastrophalen Folgen im eigenen Hause rechnen. So verwundert es nicht, daß sie – im gleichen Maße, wie sich ihre konjunkturfördernde 1975-Spritze auswirkte –, die alte Z. J.-Neigung, allzuviel genauestens wissen zu wollen, mehr und mehr zu *dämpfen* suchte. So bewegen sich denn die offiziellen Stellungnahmen zwischen *1975–Euphorie und Mahnungen zur Zurückhaltung.*

Die Schwesterzeitschrift des „Wachtturms“, „ERWACHET!“, stellte in der Nummer vom 22. 4. 1967 unter der Überschrift *„Wie lange wird es noch dauern?“* das Datum 1975 ganz groß heraus und verkündigte aufgrund der *„zuverlässigen biblischen Chronologie“* als Antwort: nur noch *„wenige Jahre“:*

„. . . Wir können daher erwarten, daß sich in naher Zukunft Dinge abspielen werden, die alle, die an Gott und seine Verheißungen glauben, begeistern werden. Es bedeutet, daß wir im Laufe verhältnismäßig weniger Jahre Zeugen von der Erfüllung der restlichen Prophezeiungen sein werden, die mit der Zeit des Endes zu tun haben.“ „ERWACHET!“ sagt anschließend auch, welche Prophezeiungen das sein werden:

1) . . . daß „die totalitären Staatsformen, besonders des Weltkommunismus“ und die „herrschenden Mächte der Demokratie . . . einen Höhepunkt erreichen in ihrem Kampf um Weltherrschaft . . .“;

2) . . . daß Gottes Diener das Angriffsziel eines letzten, totalen Angriffs Satans und seiner ganzen Organisation . . . sein werden;

3) . . . daß „Babylon die Große“ die Vollstreckung ihres göttlichen Vernichtungsurteils erleiden wird . . .;

4) . . . daß danach „auch die anderen Teile des Systems Satans vernichtet werden, seine kommerziellen und politischen Einrichtungen“;

5) . . . daß „schließlich . . . Satan und seine Dämonen in den Abgrund geworfen werden“.

Dann aber – wenige Monate später („Der Wachtturm“ vom 1. 8. 1967, Seite 454) – rät der „Wachtturm“ plötzlich zur vorsichtigen Zurückhaltung: *„Was wird dieses Jahr (1975) der Menschheit bringen? Wird es der Zeitpunkt für Gottes Vernichtung der Bösen und für den Beginn der Tausendjahrherrschaft seines Sohnes Jesus Christus sein? Es könnte sehr gut möglich sein, aber wir müssen abwarten und sehen.“*

Im „Wachtturm“ vom 15. 11. 1968 kann es noch heißen – gleichsam zur Rechtfertigung des 1975-Termins: *„Es ist nicht an der Zeit, mit dem Gedanken zu spielen, Jesus habe ja gesagt: ‚Von jenem Tage und jener Stunde hat niemand Kenntnis, weder die Engel im Himmel, noch der Sohn, sondern nur der Vater‘ (Matth. 24, 36).“*

Aber dann spielte der „Wachtturm“ doch selber mit dem Gedanken: *„Warum wir von ‚jenem Tag und jener Stunde‘ nicht in Kenntnis gesetzt worden sind“* (Überschrift im W. T. vom 1. 8. 1975, Seite 464).

Nun weiß es der „Wachtturm“ also wieder, daß es nicht gut ist, „Tag und Stunde“ des Endes wissen zu wollen. *„Viel besser ist es, jeden Tag in dem Bewußtsein zu leben, daß Jehovas Zeit der Vollstreckung seines Strafgerichtes mit Sicherheit kommt“* (W. T. vom 1. 8. 1975, Seite 473).

So wurde 1975 und in den letzten Jahren vor 1975 alles getan, den Eindruck zu vermeiden, als hätte die Gesellschaft sich auf dieses Datum festgelegt. Andererseits aber sollten die Z. J. nicht aufhören zu glauben: *„Die Lösung der weltweiten Probleme steht bevor“* (Überschrift des W. T. vom 1. 8. 1975). Naherwartung also ohne festen Endtermin.

Was hat denn nun das Jahr 1975 wirklich gebracht?

Für J. Z. gab es eine wichtige Sonderzusammenkunft in Gelsenkirchen. Eine Ansprache des damaligen Vizepräsidenten Franz – inzwischen wurde er Präsident der Wachtturm-Gesellschaft – stand auf dem Programm. Die entscheidende Frage aller dort versammelter Z. J. war: Wird er jetzt über 1975 das letzte und entscheidende Wort sagen? Läutet am Ende der Sonderkongreß am 30. 8. 1975 das lang erwartete Ende dieser alten Weltordnung und den Beginn des Tausendjährigen Reiches ein? Alles wartet auf „ein klares Wort“ von Mister Franz.

Franz macht zunächst darauf aufmerksam: Am Montag, dem 1. September, beginnt das neue Dienstjahr der Zeugen Jehovas: 1976. „Das ist wirklich sehr interessant“, stellt er fest, aber es gebe noch etwas Interessanteres hinzuzufügen:

„Am nächsten Freitag, dem 5. September, mit Sonnenuntergang muß etwas Bestimmtes geschehen. Was wird das sein?“

„Nun, nach der biblischen Chronologie, die wir haben, enden 6000 Jahre Menschheitsgeschichte am Freitag, dem 5. September, mit Sonnenuntergang. Das bedeutet, daß mit diesem Zeitpunkt das 7. Jahrtausend, oder Millennium, des Daseins des Menschen beginnt. Und wir sind alle entschlossen, fortzufahren, Jehova zu dienen in diesem 7. Jahrtausend des menschlichen Daseins auf der Erde.“

Beifall brandet auf. Kein Wunder! Wenn am Freitag, dem 5. September, das Millennium anbricht, dann müssen doch die Herzen all derer höher schlagen, die nichts sehnlicher erwarten als dies.

Der Beifall verebbt, und Franz fährt fort mit einer komplizierten und reichlich spekulativ anmutenden Überlegung darüber, daß „die Jahreswiederkehr der Erschaffung Adams“ möglicherweise erst 14 Tage später, also am 18. bzw. 19. September (denn der jüdische Tag beginnt abends um 6 Uhr) zu datieren ist. Und nun kommt er zu Schlüssen, die nach dem Bisherigen weder zu erwarten sind noch sich aus den undurchsichtigen Spekulationen um Adams Geburtstag ergeben können. Franz fährt fort: *„Nun, das bedeutet nicht (!), daß damit der 7. Ruhetag Jehovas, der Sabbattag seiner Schöpfung, beginnt. So können wir denn auch nicht sagen,* *daß diese Dinge nun während des Monats September zu Ende gehen, und daß wir dann in das 7. Jahrtausend des großen Ruhetages Gottes eingehen, und daß wir dann zur Ruhe gelangen von all unserer Mühe, und daß dann auch ‚der letzte Feind, der Tod', von dieser Erde weggenommen wird. Nein, wir müssen abwarten und sehen, wann nun das Millennium des großen Ruhetages Gottes beginnen wird. Und wenn dieser Tag beginnt, dann wird die Tausendjahrherrschaft Jesu Christi beginnen, und dann wird die Segnung der ganzen Menschheit beginnen für alle diejenigen, die Jehova Gott gehorchen und ihn segnen.*"

Mit welch zwiespältigen Gefühlen mögen die Z. J. nach Hause gefahren sein? Sie hatten mit Recht in Gelsenkirchen ein klares Wort erwartet. Wenn sie sich nun von ihrer Führung verschaukelt fühlen, wer könnte es ihnen verargen? Man wird den Eindruck nicht los, daß das ganze Manöver von Gelsenkirchen nur das eine Ziel hatte, sicherzustellen, daß weiterhin fleißig die Werbetrommel gerührt wird. Daher Franz' Appell in Gelsenkirchen: Predigen!

„Werden wir fortfahren, das zu tun während des übrigen Teils des Jahres 1975?" – Antwort: Beifall!

„Und wenn es Gott gestattet, auch in das Jahr 1976 hinein?" – Antwort: Beifall!

Daher auch die Mahnung des „Wachtturms" vom 15. 9. 1974, Seite 571, in dem es heißt: *„Ob die Drangsal nun in zwei oder drei Jahren"* hereinbricht oder später, Z. J. sollten *„Gott einfach weiter dienen . . . statt Mutmaßungen über ein bestimmtes Datum anzustellen". „Wir werden, wenn wir in die Zukunft blicken, nicht an ein bestimmtes Datum denken, sondern an die Ewigkeit!"*

Ob am Ende – wieder einmal – die Wachtturm-Gesellschaft vor den falschen Datierungen „gewarnt haben" wird? Schon spricht der „Wachtturm" wieder von „einigen" und was „sie" erwarteten: *„Gott wird zu seiner Zeit dieses System der Dinge vernichten. Doch werden einige ungeduldig, und verlieren den Glauben, weil die Dinge nicht so geschehen, wie sie es erwartet haben . . ."* (W. T. vom 15. 7. 1974, Seite 432, Abs. 10).

Und auf dem Wiener Kongreß vom 9.–13. 8. 1972 sagte H. Goerth in einer Ansprache: „Einige, die sich auf . . . Berechnungen einließen, wurden enttäuscht und sind gescheitert . . . wir sollten . . . nicht persönliche Wünsche in die Bibel hineinlesen."

Natürlich blieben nach der Panne von 1975 Gefühle der Enttäuschung und Entmutigung unter den Zeugen nicht aus. „Der Wachtturm" sieht darin „Sichtungen" – „wie in den zehn Jahren nach 1914" –, mahnt zur kritischen Selbstprüfung, ob am Ende *„unser Beweggrund (ist), in der Schlacht von Harmagedon ‚unsere eigene Haut zu retten'?"*, und tröstet die Wartenden mit dem Hinweis, daß es gut ist, wenn die Engel die Stürme des Gerichts noch zurückhalten: *„Wir können froh sein, daß sie es bis zu dieser Stunde getan haben . . ."* Dann aber folgt die oft gehörte Versicherung: *„Die Zeit läuft schnell ab. Wir müssen aktiv und wachsam bleiben und ständig mit Gottes irdischer Organisation vorwärtsgehen. Können* *wir uns nicht freuen, zu der einzigen weltweiten Bruderschaft zu gehören, die Frieden hat und die in dieser kritischen Zeit vereint Jehovas Namen preist?"* (W. T. vom 1. 1. 1979, Seite 13, Abs. 18. 19)

„Helleres Licht" oder der Wechselbalg

Immer wieder in der Geschichte der Wachtturm-Bewegung gab es die unerwünschten Kritiker in den eigenen Reihen. Viele von ihnen folgten dem Ruf der Heiligen Schrift und ihres an sie gebundenen Gewissens und lösten ihre Bindungen zu diesem System, von dem auch sie einst so viel und so Großes erwartet hatten. Ungezählte Skeptiker aber wurden zum Schweigen gebracht durch die geschickte Argumentation der Wachtturm-Führer, die Meister der Dialektik sind. Wer sie an die Irrtümer und Pannen ihrer unrühmlichen Vergangenheit erinnert, dem suchen sie zu zeigen, daß es „jetzt ja so ganz anders geworden" sei. Der alte Glaubens- und Erkenntnisstand sei längst überholt. „Wir haben neues, helleres Licht!" Seitdem 1919 die „neue Erde" durch das Entstehen der „Neuen-Welt-Gesellschaft" gegründet wurde, geht es von Licht zu Licht und von einer Klarheit zur andern. *„Nach und nach aus der Finsternis in Gottes wunderbares Licht gerufen! Dies beschreibt kurz die neuzeitliche Geschichte der Zeugen Jehovas"*, sagt der „Wachtturm".

Aber ist nun wirklich eine solch stetige Entwicklung zu mehr Klarheit und Wahrheit in der Geschichte der Zeugen Jehovas zu sehen? Hat die Wachtturm-Gesellschaft nicht vierzig Jahre lang ihre Lehre von der „Gegenwart Christi seit 1874" für „helles Licht von Jehova" gehalten? Und war es nicht doch ein Irrlicht? Und das Licht der Erwartungen für 1914? War es nicht wieder ein Irrlicht – denn man mußte dies Datum doch nach 1914 mit neuem Gehalt füllen, um es nicht ganz abschreiben zu müssen? Und war nicht das „helle Licht" über das Jahr 1925 und 1975 am Ende ein für nur wenige Jahre aufflackerndes Irrlicht? Wo also bleibt die stetig fortschreitende Entwicklung aus der Dämmerung in das immer heller und heller scheinende Licht der Erkenntnis?

In vielen anderen Fällen ist sogar ein dauerndes Hin und Her, Proklamieren und Widerrufen und damit ein Sich-selbst-Widersprechen erkennbar:

Im Jahre 1924 war für die Bibelforscher die wahre Religion noch von Gott, und sie hielten sich für ihre alleinigen Besitzer; von 1937 an war dagegen jede Religion *„Teufelskult und Dämonismus"*[47], aber bereits seit dem Jahre 1953 ist die *„wahre Religion"* wieder von Gott, und Jehovas Zeugen sind ihre Besitzer[48]. – Anno 1920 galt die Charakterentwicklung, wie Russell die Heiligung des Christen genannt hatte, noch als Hauptaufgabe der Kinder Gottes und als Voraussetzung zur Rettung. Bis 1926 wurde diese Auffassung geduldet. Dann aber ist sie nur noch eine *„Täuschung Satans"*, *„Fallstrick des Teufels"* und *„einer der schlauen Schachzüge des Widersachers"*. Das was die Gesellschaft damals wegwarf, holte sie jedoch zu Beginn der 50er Jahre wieder herbei: Es ist nun doch notwendig, „ein Gott wohlgefälliges Lebensmuster zu prägen". – Als zu Beginn der Rutherford-Ära die Felddienst-Tätigkeit von Haus zu Haus angekurbelt wurde, hieß es, die Beteiligten würden *„mit einem doppelten Maß des Geistes"* ausgestattet; 1927 jedoch wurde *„erkannt"*, daß die Kirche Christi überhaupt noch nicht den Heiligen Geist empfangen habe. Heute dagegen sollen nach ihrer Lehre die Zeugen wieder den Heiligen Geist haben. – Um 1900 herum glaubte die Wachtturm-Gesellschaft, daß die Gemeinde Jesu Christi unter dem Neuen Bunde mit Gott steht. 1916 wurde gelehrt, der Neue Bund sei noch gar nicht in Kraft. Heute schreibt man wieder: Die Gemeinde steht unter dem Neuen Bund (natürlich beschränkt auf die 144 000 „Leibesglieder" im Gegensatz zum Gros der Zeugen Jehovas irdischer Hoffnung). – Der heidnische König Nebukadnezar war bis 1930 ein Sinnbild Satans. 1936 stellte er Gott dar. Und mittlerweile schattet sein Schicksal wieder das des Teufels vor[49]. Von einer langsam, aber stetig zunehmenden Erkenntnis keine Spur! Statt dessen nur ein unstetes und unsicheres Hin- und Herpendeln!

Die angeführten Beispiele werden noch vermehrt durch ein weiteres, das für die Zeugen Jehovas ebenso aktuell wie aufschlußreich ist: Es handelt sich um die Wachtturm-Auslegung von Römer 13, 1 f. Die Geschichte dieser Auslegung verläuft in drei Akten:

1. Von 1879 (dem Jahr der ersten Watch-Tower-Ausgabe) bis 1929 schrieb die Wachtturm-Gesellschaft: Die Regierungen sind von Gott. Der Schriftbeweis steht in Römer 13. Mit den erwähnten „Obrigkeiten" sind die Regierungen gemeint. Wir lesen: *„Christen sollten ihnen doch gebührende Achtung und schuldigen Gehorsam leisten, weil Gott ihnen zu herrschen erlaubt hat; wie Paulus lehrt: Jede Seele unterwerfe sich den obrigkeitlichen Gewalten, denn es ist keine Obrigkeit außer von Gott . . . Römer 13, 1"*[50].

2. Dann aber kam 1929 die neue, umwälzende, alles überragende „Erkenntnis": Die Regierungen sind nicht von Gott, sondern vom Teufel! Römer 13 ist bisher falsch ausgelegt worden. Mit den erwähnten „Obrigkeiten" sind Jehova, Jesus Christus und die führenden Männer in der Organisation Jehovas gemeint. Fortan konnte man in der Wachtturm-Literatur lesen: *„Gangster in Amt und Würden. – Überzeugender Beweis dafür, daß Politiker nicht die von Gott verordneten obrigkeitlichen Gewalten sind"*[51].

Oder: *„Ist es nicht klar, daß die Worte des Apostels Paulus ganz entschieden verkehrt ausgelegt worden sind, wenn man sie auf die Regierungen dieser Welt anwandte? . . . Ist es nicht vernünftiger, anzunehmen, daß Gott seine Worte ausschließlich an jene obrigkeitlichen Gewalten richtet, die in der Organisation Gottes bestehen . . . und nicht an die Gewalten in der Organisation Satans?"*[52]

Von nun an wurde die ursprüngliche Auslegung verdammt, ja als „Bibelverdrehung" eingestuft und für die babylonische Gefangenschaft früherer Jahrzehnte der Bibelforschergeschichte verantwortlich gemacht: *„Während des Ersten Weltkrieges kamen jene geistlichen Israeliten unter die Gewalt der babylonischen politischen Systeme ... großenteils wegen der immer noch herrschenden religiösen Ansicht, daß die politischen Behörden der sichtbaren Organisation Satans* [*!*] *die obrigkeitlichen Gewalten seien, denen alle Christenseelen, wie in Römer 13, 1 befohlen, untertan sein sollten. Durch solche Bibelverdrehung vermochte die gewalthabende Religionshierarchie als geistlicher Berater der politischen Mächte zu handeln ...“*[53].

Nun war die einst „herrschende religiöse Ansicht“ überholt, die Zeugen Jehovas von dieser „Bibelverdrehung“ frei, wonach die Regierungen nach Römer 13 von Gott verordnet sind. Wie wurde diese „geistliche Befreiung“ gerühmt! Der Herr begann, *„ihren Augen allmählich die Wahrheit zu erschließen. Im Jahre 1929 brach das helle Licht hervor. In jenem Jahre veröffentlichte der Wachtturm die biblische Erklärung über Römer 13. Er zeigte, daß nicht weltliche Herrscher, ... sondern Jehova Gott und Christus Jesus die obrigkeitlichen Gewalten sind“*, sowie diejenigen, *„die in Gottes Organisation als Diener tätig sind ... Diese Enthüllung einer ungemein wichtigen Wahrheit machte den Geist des Volkes Gottes frei wie nie zuvor“*[54]. Das war noch die offizielle Lehre der Wachtturm-Gesellschaft und der Glaube der Zeugen Jehovas zu der Zeit, als die erste Auflage dieses Aufklärungsbuches im Jahre 1961 erschien. Darum wurde an Hand von Römer 13 die Unhaltbarkeit dieser Lehre in aller Kürze darin (wie vorher in verschiedenen Aufsätzen des Verfassers) nachgewiesen[55].

3. Dann kam das Jahr 1962. Die Wachtturm-Gesellschaft proklamiert abermals „helleres Licht“, vorsichtigerweise zunächst durch ihre Beauftragten auf den international durchgeführten „rollenden“ Bezirksversammlungen. Dann 1963 auch schriftlich im „Wachtturm“. Die Zeugen konnten sich nur vor Erstaunen die Augen reiben! Haben sie denn immer geträumt? Haben sie nicht bis vor den Schranken der Gerichte im Dritten Reich die These vertreten: Die Regierungen sind vom Teufel, die „Obrigkeit“ in Römer 13 ist Gott selbst und der Herr Jesus Christus sowie seine sichtbaren Vertreter in der Organisation der Zeugen? Viele haben ihr Leben gelassen für ihr standhaftes Festhalten an dieser Wachtturm-Lehre und den sich daraus ergebenden Konsequenzen. Und jetzt verkündigen die Wachtturm-Führer das Gegenteil von dem, was sie dreiunddreißig Jahre als „helles Licht von Jehova“ propagiert haben? Und was sagt man den beunruhigt Fragenden? „Brüder, das Licht wird immer heller!“

Aber jeder ehrliche Zeuge weiß genau, daß gerade die von 1929 bis 1962 vertretene Ansicht als „helles Licht“ gefeiert wurde, als „eine ungemein wichtige Wahrheit“, die den Geist des Volkes Gottes frei gemacht habe „wie nie zuvor“. Und nun sagt man von dem Gegenteil, es sei „Licht von Jehova“. Nun heißt es: *Die Regierungen sind von Gott* (zugelassen). *Der Schriftbeweis steht in Römer 13. Mit den erwähnten „Obrigkeiten“*

sind die Regierungen gemeint! (W. T. vom 1. 1./15. 1. und 1. 2. 1963.) Nun also doch!

Allein, wo bleibt die zunehmende Klarheit? Inwiefern ist diese Erkenntnis „neues Licht"? Ist sie doch überhaupt nicht neu, sondern uralt. Die Wachtturm-Gesellschaft ist nur zu der vor 1929 „herrschenden religiösen Ansicht" zurückgekehrt, die sie selbst für die „babylonische Gefangenschaft" der „Bibelforscher" früherer Jahrzehnte verantwortlich gemacht hat und als „Bibelverdrehung" abtat. Dadurch kommt jeder denkende Zeuge Jehovas in eine fast hoffnungslose Verwirrung: Ist diese neue, in Wahrheit also uralte Auslegung von Römer 13 richtig, dann war zwangsläufig die andere Deutung, die man seit 1929 als „helles Licht von Jehova" gepriesen hat, ein Irrlicht! Dann hat man dreiunddreißig Jahre lang Finsternis für Licht gehalten! Irrlicht von Jehova? Finsternis – als „Licht" verstellt – von Jehova? Das ist wirklich undenkbar, denn „Gott ist Licht und keine Finsternis ist in ihm" (1. Joh. 1, 5). Wer hat dann aber die Wachtturm-Gesellschaft von 1929–1962 irregeführt? – Ist dagegen die alte Auslegung die richtige, dann muß – gemäß den Worten der damaligen Ausleger – die jetzige Deutung ein furchtbarer Rückfall sein in die „Bibelverdrehung", in die geistliche Versklavung der „herrschenden religiösen Ansicht" und mithin in die „babylonische Gefangenschaft". Denn es trifft ja zu, was der Wachtturm vom 1. Februar 1963 schreibt: *„Die Geistlichen der Christenheit haben immer gelehrt, daß die Obrigkeit in Römer 13, 1 die politischen Regierungen dieser Welt seien"* (W. T. vom 1. 2. 1963, Seite 70).

Aufrichtige Zeugen stehen zweifellos gewissensmäßig in der Zwickmühle. Sie fragen sich, wann die Wachtturm-Gesellschaft nun verführt wurde, 1929 oder 1962? Wenn die eine Erkenntnis über Römer 13 Licht ist, kann die andere nur furchtbare Finsternis sein. Sie fragen sich, welcher Lügengeist das üble Wechselbalgspiel mit der Gesellschaft getrieben hat, daß sie Licht für Finsternis und Finsternis für Licht halten konnte.

Nach allen Erfahrungen mit der Strategie der Wachtturm-Gesellschaft ist es da nicht mehr verwunderlich, daß sie zu den Mitteln der Ablenkung und der Verschleierung greift, um die Fragen der Nachdenklichen zum Schweigen zu bringen: Heute möchte sie den Eindruck erwecken, als sei die protestantische Christenheit in bezug auf Römer 13 in der Zwickmühle. Man lese und staune: *„Paulus . . . drückte sich bestimmt deutlich aus (Ich meine auch! Man braucht nicht dreiunddreißig Jahre, um dahinterzusteigen, was der Apostel meint (Der Verfasser), und sie (die Christen in Rom) verstanden, was er ihnen schrieb. Doch heute, 1900 Jahre später, ist der Sinn der Worte . . . umstritten, was der religiöse Streit, der vor einiger Zeit im geteilten Deutschland geführt wurde, . . . gezeigt hat" (W. T. vom 15. 1. 1963, Seite 38). Und weiter: „Wir befinden uns daher nicht in einer Zwickmühle wie die Protestanten im kommunistischen Ostdeutschland" (W. T. vom 1. 2. 1963, Seite 82).*

Es sei dem vernünftigen Urteil der Ehrlichen unter den Zeugen Jehovas überlassen, zu entscheiden, wer sich in der Frage der Auslegung von Römer 13 „in der Zwickmühle“ befindet. – Bemerkenswert ist jedoch noch folgendes: In den Wachtturm-Ausgaben vom 1. 1., 15. 1. und 1. 2. 1963, in denen die Rückkehr zur ursprünglichen Auslegung von Römer 13 vollzogen wird, finden wir kein einziges Wort der Reue oder des Bedauerns über seine bisherige, dreiunddreißig Jahre lang als helle Wahrheit ausgegebene Irrlehre. Statt dessen verweist der Wachtturm-Schreiber auf frühere Wachtturm-Ausgaben aus der Zeit vor 1929 und auf zwei Schriftstudienbände Russells. Soll damit nicht der Eindruck erweckt werden, daß die Wachtturm-Gesellschaft schon seit eh und je so gedacht hat, wie sie es 1963 sagt? Ist das nicht im Ansatz wieder die gleiche Verschleierung, wie sie schon oft von dieser Gesellschaft praktiziert wurde?

Heute ist es offenbar nicht mehr opportun, unter Verdrehung von Römer 13 den Staat zu verteufeln. Aber gerade das schien den Machthabern in Brooklyn 1929 erforderlich. Damals brauchte man eine krasse Schwarz-Weiß-Malerei: hier Organisation Jehovas, dort Organisation Satans. Rutherfords „theokratische Organisation“ suchte darüber hinaus Bibelworte zum Erweis ihrer Existenzberechtigung und ihrer hohen Würde, die sie beanspruchte. Nach der damaligen Auslegung kam ihr die Stellung von „obrigkeitlichen Gewalten“ zu, von „Regenten“, die ein Schrecken sind für das böse, aber ein Belohner für das gute Werk. Die Führer der „Neuen-Welt-Gesellschaft“ brauchten den gestohlenen Purpurmantel der Obrigkeit, um sich selbst damit zu schmücken. Im „Wachtturm“ vom 15. 8. 1952 heißt es bezeichnenderweise: *„Diesen theokratischen höheren Obrigkeiten ist große Macht zu Strafsanktionen anvertraut. Sie haben die Macht, das Gericht an allen Gegnern zu vollziehen.* (Dann folgt der Text Röm. 13, 2–4, und darauf die Drohung:) *Wahrlich, als Untergeordneter unter Gottes theokratische Organisation gebracht zu werden, bedeutet ein äußerst ernstes Verhältnis. Nie darf vergessen werden, daß Übeltun, grobe Untreue und Widerstand gegen Gottes theokratische Regierungsobrigkeiten furchtbare Folgen nach sich ziehen“* (S. 253).

Es gab Zeiten, da wurden alle möglichen und unmöglichen Bibelstellen auf die Wachtturm-Gesellschaft und ihre Werke bezogen. Um nur einige Beispiele zu nennen:

Wer ist der in Offenbarung 14, 18 erwähnte Engel? Antwort: *„Sicherlich . . . die Wachtturm-Bibel- und Traktatgesellschaft“* (W. T. 1917, Seite 198).

Wer ist der in Hesekiel 9, 1. 2 genannte, in Linnen gekleidete Mann? Antwort: *„Pastor Russell“* (Band 7 der „Schriftstudien“, Seite 570).

Und die „lauten Donner“ nach Offenbarung 14, 2? Antwort: *„Sieben Donner, die sieben Bände der Schriftstudien“* (Band 7, Seite 289).

Welches sind die „Plagen“ von Offenbarung 22, 18? Antwort: *„. . . die sieben Bände der Schriftstudien zu lesen . . .“* (Band 7, Seite 451).

Leider gehört diese alte Neigung der Wachtturm-Gesellschaft, Bibelworte auf ihre Organisation und deren Werk zu beziehen, nicht nur der Vergangenheit an. Im „Wachtturm" vom 15. 3. 1975, Seite 185, Abs. 12, kann man lesen, daß „der gesalbte Überrest in den Jahren 1922 bis 1928 u. Z. mit dem Ausgießen der ‚sieben letzten Plagen' begann", von denen die Offenbarung des Johannes spricht. Und im „Wachtturm" vom 15. 10. 1979 wird die in Offenbarung 9, 7–10 angekündigte Heuschreckenplage wie folgt gedeutet: *„Die tatkräftige Zeugnistätigkeit (der „Bibelforscher") von Haus zu Haus, die in den 20er und 30er Jahren in der Christenheit durchgeführt wurde, war mit einer Heuschreckenplage zu vergleichen. In Offenbarung 9, 7–10 lesen wir: ‚Die Gestalten der Heuschrecken glichen zur Schlacht gerüsteten Pferden ... und das Geräusch ihrer Flügel war wie das Geräusch von Wagen vieler Pferde, die in die Schlacht laufen. Auch haben sie Schwänze und Stacheln wie Skorpione.' Ein ‚mächtiges' Heer eifriger Zeugen schwärmte durch die Städte der Christenheit und stellte Irrlehren und heuchlerische religiöse Bräuche bloß ..."*

Diese Heuschrecken auf Evangeliumsverkündiger zu deuten, ist schon eine Zumutung; völlig unmöglich aber wird es, wenn man drei Aussagen dieses Textes mitberücksichtigt. 1. Sie kommen aus dem Qualm, der dem „Abgrund" entsteigt (V. 2–3). 2. Sie *quälen* die Menschen und *schaden* ihnen (V. 5 und 10). 3. Sie unterstehen dem „Engel des Abgrunds, dessen Name auf hebräisch Abadon, auf griechisch Apollyon ist" (V. 11). Damit soll nach der Z. J.-Lehre Christus gemeint sein. Doch wo wurde jemals in der Bibel *Christus* als „Engel des Abgrunds" bezeichnet und mit dem Apollyon der heidnischen Griechen identifiziert? (Der hebräische Name Abaddon heißt übrigens „Verderber"!). Und wo jemals sind Evangeliumsverkündiger dazu bestimmt, Menschen zu quälen und zu schaden? Ich kann mir nicht denken, daß schriftgegründete Z. J. bereit sind, ihr Werk so anzusehen.

Die genannten Beispiele zeigen, wie die Wachtturm-Gesellschaft seit Jahrzehnten bemüht ist, mit allen Mitteln – einschließlich dieser fragwürdigen Bibel-*Ein*legung – den Beweis für ihre „göttliche" Sendung und Heilsnotwendigkeit zu erbringen. Und doch kann alles noch so krampfhafte Bemühen in dieser Richtung nichts an der Tatsache ändern, daß die Wachtturm Bibel- und Traktat-Gesellschaft nichts ist als eine Gesellschaft zur Verbreitung religiöser Literatur, also eine bloße Verlagsorganisation. Ihr erster Präsident, C. T. Russell, der sie zur Verbreitung seiner Bücher gegründet hatte, machte daraus nie ein Hehl. In allen alten Bänden seiner „Schriftstudien" findet der Leser daher auf einer der letzten Seiten den Hinweis:

„WACHTTURM BIBEL- und TRAKTAT-GESELLSCHAFT.
Das ist der Name einer Geschäftsfirma, die sich mit der Herausgabe von wichtigen religiösen Büchern und Zeitschriften befaßt."

Das war ehrlich. Nach dem Tode Russells aber machte man aus dieser

Geschäftsfirma einen „Mitteilungs- und Verbindungskanal" zwischen Gott und Menschen mit heilsentscheidender Bedeutung. Und der Erfolg blieb nicht aus: Heute arbeiten für sie in aller Welt mehrere Millionen ehrenamtliche Zeitschriften- und Bücherverkäufer von Haus zu Haus – oft unter schwierigsten Bedingungen und schlechten sozialen Verhältnissen – im guten Glauben, damit Gott zu dienen.

Das „Einsammlungswerk" unter allen Nationen

In der Geschichte der Z. J. zeigt sich eine eigenartige Entwicklung: Ihr Gründer, C. T. Russell, hatte das Wirken des Geistes Christi am „inwendigen Menschen" betont; sein Nachfolger, „Richter" Rutherford, drängte auf das Wirken nach *außen*. Was in seinen Augen einer erfolgreichen Werbung im Wege stand, mußte weichen. Mehr und mehr trat daher in der Verkündigung der „Bibelforscher" an die Stelle der Kreuzesbotschaft mit der himmlischen Berufung das 1914-„Evangelium" mit der irdischen Zukunftshoffnung. Die Wachtturm-Gesellschaft konnte von nun an nicht mehr den auf seine „Charakterentwicklung" bedachten „Bibelforscher" gebrauchen, sondern nur noch den leistungsfähigen, absolut gehorsamen Bücher- und Zeitschriftenverbreiter. Die Organisation sollte nicht mehr eine Gemeinschaft der „einsamen Heiligen", sondern eine rührige Gesellschaft von Propagandisten der neuen Lehre sein. Dies neue Selbstverständnis machte auch eine Namensänderung notwendig: Auf dem Kongreß von Columbus (Ohio) im Jahre 1931 nahmen daher die gehorsamen Anhänger der Wachtturm-Bewegung, die sich bisher „Bibelforscher" genannt hatten, einen neuen Namen an: „Jehovas Zeugen".

Unterdessen wurden die Zügel der Organisation straffer angezogen. Gleichzeitig nahm die Selbstverabsolutierung krassere Formen an, verbunden mit einer rigorosen Verdammung aller Andersdenkenden. Ein Höhepunkt dieser Entwicklung zum autoritären und totalitären Prinzip sowie zur Schaffung einer endzeitlichen Heilsanstalt, war das Jahr 1938. Damals wurde von allen Versammlungen der Zeugen Jehovas eine Resolution angenommen, in der festgestellt wurde, „daß die Gesellschaft der sichtbare Vertreter des Herrn auf Erden" sei und daher alle Vollmacht besitze zur zentralisierten Führung und Beaufsichtigung des „Werkes" in allen Ländern. Der Weg zur Diktatur unter dem frommen Mantel der „Theokratie" war geöffnet. Als am 8. Januar 1942 „Richter" Rutherford starb, und sein Nachfolger Nathan Homer Knorr zum neuen Präsidenten der Wachtturm-Gesellschaft gewählt wurde, brauchte er nur noch an eine Verbesserung und Ausdehnung des erdenweiten Propagandawerkes zu denken. War Russell der Mann der „Charakterentwicklung", Rutherford der Organisator der straffen, heilsvermittelnden „theokratischen Ordnung", so dürfen wohl Knorr und dessen Nachfolger Frederick W. Franz bezeichnet werden als die Initiatoren der internationalen Ausdehnung und des zahlenmäßigen Wachstums.

Folgender Überblick möge zeigen, wie infolge der genannten Faktoren das Propagandawerk der Zeugen aus kleinsten Anfängen zu internationaler Bedeutung aufgestiegen ist, und wie besonders unter dem Präsidenten Knorr die Zahlen in die Höhe schnellten, so daß manche die Wachtturm-Bewegung als die „am schnellsten wachsende Religion" bezeichnet haben.

In den Jahren 1874 bis 1892 waren nur etwa 400 Personen mit der Wachtturm-Gesellschaft verbunden. Bis 1930 waren es schon 23988. 1947 predigten in 86 Ländern 207552 Zeugen 43842305 Stunden; 1977 predigten in 216 Ländern 2223538 Zeugen 321424305 Stunden. Im letzten mir vorliegenden Jahresbericht von 1986 verzeichneten Jehovas Zeugen eine Höchstzahl von 3229022 Verkündigern in 208 Ländern, die insgesamt 680837042 Stunden im „Felddienst" verbrachten. Eine vorübergehende Stagnation scheint überwunden zu sein. Der Wachtturm vom 15. 12. 1986, Seite 20, räumt ein: „Wahrscheinlich hat die Existenz einer kleinen Zahl von Abgefallenen dazu beigetragen, daß Jehovas Werk in der zweiten Hälfte der 70er Jahre gebremst wurde – die durchschnittliche jährliche Mehrung... sank unter 1 Prozent." Daß dafür auch die Panne von 1975 verantwortlich sein könnte, wird geflissentlich verschwiegen.

Nun jedenfalls haben die damals irritierten Streiter wieder Tritt gefaßt: Das Räderwerk der „theokratischen Organisation" und ihres weltweiten Predigtwerkes läuft auf Hochtouren und bringt Erfolg. Aber nicht jeder Erfolg ist auch eine geistliche Frucht.

Bleibt doch die betrübliche Tatsache bestehen, daß hier nicht an der Gemeinde Jesu gebaut wird, sondern an einer menschlichen Organisation, die ihren Gliedern keinen Zugang gewährt zum vollen, in Christus uns geschenkten Heil. Das wurde an anderer Stelle bereits gezeigt. Offenkundig wird es beim Abendmahl, das die Z. J. weltweit einmal jährlich – nach dem jüdischen Kalender am 14. Nisan! – als „Gedächtnismahl" feierlich begehen. *Anwesend* waren im Jahr 1986 bei ihren Gedächtnismahl-Feiern in aller Welt 8160597 Personen. Unter ihnen waren jedoch nur 8927 Männer und Frauen, die wirklich Brot und Wein genießen durften, weil sie zum „Überrest" der 144000 zählen. Alle anderen reichen das Brot und den Wein nur weiter, um damit auszudrükken, daß sie nicht zur Gemeinde Jesu gehören, nicht gerecht geworden sind durch den Glauben und somit nicht durch Christus erneuerte Menschen sind.

Und sie sind es, die wiederum hinausgehen sollen in die Welt, um weitere Hunderttausende in diese Stellung zu bringen, eine Stellung außerhalb des göttlichen Gnadenreichtums für die Gemeinde dieses Zeitalters. So erweist sich diese Organisation als ein Mittel, Menschen zu hindern, das Heil zu ergreifen, das Gott schenkt.

VI. Missionsarbeit unter den Zeugen Jehovas

Wie der „Bruderdienst“ entstand

Pfingsten 1958. Einige hundert ehemalige Zeugen und solche, die vor Jahrzehnten einmal zur „Internationalen Vereinigung ernster Bibelforscher“ gehörten, treffen sich in einer kleinen Stadt im Westfälischen. Sie haben bei aller Verschiedenheit eines gemeinsam: Sie sind Entronnene. Jeder von ihnen hat seine eigene Befreiungs- und Bekehrungsgeschichte. Und ich stehe unter dem Eindruck, daß viele in ihren Reihen geistliche Persönlichkeiten sind, die mit ganzem Ernst dem Herrn Jesus nachfolgen möchten. Oft gingen sie den Weg innerer und äußerer Einsamkeit. Sind sie doch als Ketzer und Verräter, als Abtrünnige und „böse Knechte“ verschrien, die von der „Mutter“-Organisation und ihren zahlreicheren linientreuen Anhängern nur mit Verachtung genannt werden. So wurden sie meistens stille Dulder, die bewußt abseits vom Gedränge der großen Welt, abseits auch von der Wohlgeborgenheit christlicher Kirchen bleiben wollten. Der Herr allein sollte ihre Geborgenheit sein. Mein Eindruck von diesem Kreis ist sogleich: Hier ist keine billige Dutzendware. Hier sind Originale, eigengeprägte, manchmal vielleicht auch aus der Schau anderer gesehen, etwas eigenwillige, aber doch tiefgläubige Menschen.

An diesem Pfingstsonntag sitze auch ich in einem solchen Grüppchen. Zwar auch als ein Entronnener, aber als Neuling. Und, wie ich selbst meine, eigentlich noch viel zu jung in dieser Gemeinschaft älterer, zum Teil hochbetagter Christen.

Im Verlauf des Gesprächs berichte ich zögernd, wie ich von den Zeugen Jehovas zum lebendigen Glauben an Jesus Christus gekommen bin, erzähle von jenem langen und schweren, quälenden Gewissenskonflikt, der schließlich mit meinem völligen Bruch mit der Wachtturm-Religion und dem anschließenden Gemeinschaftsentzug endete. Und dann trage ich den gespannt lauschenden Brüdern mein Anliegen vor: „Ich bin hierher gekommen, um zu erfahren, was von euch getan wird, um den noch Gebundenen zu helfen. Ich habe diese Menschen lieb. Und vor allem: Der Herr Jesus hat sie lieb. Wie sollte ich da, nachdem er mich in seiner Liebe befreit hat, es länger mitansehen können, wie sie im guten Glauben, Gott zu dienen, sich irreführen lassen und andere irreführen? Wir sind diesen armen betrogenen Menschen das Evangelium von Jesus Christus schuldig!“ Die Brüder nicken zustimmend, schränken ihre Zustimmung aber bald wieder ein: „Wir haben vor Jahren einmal eine Abhandlung vervielfältigt und verbreitet, in der die Hauptirrtümer der Wachtturm-Bewegung aufgezeigt und dem biblischen Zeugnis gegenübergestellt wurden. Nun aber haben wir uns ganz umgestellt. Wir bekennen in Wort und Schrift unseren biblischen Glauben, ohne auf die Irrlehren anderer einzugehen. Wird doch der Irrtum durch die bloße Verkündigung der Wahrheit schon genügend beleuchtet."

Zeugen Jehovas bekehren zu wollen, meint ein anderer, sei doch ein Kampf gegen Windmühlenflügel, und dann erzählt er mir lächelnd die Geschichte von dem König, der das Meer peitschen lassen wollte. Nur einige wenige verstehen zu diesem Zeitpunkt mein Anliegen, Mitbeter und Mitarbeiter für eine Missionsarbeit an den Zeugen zu gewinnen. Die meisten unter ihnen sind in den vielen Jahren des Kampfes müde geworden.

Da tritt plötzlich ein junger Mann ins Zimmer. Groß, markig, kerzengerade und unkompliziert in Haltung und Wesen. Ich schätze ihn höchstens auf fünfunddreißig. Er scheint eine Kämpfernatur zu sein. Im Nu ist er mit im Gespräch: „Arbeit an den Zeugen? Das ist alles schon versucht worden. Kennen wir! Das hat alles keinen Zweck!" Er sagt es mir nicht. Er schleudert's mir entgegen. Ich widerspreche: „Wer sagt, daß es keinen Zweck hat? Aus eigener Erfahrung weiß ich, daß es Zweck hat. Und wenn ich's auch ohne sichtbaren Erfolg tun sollte, so möchte ich dennoch keine Mühe scheuen, diesen Menschen die fröhliche Nachricht von der Erlösung durch Christus zu bringen."

Das Wort Erfahrung macht ihn anscheinend stutzig. „Welche Erfahrung hast du denn gemacht?" will er wissen. (Bei uns geht's sogleich per du.) Und ich beginne, ihm aus der Zeit meiner eigenen Befreiung aus dem Wachtturm-System zu erzählen: Damals, als ich zwar innerlich schon mit der „Gesellschaft" gebrochen hatte, aber äußerlich noch zu ihr gehörte, so daß den Zeugen noch mit mir zu reden gestattet war, durfte ich durch die gnädige Überwaltung des Herrn mehr als einem Dutzend Zeugen Jehovas den Weg zur Wahrheit der Schrift und zur Freiheit der Kinder Gottes zeigen. Es „hatte Zweck", mit ihnen zu reden, wenn auch nicht mit allen ein fruchtbares Gespräch möglich war.

„Sicherlich konntest du nur mit denen sprechen, die ohnehin unzufrieden waren", meint mein Gegenüber. Ganz im Gegenteil! Es waren damals gerade sogenannte Starke der Ortsversammlung Heide (Holstein), die sich von der Wachtturm-Gesellschaft trennten. Da war zum Beispiel die Schwester Marta Krüger. Von ihr hatte ich 1948, zwei Jahre bevor ich in engere Gemeinschaft mit den Zeugen trat, einen „Wachtturm" gekauft. Das war in Heide auf der Straße. Sie war sehr eifrig und galt als fanatisch. Von ihr stammt die Parole: „Ich will auch dann noch Jehova dienen, wenn ich kein ewiges Leben dafür bekomme." (Das sagte sie, weil sie in ihrer Jugend einmal Russells Bücher gelesen, später aber keinen Kontakt zu den „Bibelforschern" gepflegt hatte. Und diese Unterlassung nahm sie so ernst.) Kein Wunder, daß sie in den Tagen, da ich anfing, unabhängige Versammlungen für Zeugen und Ehemalige zu veranstalten, zu einem ins Wanken gekommenen Zeugen äußerte: „Wenn du in Twisselmanns Versammlung gehst, kündige ich dir die Freundschaft!" Dann aber ging sie eines Tages selbst mit in unsere Versammlung der „Ketzer". Es gab ein dreistündiges Gespräch. Wir stellten gegenüber: Das sagt der „Wachtturm" . . . Das sagt die Bibel . . . Und am anderen Morgen ging Marta zu „ihrem" Zeitschriften-Gebietsdiener und kündigte ihre vierzig (oder waren's gar siebzig?) Verbreiterexemplare von „Wachtturm" und „Erwachet", die sie sonst monatlich unter die Leute brachte. Bald wurde sie ein fröhliches Gotteskind und treues Glied der Gemeinde Jesu in Heide.

Mein Gesprächspartner horcht auf. „Das ist ja interessant", meint er, „hast du denn schon etwas geschrieben für die geplante Schriftenmission an den Zeugen? Zeig doch mal!"

Also erzähle ich weiter: Zuerst haben meine Mitverbundenen und ich uns eine Schreibmaschine zugelegt und vervielfältigte „Zeugnis-Blätter" an die Zeugen verteilt und versandt. Aber so erreichten wir zu wenig Leute. Darum entschlossen wir uns, etwas drucken zu lassen. Doch mir fehlte die Zeit, ein Manuskript zu schreiben. Denn ich bin selbständig und kann mir keinen Achtstundentag erlauben. So blieb es bei der guten Absicht, ohne daß Aussicht auf Verwirklichung bestand. Bis eines Tages eine überraschende Wendung eintrat. Ich erlitt einen Betriebsunfall, der mich für ein Vierteljahr arbeitsunfähig machte. Sonst könnte ich jetzt auch gar nicht hier sein. Nun aber hatte ich Zeit. Der Herr hatte mir Zeit verschafft. Und in diesen ersten Wochen meines „Zwangsurlaubs", der mir mehr und mehr wie ein Gnadenurlaub erschien, schrieb ich den größten Teil eines Manuskripts.

Der andere, der, während ich erzähle, gespannt zuhört, erbittet es zur Einsicht. Noch ist er kritisch. Doch als er acht Tage danach es mir mit der Post zurückschickt, schreibt er dazu: „Jetzt bin ich voller Begeisterung für dies Verkündigungswerk, das begonnen werden muß, und ich will selbst mitarbeiten." Er und andere ehemalige Opfer des Wachtturm-Systems erklärten sich bereit, zu den hohen Druckkosten und weiteren Ausgaben, die eine Schriftenmission mit sich bringt, beizutragen. So wurde die Herausgabe einer ersten Aufklärungsschrift ermöglicht: „Sind die Bibel und deine Kirche in Übereinstimmung?" (Der Titel greift eine Frage des „Wachtturms" an Kirchenglieder auf, die dann auf die Zeugen Jehovas angewandt wird.) Der Anfang war gemacht!

Name und Zielsetzung

Wir nannten diese Arbeit von Anfang an „Bruderdienst". Damit soll zum Ausdruck kommen, daß wir den Brüdern dienen und helfen wollen. Wenn wir uns mit Lehren und Praktiken der Z. J. kritisch auseinandersetzen, so geschieht es also nicht aus Gründen der Rechthaberei oder der Bekämpfung Andersdenkender, sondern es steht ganz im Dienst dieses seelsorgerlichen Anliegens.

Der „Bruderdienst" will keine neue Glaubensgemeinschaft sein oder werden (es gibt ohnehin Zersplitterung genug!), sondern als Beratungsstelle und Schriftenmissionswerk dem einzelnen dienen und ihn mit anderen Gläubigen zusammenführen – etwa in Hausbibelkreisen. Glaubensmitte ist das Evangelium von Jesus Christus, wie es die Bibel bezeugt. Der „Bruderdienst" ist konfessionell nicht gebunden und stellt es daher Mitarbeitern und Freunden frei, sich einer christlichen Gemeinde anzuschließen. Welche das von Fall zu Fall sein wird, hängt von den örtlichen Gegebenheiten ab sowie von der persönlichen Führung Gottes und der Gewissensentscheidung des einzelnen. Beiden haben wir nicht vorzugreifen. Wir bekennen uns ausdrücklich zur Toleranz, denn wir glauben, daß Gott jeden Christen besonders führt. Unter der Leitung seines Geistes ist Raum für Originalität und große Freiheit (2. Kor. 3, 17).

Als wir den „Bruderdienst" gründeten, hegten wir keine großen Erwartungen. „Wenn nur ein einziger Irregeführter den Weg zu Jesus und damit zum ewigen Leben findet, so wollen wir Gott schon dankbar sein für diese Frucht." So sagten wir damals. Und wie froh waren wir, als dann eines Tages das erste erfreuliche Echo eintraf:

„. . . Herzlichen Dank für Euer Schriftchen . . . für Eure weitere Hilfe! Bitte steht mir auch weiterhin bei! Es ist eine schwere Geduldsarbeit, ja ein Sieg des Herrn, wenn ein Zeuge Jehovas zurück zu Christus geführt wird. Auch ein Demütigungsweg . . . Für mich ist es ein besonderes Gnadengeschenk. Zur rechten Zeit erhalten wir die rechte Hilfe von oben.

G. P."

Zeugen Jehovas entrinnen in die Freiheit

Aber dieser erste sollte nicht der einzige Zeuge bleiben, dem unsere Missionsarbeit einen Wegweiserdienst tun durfte. Unsere Erwartungen wurden weit übertroffen. Der treue Herr hat das in großer Schwachheit begonnene Werk überreich gesegnet. Dank freiwilliger Gaben von befreiten Opfern des Wachtturm-Systems und von Gläubigen aller Kreise konnten wir weitere Schriften veröffentlichen und sie in beiden Teilen Deutschlands, in Österreich und der Schweiz verbreiten. So erhielten ungezählte Wachtturm-Anhänger Zeugnis von der biblischen Wahrheit, mußten sich mit den Schriftbeweisen auseinandersetzen und hörten und lasen von Jesus, der sie, die Mühseligen und Beladenen, zu sich ruft. Gewiß, manche wurden nur noch fanatischer im Kampf für ihre menschliche Organisation und in ihrem Eifer gegen unsere Missionsarbeit, bezeichneten diese als „Hetzarbeit" und den Versand des Schrifttums als „Belästigung". In einem Brief wird uns zusammen mit allen Erzketzern der Wachtturm-Frühzeit, mit Alexandre Freytag und Samuel Lauper u. a. unter Hinweis auf alle irgend verfügbaren Gerichtsworte der Bibel die Verdammnis angedroht.

Aber es gibt auch erfreuliche Berichte. Ehemalige erzählen, daß unser Schrifttum in den Zeugen-Versammlungen heimlich unter dem Tisch von Tasche zu Tasche weitergereicht wird. Selbst „prominente" Wachtturm-Leute besorgten sich von „Ausgestoßenen" (!) die Literatur. So heißt es z. B. in einer Zuschrift:

„Ich hatte dies Buch einer Zeugin zum Lesen gegeben. Diese hatte das Seminar besucht (offenbar die Wachtturm-Bibelschule Gilead in den USA). Sie sagt auch, daß sie es ganz gutheißt, und hat sich ein eigenes besorgt, um es zum Diskutieren zu haben. M. S."

Unter diesen Umständen ist es nicht erstaunlich, wenn es aus Zuschriften von Zeugen Jehovas immer wieder herausklingt, daß sie nur mit Zweifeln und oftmals nur noch formell „dazu" gehören. Was sie bindet, ist zumeist die *Furcht* vor dem Fluchwort der alleinseligmachenden „theokratischen Organisation", die immer wieder mit diktatorischer Härte dreinschlägt, sobald eins ihrer Opfer anfängt, der Bibel mehr zu glauben als der menschlichen Auslegung. Davon weiß ich ja aus eigener Erfahrung. Und das wird auch durch ungezählte Zuschriften von Zeugen Jehovas bestätigt:

„Ich muß gestehen, daß mir die vergangenen Wochen Enttäuschungen von seiten der Wachtturm-Gesellschaft einbrachten, die ich früher nie für möglich gehalten hätte. Was diese Zeit für Aufregung, Gewissensnot, Zweifel und Verzweiflung mit sich brachte, das können nur wirklich die verstehen, die selbst gewagt haben, die ehernen Fesseln der Wachtturm-Gesellschaft zu zerreißen. Doch bei alledem fühlte ich die Kraft von oben, und dem Herrn sei Dank, der mich bis heute wunderbar durch alle Kämpfe hindurchgebracht hat . . . So möchte ich Euch denn mitteilen, daß ich die ‚Neue-Welt-Gesellschaft' verlassen habe und in den nächsten Tagen mit meinem *Gemeinschaftsentzug* rechne. Meine liebe Frau hat . . . denselben Weg durchkämpft. In der hiesigen Versammlung sind bereits mehrere, die den Ernst der Dinge erkannt haben, die nur noch aus *Furcht* (!) oder anderen Gründen davor zurückschrecken, sich ganz dem Herrn hinzugeben und nur auf ihn zu vertrauen. K. F."

Viele Schreiber aus den Reihen der Zeugen bezeichnen die Wachtturm-„Theokratie" unverhohlen als eine Diktatur, als ein Sklaventreiber-System:

„Die Jünger konnten von ihrer Lehre mit voller Überzeugung sagen: ‚Des sind wir Zeugen!', denn sie hatten alles mit ihren Augen gesehen. Was sehen wir (im Hinblick auf die Zeugen-Botschaft von 1914)? – Das einzige, was ich sehe, ist, wie die W. T.-Gesellschaft, die behauptet, eine Theokratie zu sein, mehr und mehr eine *Diktatur* wird. Es ist widersinnig, zu behaupten, Gottesherrschaft könne von Menschen ausgeübt werden. L. S."

„Wir kannten nichts anderes. Vor der Nazizeit hatten wir nichts Gegenteiliges gefunden. Aber als wir uns nach dem Zusammenbruch aufs neue mit der Versammlung zusammenfanden und mit dem sogenannten ‚größeren Licht' und dem *diktatorischen* Gehabe abfinden mußten, da haben wir doch gestutzt ... Vor kurzer Zeit wurde ich auf das Buch ... hingewiesen ... Ich habe es auch schon mit großem Interesse durchgelesen und kann nur sagen, es ist allzu wahr, was Du ... festgestellt hast. M. S."

„Ich ließ mir das (Buch) natürlich sofort schicken und noch andere Schriften. Erst ging ich zwar etwas skeptisch ans Lesen, denn ich vermutete eine nichtssagende Hetzschrift. Aber wie angenehm wurde ich enttäuscht! Mir fiel es wie Schuppen von den Augen und eine Zentnerlast vom Herzen, denn endlich hatte ich nun unwiderlegbare Beweise in der Hand, daß dies ... Sklavensystem, gegen das ich mich innerlich und instinktiv schon jahrelang auflehnte, nichts ... mit Jehova und Jesus zu tun hat. Ich wurde mit einem Schlag ... frei und froh und innerlich zufrieden ... T. T."

Immer wieder bezeugen ins Fragen gekommene Wachtturm-Schüler und Freigewordene, daß sie bei Jehovas Zeugen nicht zum Frieden und somit auch nicht zur Zufriedenheit gelangen konnten. Hier ein Beispiel:

„Durch Zufall oder Fügung kam Ihre Schrift mir in die Hände ... Ich bin eine getaufte Zeugin Jehovas, aber ich bin innerlich gar nicht befriedigt. Ich sehne mich so nach innerem Frieden ... Bin oft recht unglücklich über meinen seelischen Zustand. L. St."

Wenn bei solch armen betrogenen Menschenseelen unsere Arbeit einsetzt, beginnen in der Regel die Wachtturm-Linientreuen sofort mit einer Gegenaktion. Da es an Schriftbeweisen fehlt, die Aussagen der Bruderdienst-Schriften zu widerlegen, wirft man sich zumeist auf die persönliche Diffamierung der Herausgeber oder des Schreibers und droht mit Gemeinschaftsentzug und „ewiger Vernichtung":

„Ich wurde in Nürnberg beim Kongreß 1955 getauft als ‚Zeuge Jehovas' ... Letzte Woche hat man mich besucht ... Man reagiert schlecht auf diese Fragen der Broschüre ... Bruder E. sagt, ich hätte mich vergiften lassen von dem Gift. Wenn ich so weitermachte, würde ich des Lebens verlustig gehen ... Er hätte vor einem Jahr die gleiche Broschüre erhalten. Er sagte mir, daß dieser Bruder (der Schreiber) Kreisdiener war und wollte Bezirksdiener werden, – wurde es nicht, und deshalb (habe er diese Schrift herausgegeben). Man geht auf keine Fragen ein. A. A."

Oft werden Brüder wegen Besitzes oder Verbreitung des Bruderdienst-Schrifttums vor das Versammlungskomitee zitiert. Ein Zeuge R. N. stellte uns drei solcher Vorladungen, die er von seiner „Behörde" erhielt, zur Verfügung. Davon sei hier eine zitiert:

„Gegen Dich liegt eine Anklage vor, daß Du innerhalb unserer Organisation Spaltung verursachst und die Broschüre ‚Zurück zu Christus' unter den Brüdern verbreitest. Wir bitten Dich, in Deinem Interesse dazu Stellung zu nehmen und am ... im ... bei uns vorzusprechen."

Vier Wochen später hatte er seine Ausschlußbescheinigung in der Hand:

„Wir teilen Ihnen mit, daß wir Ihnen die Gemeinschaft entzogen haben, weil Sie innerhalb unserer Versammlung fortwährend Spaltung verursachen."

Wie sehr bedürfen solche wahrheitsliebenden Zeugen Jehovas unserer Hilfe und unserer Fürbitte! Wie sehnen sie sich nach einem helfenden und glaubensstärkenden Wort des Zuspruchs! Oft kann erst in dieser Lage der Verlassenheit und der Leere das Zeugnis von dem lebendigen Herrn Jesus Christus von ihnen klar erfaßt werden. Nun erkennen sie, daß sie einen Heiland, einen persönlichen Retter brauchen, der ihnen nicht nur ein paar neue Lehren, sondern ein neues Leben schenkt. Wo es zu einer echten Begegnung mit dem lebendigen Herrn kommt, da bricht dann auch die Freude durch. Da kommt es zur Gewißheit des Heils. Da weicht die Angst vor menschlichen Autoritäten wie der Frühnebel unter den Strahlen der aufgegangenen Sonne.

„So sind wir glücklich darüber, daß unsere letzten geistigen Wachtturm-Bastionen in Schutt und Asche zerfallen sind . . . Die Furcht vor dem Fluchwort fehlbarer Menschen ist von mir gewichen wie eine zerplatzte Seifenblase. Wir sind unserem allmächtigen Gott und seinem von ihm über alles geliebten Sohn Jesus Christus so tief von Herzen dankbar . . . (Was uns geschenkt wurde), ist so viel, daß wir wähnen, unser Leben erst jetzt wirklich erhalten zu haben.

E. und G. K."

„Liebe Brüder! Aus übervollem Herzen darf ich Euch so ansprechen . . . Vor allem auch meinen herzlichen Dank . . . Wir sehen, Gottes Wort bleibt in Ewigkeit, wenn es auch viele verfälschen. Liebe Brüder, seit vierzehn Jahren war ich, bis vor kurzem, ein eifriger ‚Zeuge Jehovas'. Meine drei erwachsenen Kinder habe ich auch dazu erzogen . . . Ganz plötzlich sind mir jetzt die Augen aufgetan worden. Gottes Fügungen sind wunderbar! Man sieht, wie Jesus Christus, der Gute Hirte, seine verirrten Schafe selber sucht. G. F."

In einigen Fällen konnten dank der Gnade Gottes ganze Gruppen von Zeugen Jehovas aus dem System der „theokratischen Organisation" ausbrechen. Zwei Brüder aus Landshut geben folgenden Bericht:

„Mein lieber Bruder! Wenn Du diese Zeilen erhältst, bin ich und noch viele andere keine Glieder der . . . ‚Neuen-Welt-Gesellschaft' mehr. Am 7. 8. bzw. 9. 8. sind etwa zehn Personen endlich frei geworden, weil sie zu Christus finden durften." (Unterdessen sind es noch mehr geworden an dem Ort.)

„Im August 1962 würden es vier Jahre sein, die ich zur ‚Neuen-Welt-Gesellschaft' zählen würde. Die Stunden- und Quotenjagd, Aufgaben für die Predigtdienstschule und Dienstversammlung, Buchstudium, öffentliche Vorträge und W. T.-Studium nahmen einen zeitlich, nervlich und geistig so in Anspruch, daß ich mehr und mehr das Gefühl bekam, Marionette der ‚theokratischen Organisation' zu sein und nicht ein Zeuge für den barmherzigen Gott, ein Zeuge, der aus Liebe gedrängt wird. Die Werkgerechtigkeit stach immer klarer für mich hervor. Ich befragte Brüder, warum sie in den Dienst gehen, oder wie sie Harmagedon überleben möchten, wodurch sie Gott ehren möchten usw. Die Einstellung der Brüder war erschreckend . . . Drei Tage kämpften wir um die Erkenntnis, was wohl der rechte Weg für uns künftig wäre. Wir besuchten die Versammlung nicht mehr. Schon nach einigen Tagen kam der Versammlungsdiener, dem ich meine Probleme vortrug. Eine aufregende und dennoch schöne Zeit begann. Denn Bruder auf Bruder kam. Dann schrieb ich an den Bruderdienst, weil sich das Komitee angemeldet hatte . . . Nur ein Bruder vom Komitee erschien. Er hatte nichts mir entgegenzusetzen. Inzwischen hat mich der tägliche Kampf so gestärkt und wohl am meisten das Gebet, daß ich nun furchtlos einem Ausschluß entgegensehe und auch furchtlos für die biblische Wahrheit einstehe. Für einen Arbeitskollegen war diese Botschaft vom Kreuz so klar, daß er um laufende Besuche bat und selbst schon so gut wie möglich Zeugnis gibt. K. R. und F. L."

Wieviel Kraft von oben brauchen solche Brüder und Schwestern, um sich angesichts aller Gerichts- und Vernichtungsdrohungen auf den Boden von Römer 8, 31 ff. zu stellen: „Ist *Gott* für uns, wer mag wider uns sein? Welcher auch seines eigenen Sohnes nicht hat verschont, sondern hat ihn für uns alle dahingegeben. Wie sollte er uns mit ihm nicht alles schenken? Wer will die Auserwählten Gottes beschuldigen? Gott ist hier, der da gerecht macht. Wer will verdammen? . . ."! Darum ist es jedesmal ein Sieg Gottes durch seinen Heiligen Geist, wenn ein Zeuge Jehovas unterm Kreuz Christi Zuflucht nimmt, alle „Verdienste" fahren läßt, allen Drohungen gegenüber nur den Glauben an die sündentilgende und schützende Kraft des Blutes Jesu bekennt und mutig alle Sektenfesseln zu zerreißen wagt. Daß *Gott* in den vergangenen Jahren immer wieder solche Siege schenkte, macht mich froh und dankbar. Dieser Dank und dieser Ruhm gebührt ihm allein. Denn „mit unsrer Macht ist nichts getan, wir sind gar bald verloren"! Wir können immer nur das eine tun: irregeführten Menschen den Weg zum Herrn Jesus zeigen, daß er sie rette, daß er sie zum Vater führe. Den einen Namen möchten wir allen Irregeführten, Suchenden und Angefochtenen bezeugen, den Namen *Jesus*.

„Und es ist in keinem anderen das Heil,
denn auch kein anderer Name ist unter dem Himmel,
der unter den Menschen gegeben ist,
in welchem wir errettet werden müssen."

Apg. 4, 12

VII. Antwort auf Fragen von Zeugen Jehovas

Um dem Leser einen gewissen Eindruck von der Arbeit des „Bruderdienstes“ zu vermitteln, werden im Folgenden zwei Flugblätter für Z. J. vorgestellt sowie ein Artikel aus der Quartalsschrift „Bruder-Dienst“. Dem Verfasser geht es darum, drei der immer wieder von Z. J. angeschnittenen Fragen aufzunehmen und sie im Licht des Neuen Testaments zu beantworten:

1. Ob man als Christ einer Bluttransfusion nicht zustimmen darf;
2. Ob denn jeder Christ *predigen* muß;
3. Wer der „treue und verständige Sklave“ ist, von dem Jesus sprach.

1. Menschenleben opfern um religiöser Grundsätze willen?

Eine Welle der Empörung ging durch die Lande:

Eltern ließen lieber ihr Kind sterben, als einer Bluttransfusion zuzustimmen. So oder ähnlich lautete der Vorwurf. Doch Eltern lieben ihre Kinder, und sie werden nicht leichtfertig die Transfusion verweigert haben. Was also könnte sie veranlaßt haben, so zu handeln? Sie gehören zu den Zeugen Jehovas, die lehren, daß die Übertragung von Blut in einen anderen Körper gegen Willen und Gebot Gottes verstößt. Dadurch gerieten sie in einen unvorstellbaren Gewissenskonflikt: Was hat Vorrang? –

Unsere Glaubensüberzeugung oder die Liebe zum Kind?
Das Blutverbot oder das Gebot der Barmherzigkeit?
Grundsatztreue oder die Rettung von Leben?

Wort und Handlungsweise Jesu zeigen uns, wie Christen in solcher *Kollision der Werte* handeln sollen.

Das Ereignis machte vor einigen Wochen Schlagzeilen: Ein Kind stürzte von einem Balkon. Es wurde erst zehn Stunden nach dem Unfall operiert, weil seine Eltern eine Bluttransfusion abgelehnt hatten. Sie sind Zeugen Jehovas, deren Organisation unter Berufung auf die Bibel jede Blutübertragung verbietet. Das Kind ist gestorben. Niemand kann mit Sicherheit behaupten, bei rechtzeitiger Operation und Blutübertragung wäre dieses junge Menschenleben gerettet worden. Und „die andere Seite“ kann ebensowenig erklären, das Kind wäre „so oder so gestorben“. Diese fruchtlosen Erörterungen scheiden daher für uns aus. Ebenso die von der Sache ablenkende Diskussion darüber, ob Ärzte bisweilen eine Transfusion verordnen, auch wenn sie nicht erforderlich ist, oder ob Bluttransfusionen auch Gefahren bergen (keine Operation ist ohne Gefahren, und niemand denkt daran, deswegen Operationen abzulehnen!).

Uns bewegt vielmehr das Grundproblem: Hier ist eine Religionsgemeinschaft, die sich christlich nennt, sich also auf Jesus Christus beruft, und die von Eltern verlangt, eher ihr Kind sterben zu lassen, als ein gewisses religiöses Gebot zu übertreten. Ihre Begründung: „Man muß Gott mehr gehorchen als Menschen“ (Apg. 5, 29). Für sie hat also die Einhaltung eines Gebotes Vorfahrt! *Vor* der Rettung von Menschenleben.

Wir lassen hier zunächst offen, ob es sich dabei um ein auch für Christen gültiges Gottesgebot handelt und fragen, wie denn Jesus Christus, der ja wahrhaftig den Willen Gottes über *alles* stellte, in solcher Konfliktsituation gehandelt hat. Ist auch für ihn die Einhaltung eines Gebotes wichtiger als die Erhaltung von Menschenleben?

Jesu eigenes Handeln und sein erklärendes Wort gibt uns eine eindeutige Antwort und klare Hinweise, was in dieser Sache der Wille Gottes ist, und wie wir zu handeln haben:

1. Hinweis:

Die Evangeliumsberichte erzählen, wie Jesus immer wieder gerade am Sabbat Menschen geheilt hat, auch wenn die „bibeltreuen“ Pharisäer seiner Zeit darauf entsetzt reagierten: „Dieser Mensch ist nicht von Gott, denn er hält den Sabbat nicht“ (Joh. 9, 16). Sie suchten ihn sogar zu töten, „weil er solches getan hatte am Sabbat“ (Joh. 5, 16). Hat das *biblische Gebot* „Vorfahrt“ vor der Heilung und Rettung von Leben, dann haben die „Bibeltreuen“ damals und die Zeugen Jehovas heute durchaus recht. Denn das Gebot, den Sabbat als Feiertag zu heiligen, war ohne Zweifel ein damals voll gültiges biblisches Gebot Jahwes! *Jesus* aber zeigt durch sein heilendes und lebensrettendes Handeln: Die *Rettung von Leben* hat Vorfahrt! Die Entschiedenheit und Konsequenz Jesu, auf die sich die Zeugen Jehovas gerne berufen, ging also gerade in eine ihnen entgegengesetzte Richtung!

Dafür spricht auch der

2. Hinweis:

Jesus wanderte einmal durch die Kornfelder, und seine Jünger hatten Hunger; darum fingen sie an, Ähren abzureißen und sie zu essen. So berichtet Matthäus 12, 1 ff. Auch hier setzt sofort die heftige Kritik der „Bibelforscher“ jener Zeit ein: „Sieh, deine Jünger tun etwas, was man am Sabbat nicht tun darf!“ Wenn das Gottesgebot Vorrang hat gegenüber dem menschlichen Leben, dann durfte das in der Tat nicht sein. Jesus aber läßt es zu, daß die Jünger am Sabbat – trotz des Arbeitsverbots – Ähren abreißen und sie essen. Das Stillen des Hungers, also die Erhaltung des Lebens geht – bei Jesus – vor!

Mehr noch: Jesus läßt es nicht nur zu, sondern befürwortet und begründet dies mit dem Hinweis auf das Handeln des von den frommen Juden hochverehrten Königs David: „Habt ihr nicht gelesen, was David tat, als er

Hunger hatte mitsamt seinen Gefährten? Wie er in das Gotteshaus hineinging, und sie die geweihten Brote aßen, was weder ihm noch seinen Gefährten erlaubt war, sondern allein den Priestern?"

In den Augen der Pharisäer war das Beispiel Jesu natürlich nicht maßgebend. Deshalb sollten sie wenigstens an der Handlungsweise Davids erkennen: Im Konfliktfall hat die schlichte Erhaltung des Lebens (hier: durch Stillen des Hungers) Vorrang vor dem Halten des religiösen Gebots. Für uns aber – und auch für die Zeugen Jehovas – müßte das Beispiel Jesu doch wohl noch maßgebender sein als das des David. Und wenn er schon die Erhaltung des Lebens durch das Stillen des Hungers über die Einhaltung eines Gottesgebots stellt, wieviel mehr hat die Rettung eines unmittelbar vom Tode bedrohten Lebens durch eine rettende Bluttransfusion *Vorfahrt* vor der Einhaltung eines Gebots, von dem es sich noch erst herausstellen muß, ob es auch hierfür gilt (darauf kommen wir noch zurück). Jesus beendet übrigens die Debatte mit dem Wort: „Hättet ihr erkannt, was das heißt: *Barmherzigkeit will ich, nicht Opfer,* so hättet ihr nicht den Stab gebrochen über diese Unschuldigen hier!" Darin liegt ein

3. Hinweis:

Jesus sagt hier, was der – im Alten Testament schon – erklärte Gotteswille ist: „Barmherzigkeit will ich, nicht Opfer!" (Jesus zitiert dabei aus Hosea 6, 6.) Hätten die Eltern des oben erwähnten Kindes das erkannt (statt nur das rigorose Gesetz ihrer Organisation zu kennen), so hätten sie rechtzeitig sich aus Erbarmen mit ihrem Kind für seine Rettung durch die erforderliche Operation und Bluttransfusion entscheiden können. Nun aber meinten sie, sie müßten die Liebe und das Erbarmen unterdrücken, um ihr Kind auf dem Altar eines vermeintlich konsequenten Gehorsams zu opfern. Welch eine tragische Verirrung eines fehlgeleiteten Gewissens!

Das Schlimmste: Es ist nicht der erste und nicht der letzte „Fall", der zu Lasten dieses Kontos geht! Auch künftig werden Menschen meinen, Gott einen wohlgefälligen Dienst zu erweisen, indem sie alle Regungen der Liebe und Barmherzigkeit unterdrücken, und um eines vermeintlichen Gottesgebots willen ihr Liebstes zum Opfer bringen. Wie entsetzlich, wenn niemand ihnen bezeugt, was *Jesus* über den Willen Gottes in ihrer Konfliktsituation sagt: „Barmherzigkeit will ich, nicht Opfer!" Das Gottesgebot der Barmherzigkeit, das dem *Leben* die Vorfahrt gewährt, durchbricht jedes andere Gebot!

Doch halt! Welches Gebot wird denn eigentlich durchbrochen, wenn ein vom Tode bedrohter Mensch eine Bluttransfusion empfängt und so sein Leben gerettet wird? Es gibt doch nur ein Verbot, Blut zu *essen!*

Ein erheblicher Unterschied

Den Zeugen Jehovas wird eingehämmert, das Blut käme ja in beiden Fällen in einen anderen Körper. Daher wäre es „dasselbe". Sehen denn die Zeugen-Führer gar nicht, daß ein himmelweiter Unterschied besteht zwischen einer willkürlichen Verwendung von Blut für die „Küche“ und einer Blutübertragung, also einer Notmaßnahme zur Rettung von Menschenleben in höchster Gefahr? Gerade die Tatsache, daß Jesus zur *Barmherzigkeit* aufruft, die den Vorrang des Lebens fordert, müßte redliche Zeugen Jehovas davon überzeugen, daß eine lebensrettende Bluttransfusion diesem Willen Gottes entspricht und daß das Problem „Blut für Ernährung“ auf einer ganz anderen Ebene liegt. (Auf die Frage, ob man als Christ für die Ernährung kein Blut verwenden dürfe, antwortet der „Bruder-Dienst“ in seiner Nummer 47/48 (vgl. Schriftenverzeichnis am Schluß).

Nur eine leichtfertige, formale Betrachtungsweise, ja Prinzipienreiterei kann unter Berufung auf das Gebot, kein Blut zu essen, von den um ihr Kind bangenden und ihr Kind liebenden Eltern verlangen, eher ihr Kind sterben zu lassen, als ihm eine Bluttransfusion zu gewähren!

Seit Jesus von Nazareth steht es unwiderruflich fest:
Gott will Barmherzigkeit!
Das Leben hat Vorfahrt!

2. Müssen alle Christen predigen?

„Die ersten Christen waren alle Prediger . . . Demnach müßte auch heute jeder Christ ein Prediger . . . sein“, erklärt „Der Wachtturm“ vom 1. 3. 1963, Seite 146, Abs. 39. (Vgl. auch „Wachtturm“ vom 15. 10. 1979!) Jehovas Zeugen sprechen es nach: „Jeder Gläubige ist nach dem Neuen Testament zugleich ein ordinierter Prediger, und darum ist es bei Jehovas Zeugen heute auch so!“ Stimmt das wirklich?

Haben alle Christen die Aufgabe zu predigen?

Wie immer Jehovas Zeugen es damit halten mögen, – in den frühen christlichen Gemeinden war das Predigen und Lehren nur bestimmten Amtsträgern vorbehalten. Das Neue Testament sagt – und das ist auch in der „Neuen-Welt-Übersetzung“ der Z. J. (Abkürzg.: N. W.) so nachzulesen – „. . .er (Christus) gab *einige* als Apostel, *einige* als Propheten, *einige* als Evangelisten, *einige* als Hirten und Lehrer“ (Eph. 4, 11 N. W.). Kein Zweifel: Nur *einige hatten ein Predigt- und Lehramt, nicht jeder. Nicht umsonst wird ein Timotheus ermahnt, das empfangene Wort fähigen und treuen Leuten anzuvertrauen, die es an andere weitergeben können (2. Tim. 2, 2). Er soll es also* nicht *allen* anvertrauen (vgl. auch 1. Tim. 5, 22). Und vor allem: Niemals hatten alle das *gleiche* Amt. Gegen jede Art von Gleichschaltung wendet sich der Apostel Paulus mit den Worten:

„. . .Sind etwa alle Apostel? alle Propheten? alle Lehrer? Haben alle Wunderkräfte?“ (1. Kor. 12, 28. 29). Diese klaren Aussagen müßten an sich genügen, um zu beweisen, daß es in den neutestamentlichen Gemeinden eine Vielzahl verschiedener Ämter und Gaben gegeben hat und daß daher die Behauptung falsch ist, das Predigen und Lehren fiele allen Christen sozusagen als Einheitsaufgabe zu.

Vor einem Lehrer-Sein-Wollen ohne Berufung und Bevollmächtigung wird sogar ausdrücklich gewarnt: „Liebe Brüder, werfe sich nicht ein jeder zum Lehrer auf, sondern bedenkt, daß wir Lehrer ein strengeres Urteil empfangen werden“ (Jak. 3, 1).

Der Missionsbefehl

Als Gegenargument verweist man gern auf den Missions- und Taufbefehl des auferstandenen Christus: „Geht daher hin und macht Jünger . . ., indem ihr sie im Namen des Vaters und des Sohnes und des Heiligen Geistes tauft und sie lehrt, alles zu halten, was ich euch geboten habe“ (Matth. 28, 19 f. N. W.). Dieser Auftrag jedoch ist nicht der Gemeinde als Ganzes gegeben, sondern, wie der Zusammenhang zeigt, den „elf Jüngern“, den Aposteln also, als sie mit dem Auferstandenen auf einem Berge in Galiläa zusammen waren (V. 16!). Wer diesen Missions- und Taufbefehl für alle Gemeindemitglieder anwendet, einschließlich auf Frauen und Kinder, muß sich fragen lassen, ob denn wirklich Frauen und Kinder ohne weiteres andere haben taufen dürfen . . .

Wenn aber das Taufen nicht Aufgabe aller, sondern Sache der Apostel und der von ihnen später berufenen Amtsträger war, dann auch das mit dem Taufbefehl verbundene „Lehren“ und Predigen. Ein Blick in die Apostelgeschichte des Lukas zeigt dann auch, wie sehr das Werden und Wachsen der frühen Kirche ein Werk des erhöhten Christus durch *seine* Apostel und deren engere Mitarbeiter gewesen ist.

Nicht umsonst lautet der ursprüngliche Name der Apostelgeschichte „Acta“, d. h. „Die Taten“ (der Apostel). Wohl ist dann auch wesentlich die Rede von den *Wirkungen* der apostolischen Predigt: Da kamen Menschen zum Glauben an Jesus, manchmal auch in großer Zahl. Von ihnen ist manches zu berichten: „Sie blieben beständig in der Apostel-Lehre, in der Gemeinschaft, beim Brotbrechen und im Gebet“ (Apg. 2, 42). Auch ist von ihnen gesagt, daß sie sich „täglich im Tempel versammelten“ und „hin und her in den Häusern das Brot brachen“ (2, 46). Nirgends aber heißt es von ihnen, daß die Apostel sie ausgesandt hätten, öffentlich zu predigen! – Wenn die Z. J. meinen, damals hätten alle gepredigt, hätte es dann nicht in diesem Zusammenhang miterwähnt werden müssen? Statt dessen berichtet die Apostelgeschichte auch weiterhin Seite für Seite von der Verkündigung der Apostel und ihrer Mitarbeiter. So bekennt Paulus einmal beim Abschied von einer Gemeinde in einer Art „Rechenschaftsbericht“, er habe nicht versäumt, zu lehren und zu predigen „öffentlich und in den Häusern“ (Apg. 20, 20).

Seht, sagen die Zeugen Jehovas, zumindest er ging also auch – wie wir heute – von Haus zu Haus, um zu predigen. „Von Haus zu Haus“ aber steht gar nicht da, sondern „öffentlich und in den Häusern“, d. h. doch, er predigte sowohl in *öffentlichen* Bereichen (im Tempel, auf Märkten und Plätzen), als auch in Privathäusern. Dennoch macht die „Neue-Welt-Übersetzung“, die Bibel der Zeugen Jehovas, daraus ein „von Haus zu Haus“, weil es ihren Urhebern als zweckmäßig erscheint. Müßten sie aber dann nicht konsequenterweise auch Apostelgeschichte 2, 46 („Sie brachen das Brot hin und her in den Häusern“) so übersetzen: „Sie brachen das Brot von Haus zu Haus.“ Warum tun sie's hier nicht? – Daß die frühen Christen das Abendmahl oder ein Liebesmahl oder auch einfach das „tägliche Brot“ (je nachdem, wie man das „Brotbrechen“ deutet) von Haus zu Haus verteilt hätten, will auch ihnen nicht einleuchten. Darum übersetzen sie hier plötzlich auch: „. . . in Privathäusern.“ Wenn sie es aber hier tun, hätten sie es nicht auch dort tun müssen? – Jedenfalls: Für ein organisiertes Predigen aller Gläubigen läßt sich aus dem N. T. kein Auftrag herleiten, schon gar nicht für das Predigen von Haus zu Haus.

Auch der Rückgriff auf Jesu eigenes Wirken und auf die Aussendung seiner zwölf Jünger und später der siebzig (Luk. 8, 1; 9, 1. 2; 10, 1 ff.) kann dies nicht leisten, denn nirgends ist gesagt, daß es sich um ein „Von-Haus-zu-Haus-Gehen“ nach heutiger Hausiererart gehandelt habe. Das hatte Jesus selbst gar nicht nötig, wenn er „Stadt und Dorf durchzog“ (Luk. 8, 1), denn die Menschen strömten herzu, wenn er kam. Lukas 12 berichtet z. B.: „Das Volk lief herzu, und es kamen etliche Tausend zusammen.“ Wozu sollte er sie da überhaupt noch von Tür zu Tür aufsuchen? Wohl aber war er in vielen Einzelhäusern zu Gast!

Ähnlich dürfte es bei der Arbeit der von Jesus ausgesandten zwölf und der siebzig Jünger gewesen sein. Den Siebzig hatte Jesus sogar den ausdrücklichen Auftrag gegeben: „Ihr sollt *nicht* von einem Haus zum andern gehen“ (Luk. 10, 7). Selbst wenn man dies auf das Zu-Gast-Sein bei den Menschen bezieht – natürlich waren bei der sprichwörtlichen orientalischen Gastfreundschaft die im Ort weilenden Wanderprediger immer auch zugleich gern gesehene Gäste an der häuslichen Tafel! – für das von den Z. J. behauptete Von-Tür-zu-Tür-Gehen fehlt im N. T. jede Spur.

Etwas ganz anderes ist die *Bereitschaft zum persönlichen Zeugnis.*

Die frühe Kirchengeschichte weiß zu berichten, daß das Christentum häufig durch das persönliche Bekenntnis zu Jesus aus dem Munde schlichter gläubiger Männer und Frauen von Stadt zu Stadt und von Land zu Land getragen wurde. Kleine Händler und reiche Kaufleute, aber auch um ihres Glaubens willen Verfolgte wurden auf diese Weise zu Missionaren.

Wenn die Apg. erzählt: Die durch Verfolgung zerstreuten Gläubigen zogen umher und predigten das Wort (Apg. 8, 4; 11, 19), so dürfte dabei ebenfalls an ein solches spontanes persönliches Christuszeugnis zu denken sein, bei dem das ausgesprochen wurde, wovon das Herz voll war. Es steht unter der Verheißung des Herrn Jesus: „Wer mich bekennt vor den Menschen, den werde ich auch bekennen vor meinem himmlischen Vater.“ Der Apostel Paulus hat diese Verheißung in Römer 10 mit den bekannten Worten weitergegeben: „Wer mit dem Herzen glaubt, der ist gerecht, und wer mit dem Munde bekennt, der wird errettet.“

Das unorganisierte persönliche Zeugnis eines schlichten Gläubigen – diese „Wohltat der Unabsichtlichkeit“ – ist bis heute oft viel überzeugender als die noch so ausgefeilte Predigt des ordentlich berufenen und ordinierten Amtsträgers, und daher ist es nicht geringer zu bewerten als diese. Solche Einsicht darf uns jedoch nicht daran hindern, das eine vom andern sehr deutlich zu unterscheiden. „Alle Wahrheitserkenntnis beruht auf Unterscheidung.“

Zuletzt will auch dies noch bedacht sein: Vom Predigen und vom guten Zuspruch wird noch kein Hungernder satt (Jak. 2, 15–17). Zu den Worten muß die *Tat* kommen.

Wenn Jesus den Seinen zuspricht: „Ihr seid das Salz der Erde“ und „Ihr seid das Licht der Welt“, und wenn demgemäß der Apostel Paulus davon spricht, daß Christen „leuchten wie Lichter in der Welt“, so ist dabei nicht allein an das mündliche Zeugnisgeben gedacht, sondern an unser Wirken durch unser ganzes Sein. Jesus sagt nicht, ihr sollt das und das tun, sondern „Ihr seid“! – Nicht so sehr durch das, was wir reden, sondern durch das, was wir für andere *sind*, wirken wir der Verderbnis in der Welt und der Finsternis in ihr entgegen – als „Salz“ und als „Licht“. Auch hierin gilt es zu unterscheiden: Das neutestamentliche und reformatorische „allgemeine *Priestertum* aller Gläubigen“ bedeutet kein allgemeines *Rednertum* aller Gläubigen!

Übrigens: Wichtig ist nicht nur, *daß* gepredigt wird, sondern *wer* predigt, *was* er predigt und *wie* er es sagt. Christliche Prediger sind Zeugen *Jesu* (Apg. 1, 8; Offb. 17, 6), und zwar des um unseretwillen gekreuzigten (1. Kor. 2, 2).

Werner de Boor sagte einmal: „Evangelium verkündigen heißt: in einem brennenden Haus in die vierte Etage laufen, Sturm klingeln und hineinschreien: ‚Es brennt!‘ Aber das kann ich nur, wenn ich durch die Flammen gegangen bin. *Glauben* werden die mir wohl nur, wenn sie Brandgeruch an mir spüren“. Ohne Bild gesprochen: Wenn ich etwas erfahren habe von dem Gericht, das Gott auf Golgatha über unsere Sünde ergehen ließ, aber auch von dem großen Freispruch, der gerade auf diesem Wege dort für uns errungen wurde. Diese Erfahrung ist für Zeugen Jesu der Motor ihres Verkündigens und Handelns.

3. Wer ist der kluge und treue Knecht, von dem Jesus sprach?

Jehovas Zeugen behaupten: „Unsere leitende Körperschaft!" Wenn das wahr ist, müssen wir dann nicht mit den Zeugen Jehovas uns dieser Körperschaft unterstellen? Wenn das aber nicht zutrifft, sind die Zeugen dann nicht Opfer einer religiösen Verführung, denen wir brüderliche Hilfe schuldig sind?

Weil unsere Frage von solcher Tragweite ist, brauchen sie und wir zuverlässige, hieb- und stichfeste Antwort.

Ein Zeuge Jehovas kam übers Lesen der Bibel in den größten Gewissenskonflikt seines Lebens. Eines Tages steht er den Vertretern der Wachtturm-Gesellschaft in heißem Streitgespräch gegenüber:

Wo haben Jesus und seine Apostel je gelehrt, im Jahre 1914 würde das Königreich aufgerichtet . . .? 1918 käme er „zum Tempel" zur Auferweckung der entschlafenen Königreichserben? Wo forderten Jesus und seine Apostel jemals Gehorsam gegenüber einem „göttlich anerkannten Kanal"?

Der in die Enge geratene Vertreter der Wachtturm-Gesellschaft schlägt als Antwort Matthäus 24, 45 ff. in der Elberfelder Bibel auf und liest vor:

„Wer ist nun der treue und kluge Knecht, den sein Herr über sein Gesinde gesetzt hat, um ihnen die Speise zu geben zur rechten Zeit? Glückselig jener Knecht, den sein Herr, wenn er kommt, also tuend finden wird! Wahrlich, ich sage euch, er wird ihn über seine ganze Habe setzen.

Wenn aber jener böse Knecht in seinem Herzen sagt: Mein Herr verzieht zu kommen und anfängt, seine Mitknechte zu schlagen, und ißt und trinkt mit den Trunkenen, so wird der Herr jenes Knechtes kommen an einem Tage, an welchem er es nicht erwartet, und in einer Stunde, die er nicht weiß . . ."

Dann stellt er dem nicht linientreuen Zeugen Jehovas ultimativ zwei Fragen:

Hat Jesus für die Endzeit einen „klugen und treuen Knecht" (und einen „bösen Knecht") prophezeit? und:

Anerkennst du unsere leitende Körperschaft als den hier prophezeiten Knecht?

Weil Jehovas Zeugen diesen Wachtturm-Anspruch immer wieder geltend machen, wollen wir uns den beiden Fragen stellen.

Unsere Antwort lautet: nein!

Begründung: Die Zeugen-Auslegung dieses Bibeltextes ist falsch!
Beweise:
1. er enthält gar keine Prophetie, sondern ein Gleichnis;
2. sein Zusammenhang zeigt es;

3. er spricht nicht von *zwei* Knechten, sondern von zwei möglichen Verhaltensweisen *eines* Knechts;
4. sein Inhalt zielt auf unsere persönliche Entscheidung und Bewährung;
5. seine „prophetische“ Mißdeutung führt zum Ungehorsam gegenüber Anruf und Auftrag des Herrn und zur Bindung an menschliche Instanzen.

Wir laden dazu ein, diese Beweise einmal Schritt für Schritt mit uns durchzugehen:

1. Keine Prophezeiung, sondern ein Gleichnis

liegt hier vor, d. h. eine Redeweise, in der an Hand von Beispielen aus dem Alltag oder mit einer erfundenen Geschichte aus dem Leben eine *geistliche* Wahrheit (über Gott oder über unser Verhalten) verdeutlicht werden soll.

Wer daran zweifelt, erinnere sich nur, daß diese Geschichte von einem Knecht, dem der Hausherr die Verwaltung seines Betriebes und die Versorgung der Mitknechte anvertraut hat, in Jesu Reden in mannigfachen Abwandlungen wiederkehrt. Auch Jehovas Zeugen werden sie ohne weiteres als *Gleichnisse* (an)erkennen:

- das vom Türhüter, der während der Abwesenheit des Hausherrn wachen soll (Mark. 13, 33. 34);
- das von den Knechten, die der Hausherr wachend finden will, wenn er von einer Hochzeit zurückkehrt (Luk. 12, 35–38);
- das von den Knechten, denen der Hausherr Gelder anvertraute, bis er wiederkommt zur Abrechnung (Matth. 25, 14 ff.).

Auch die ersten Jünger faßten diese Aussprüche Jesu als Gleichnisse auf. Das verrät ihre Frage zu Lukas 12, 35–38: „Herr, sagst du dies *Gleichnis* zu uns oder zu allen?“ (V. 41). Müssen wir daher nicht auch unseren Text Matthäus 24, 25 ff. als Gleichnis nehmen, also nicht als tatsächliche gegenwärtige oder künftige Wirklichkeit? Wir können also nicht sagen, hier sei C. T. Russell gemeint, oder dieser Knecht sei Alexandre Freytag, oder (wie die Zeugen meinen) die „leitende Körperschaft“ an der Spitze der Zeugen-Organisation. Wäre das doch genauso, wie wenn andere sagen würden, im Gleichnis vom barmherzigen Samariter sei mit dieser Gestalt der Stammapostel, oder mit den fünf klugen Jungfrauen im Gleichnis Jesu seien der Papst und seine Kardinäle gemeint!

Man erzählt von einem Reiseleiter in Palästina, der seine Gäste für allzu bibelunkundig hält, und – auf eine Ruine deutend – erklärt: „. . . und was Sie hier sehen, sind die Überreste der Herberge, in die der barmherzige Samariter den Unter-die-Räuber-Gefallenen einlieferte!“ So weit kann's kommen, wenn man ein Gleichnis für die Wirklichkeit ausgibt.

2. Der Zusammenhang

Jesus hat als Antwort auf die Jüngerfrage die Zeichen genannt, die seiner Wiederkunft vorausgehen, hat von falschen Propheten gesprochen, die behaupten werden: Der Herr ist schon „hier“ oder „da“. (Jesus warnt: „Glaubt es nicht!“) „Alsbald aber *nach* der Drangsal jener Tage“ wird der Herr kommen (Matth. 24, 29. 30). Das „*nach* der Drangsal“ ist wichtig für Jehovas Zeugen. Denn wenn er, wie sie glauben, 1914 schon gekommen ist, kam er doch *vor* der Drangsal!

Die darauf folgenden Mahnungen und Hinweise Jesu gipfeln, schließlich in der Aufforderung an die Jünger:

> „Darum *wachet*: denn ihr wisset nicht, welche Stunde euer Herr kommen wird“ (Matth. 24, 42).

Dies Wort ist gleichsam die Überschrift und der Schlüssel zum nun folgenden, wo der Herr Jesus das Wachen und Immer-Bereit-Sein an Hand von vier Beispielen aus dem irdisch-palästinensischen Alltagsleben verdeutlicht:

- Da ist zunächst das Wort vom Dieb, der überraschend einsteigt. „Das sollt ihr aber wissen: Wenn ein Hausherr wüßte, welche Stunde der Dieb kommen wollte, so würde er ja wachen und nicht in sein Haus brechen lassen“ (V. 43). Damit sind wir vor allen (garantiert falschen!) Terminberechnungen gewarnt: „Darum seid auch ihr bereit, denn des Menschen Sohn wird kommen zu einer Stunde, *da ihr ’s nicht meinet!*“ Dann folgen nacheinander:
- Das Gleichnis von dem mit der Aufsicht betrauten Knecht, das uns hier beschäftigt (24, 45–51).
- Das Gleichnis von den „klugen und törichten“ Jungfrauen (25, 14–30).
- Das Gleichnis von den Knechten mit den anvertrauten Geldern (Matth. 25, 14–30).

Natürlich dürfen wir uns den Blick für die Zusammengehörigkeit dieser Gleichnisse untereinander und ihren Bezug auf das vorhergehende nicht durch die (bekanntlich später hinzugefügte) Kapitel- und Vers-Einteilung verdunkeln lassen. Wir haben es hier offensichtlich mit einem *einzigen Block* zu tun, *der uns das Bereitsein und das Einstellen auf den wiederkommenden Herrn* von verschiedenen Gesichtswinkeln her verdeutlichen will. Diese Tatsache verbietet es uns, eines der Gleichnisse herauszureißen, um es in eine Prophezeiung auf eine endzeitliche Führer-Körperschaft umzudeuten.

3. *Das Gleichnis spricht nicht von zwei Knechten, sondern von zwei möglichen Verhaltensweisen eines Knechts*

Das geht aus Vers 48 unserer Matthäusstelle hervor, die, genau übersetzt, lautet: „Wenn aber jener Knecht, weil er böse ist, sagen möchte in seinem Herzen, mein Herr verzieht . . .“ – „Jener Knecht“, das heißt also: derselbe Knecht, von dem bisher die Rede ist. In der Elberfelder und sogar in der „Neuen-Welt-Übersetzung“ der Zeugen Jehovas kann sich jeder, auch an Hand des Lukas-Berichts (12, 45), davon überzeugen:

„Wenn aber jener Sklave (also derselbe!) in seinem Herzen ja sagen sollte: ‚Mein Herr verzögert sein Kommen' und anfangen sollte, die Knechte und die Mägde zu schlagen und zu essen und zu trinken und betrunken zu werden, so wird der Herr dieses Sklaven an einem Tage kommen, da er (ihn) nicht erwartet, und in einer Stunde, die er nicht kennt, und er wird ihn mit der größten Strenge bestrafen und ihm das Teil mit den Untreuen zuweisen" (Luk. 12, 45f. „N.-W."-Übers.).

Bei diesen letzten Worten des Gleichnisses müßte allen Zeugen Jehovas klar werden, daß hier nicht eine „leitende (Wachtturm-) Körperschaft" prophezeit sein kann, denn dann zeigte diese „Prophezeiung" ihr ja ein furchtbares Ende an (und das können sie doch nicht gut wollen)! Somit wird vollends deutlich, daß es hier gar nicht um zwei „Klassen" oder „Körperschaften" geht, sondern um zwei mögliche Verhaltensweisen. An einem und demselben Knecht werden uns beide Möglichkeiten gezeigt: die der Bewährung und die des Versagens im Blick auf den Auftrag Jesu, uns wachend und wartend auf Sein Kommen hin auszurichten. Wir entdecken an dieser Stelle: *Wir* sind angesprochen. Das Gleichnis zielt auf unser persönliches Verhalten.

4. *Ruf zur Entscheidung und Bewährung*

Solange ich meine, dies Wort Jesu spricht nur eine bestimmte Führer-Körperschaft an, brauche ich nichts zu tun, als mich an diese Führung zu klammern; im übrigen geht es mich ja nichts an. Ich bin geradezu von seinem Anruf und Anspruch auf mich und mein Leben, wachend und wartend dem wiederkommenden Herrn entgegenzugehen, *entbunden*! (Zumal gelehrt wird, der Herr sei schon da seit 1914!)

Nun aber meint das Gleichnis von dem mit der Aufsicht betrauten Knecht *mich*, mich, den einfachen Jünger, das schlichte Gemeindeglied. *Ich* bin zum Wachen und Bereitsein, zum bewußten Warten auf den wiederkommenden Herrn und zu einem, dem Haushalter Christi gemäßen Leben gerufen! Wenn nun die Wachtturm-Lehre uns zu dem Wahn verleitet, hier seien nicht wir als Christen, sondern nur eine bestimmte Führer-Körperschaft angesprochen, versucht sie uns dann nicht an unserer uns vom Herrn zugewiesenen Aufgabe zu hindern? Und wirkt sie dann nicht Jesu Werk und Willen direkt entgegen? – Hier können wir nur antworten: Man muß Gott mehr gehorchen als Menschen (Apg. 5, 29)!

Darum sagten wir

5. *Des Wachtturms „prophetische" Mißdeutung führt zum Ungehorsam gegenüber dem Herrn und zur Bindung an menschliche Instanzen*

Während nämlich die Wachtturm-Lehre uns einerseits vom unmittelbaren Gehorsam dem *Herrn* gegenüber abhält, sucht sie uns andererseits zum Gehorsam gegenüber der *„leitenden Körperschaft"* zu verpflichten, die sie als den „Knecht" oder „Sklaven" ausgibt:

„Es ist höchst wichtig, daß wir . . . den Anweisungen des ‚Sklaven' so folgen, wie wir der Stimme Gottes folgen würden“ (Wachtturm, 15. 8. 1957, S. 498!)!

Dem Knecht folgen wie Gott? Nein und abermals nein! Bringen wir den dem *Schöpfer* gebührenden Gehorsam irgendwelchen *Ge*schöpfen dar, so machen wir diese ja zu Götzen. „Kindlein, hütet euch vor Götzen!“, mahnt uns der 1. Johannesbrief (5, 21, „Neue-Welt-Übersetzung“), und er meint gewiß nicht Götzen aus Holz und Stein . . .

Darum rufen wir aus brüderlicher Liebe heraus den Zeugen Jehovas zu: Alle Ehre, aller Gehorsam, aller Dienst gebührt dem Herrn und nicht einem „Sklaven“, der sich selbst absolut setzt, sich über seine Mitknechte erhebt und von ihnen sogar verlangt, was sie dem Herrn selbst und dem Herrn allein schuldig sind. Wohin *das* führt, hat unser Herr Jesus Christus gerade in unserem Gleichnis gezeigt: „Wenn aber jener Knecht böse ist . . .“

Ein Christ gehört nicht dem Geschöpf, sondern seinem Schöpfer. Nicht einem „Sklaven“, sondern seinem Herrn! Die Befreiung von dem „klugen und treuen Knechts“-Mythos des Wachtturms, der euch Zeugen Jehovas in Furcht und Schrecken gegenüber der „leitenden Körperschaft“ und ihren Gehorsamsforderungen hielt, birgt in sich die Chance zu einem ganz neuen Anfang mit Jesus! „Für die Freiheit hat Christus uns frei gemacht!“ (Gal. 5, 1). Nun gilt: „Christus ist für euch gestorben. Und er ist darum für alle gestorben, damit sie alle nicht für sich selbst leben (auch nicht für eine menschliche Körperschaft), sondern für den, der für sie gestorben ist“ (2. Kor. 5, 15). Ihr könnt nicht dem Sohne Gottes dienen und zugleich einer menschlichen Körperschaft „folgen wie der Stimme Gottes“. Hier gibt es kein Sowohl-als-Auch, sondern nur ein Entweder-Oder. Ihr habt gelobt, Gottes Willen zu tun. An dieser Stelle muß es sich entscheiden, ob ihr damit Ernst macht. „Ihr seid teuer erkauft. Werdet nicht der Menschen Knechte“ (1. Kor. 7, 23). Vielmehr:

„Dienet dem Herrn Christus“ (Kol. 3, 24 b). Er will euch zu „guten Haushaltern der mancherlei Gnade Gottes“ machen (1. Petr. 4, 10). Seid ihr bereit? Bist *du* bereit? Bereit für Christus? „Wie ein großes Ding ist’s doch um einen treuen und klugen Haushalter“ (Luk. 12, 42)!

Anmerkungen

[1] „Der Wachtturm" vom 1. 1. 1951, Seite 12, spricht z. B. von der „Arche des Geborgenseins".

[2] „Der Wachtturm" vom 1. 6. 1958, Seite 346.

[3] Aus dem Buch „Kinder", Bern 1941, Seite 57.

[4] Was hat die Religion der Menschheit gebracht? Deutsch 1953, S. 351, 352.

[5] „Der Wachtturm" vom 1. 12. 1975, Seite 717, Abs. 21.

[6] „Der Wachtturm" vom 1. 1. 1979, Seite 14, Abs. 3.

[7] Vgl. „Der Wachtturm" vom 15. 1. 1957; im Jahre 1978 sagt die Wachtturm-Gesellschaft es so: „Sie (Jehovas Zeugen) sehen es als sehr wichtig an, daß sich ihr Glaube auf die Bibel stützt und nicht lediglich auf menschlichen Spekulationen und religiösen Glaubensbekenntnissen beruht . . . Das ist auch die Grundlage für ein Gespräch mit Ihnen . . ." (Aus „Jehovas Zeugen im 20. Jahrhundert", Deutsch 1978, Seite 3/4.)

[8] Ein „Pionier" ist ein Z. J., der sich verpflichtet, eine bestimmte Anzahl von „Felddienst"-Stunden zu leisten. Damals war die „Quote" 100 Stunden pro Monat.

[9] „Jehovas Zeugen in Gottes Vorhaben", Deutsch 1960, Überschrift des Kapitels 1.

[10] „Die Wahrheit wird euch frei machen", Deutsch 1943, Seite 252.

[11] „Der Wachtturm" vom 1. 11. 1954 im Artikel „Gerechtgesprochen durch Jehova".

[12] „Der Wachtturm" vom 1. 11. 1954.

[13] „Ewiges Leben in der Freiheit der Söhne Gottes", Deutsch 1967, Seite 386 f. Abs. 22.

[14] A.a.O., Seite 369, Abs. 57.

[15] A.a.O., Seite 396, Abs. 39.
Widersprüchlicherweise redet das zitierte Buch S. 372 dennoch von „*un*verdienter Güte" und davon, daß die „große Volksmenge" „erklärt, sie verdanke ihre Rettung ihm und dem Lamm". – Entweder eigenes Verdienst oder nicht (Röm. 11, 6)! Auch der Wachtturm vom 15. 6. 1969 verliert sich in Widersprüchen: Einmal sind die Glieder der „Volksmenge" die von Jesus als „die Gerechten" Bezeichneten, „denn Gott rechnet ihnen ihren Glauben ebenfalls als Gerechtigkeit an" (Seite 374, Spalte 2 oben). Hernach (Seite 375) aber wird wieder unterschieden: Die zur himmlischen „Klasse" Gezählten werden „während sie noch im Fleische sind, vorzeitig von dem Urteil der Sünde erlöst . . ." „*Alle übrigen* (also auch die Masse der heutigen Z. J.) . . . müssen den Ausgang der Prüfung abwarten." Die dann „treu und gehorsam bleiben, werden im Fleisch gerechtgesprochen". Hier wird das im Buch „Ewiges Leben" Gesagte nur verschleiert, nicht aber korrigiert. Hier und heute bleibt die „große Volksmenge" von der um Christi willen uns geschenkten Gerechtigkeit – nach der Wachtturm-Theorie – *ausgeschlossen!*

[16] „Der Wachtturm" vom 15. 3. 1956, Seite 171, Abs. 11.

[17] A.a.O., Seite 169, Abs. 4.

[18] Herausgegeben von der Wachtturm-Gesellschaft 1942.

[19] „Der Wachtturm" vom 15. 3. 1978, Seite 27, Abs. 18.

[20] „Der Wachtturm" vom 15. 4. 1958, Seite 239.

[21] „Der Heilige Geist – die Kraft hinter der künftigen neuen Ordnung", Deutsch 1976, Seite 144, Abs. 15.

22 „nach dem Ersten Weltkrieg" ist vom Verfasser des „Wachtturms" eingefügt. Im „Wachtturm" vom 15. 1. 1957, Seite 55, wird gesagt, daß sich „seit 1922" die Worte Jesu (Matth. 24, 14) erfüllen – natürlich an der Verkündigung der Zeugen Jehovas.

23 „Der Wachtturm" vom 15. 10. 1979, Seite 15, Abs. 6. Ferner Seite 11, Abs. 15.

24 In der neueren W. T.-Literatur finden sich vereinzelt schon ganz andere Töne. Haben Z. J. sich über W. T.-Zitate, wie wir sie hier vorlegten, empört? Viele waren überrascht, daß so etwas im W. T. stand! Jedenfalls räumt die Wachtturm-Gesellschaft in ihrem „Kommentar zum Jakobusbrief" (Deutsch 1979), S. 27, ein: „Unvollkommene Menschen können sich das Leben nicht verdienen, denn das Leben ist die freie Gabe, die man aufgrund des Glaubens an Jesus Christus empfängt" (Röm. 6, 23). Und im Buch „Das Leben hat doch einen Sinn" (Deutsch 1977): „Dagegen sollte niemand denken, er könne aufgrund eigener guter Werke oder gerechter Handlungen Gottes Gunst erlangen (Römer 3, 10). Er würde dadurch leugnen, daß er ein Sünder ist (1. Johannes 1, 8–10). Eine solch irregeführte Person verwirft Christi Opfer und betrachtet es als überflüssig. Sie versucht aufgrund ihrer Werke, als gerecht dazustehen und Gott gewissermaßen zu verpflichten, sie aufgrund ihrer eigenen eingebildeten Güte anzunehmen (Römer 4, 2–8)." Wenn es sich hier um mehr handelte, als um ein paar richtige Sätze (oder gar um eine Beruhigungspille), nämlich um den Ausdruck einer echten Neubesinnung und christozentrischen Grundlegung für ihre gesamte Theologie, – es wäre großartig! Wir würden den obigen Abschnitt mit Freuden streichen! Doch leider stehen diese Sätze noch sehr einsam in der W. T.-Landschaft, gleichsam in einer fremden Welt. Auch sprechen sie über „eine solch irregeführte Person" statt von denen, die es sie nicht besser lehrten! Wo bleiben die Konsequenzen für die Wachtturm-Gesellschaft selbst: für ihre Haltung zur Rechtfertigungslehre, für die Verkündigung der Gnadenbotschaft unter Z. J. und durch sie in der Welt und nicht zuletzt für das Selbstverständnis der Z. J. und ihr Verhältnis zu anderen Christen? Wer selbst von Gnade lebt, kann sie andern doch nicht absprechen!

25 Für die Wachtturm-Gesellschaft gehören alle Glieder der Gemeinde Jesu mit zur „abtrünnigen Christenheit" und werden mit ihr summarisch verurteilt. Im „Wachtturm" vom 15. 3. 1959, Seite 174 und 178, schreibt sie: „Wie (das einstige) Jerusalem ist die Christenheit zur Vertilgung verurteilt . . . Sein (Gottes) himmlischer Feldmarschall, Jesus Christus, wird die unchristliche Christenheit vernichten, weil sie ihn vor allen nichtchristlichen Völkern und Nationen falsch dargestellt hat . . . Jene, die in der Christenheit bleiben, indem sie sich an ihre religiösen Systeme klammern, werden im universellen Krieg von Harmagedon umkommen . . ." Auch in den siebziger Jahren hält die Wachtturm-Gesellschaft an diesem Absolutheitsanspruch und der damit verbundenen Verurteilung aller anderen Christen fest. „Wenn alle anderen religiösen Dinge um sie herum in die Vernichtung gehen, werden sie (die Z. J.) als die einzigen unbesiegten Lebenden . . . bestehenbleiben" (Wachtturm-Buch „Die Nationen sollen erkennen, daß ich Jehova bin", Deutsch 1972, Seite 359, Abs. 24). – Durch gelegentliche freundlichere Klänge in Werbe-Schriften der Z. J. wird ein besserer Eindruck zu machen versucht, in der Sache jedoch nichts zurückgenommen (z. B. in „Jehovas Zeugen im 20. Jahrhundert", Deutsch 1978, Seite 27/28).

26 Erstaunlich ist, daß der „Wachtturm" sogar zugibt, die „große Drangsal" stehe noch bevor (W. T. vom 1. 1. 1979, Seite 13, Abs. 18; ferner W. T. vom 15. 7. 1970). Wie kann dann der Herr schon da sein, da er doch – nach seinen eigenen Worten – erst „*nach* der Drangsal" kommt!

[27] G. Pape, Ich war Zeuge Jehovas, Verlag Winfried-Werk Augsburg, 4. Aufl. 1970, Seite 109–111.

[28] Mit allergrößter Wahrscheinlichkeit ist es falsch, den Namen Gottes (im hebräischen Grundtext *JHWH*) in der üblichen Weise (nämlich „Jehova") auszusprechen. Die Wachtturm-Gesellschaft, die von der Anerkennung und dem Gebrauch dieses „Jehova"-Namens das *Heil* abhängig macht, ist ein großer Gegner der römischen Kirche. Aber gerade diese Form der Aussprache des göttlichen Namens verdankt sie dem Beichtvater von Papst Leo X., *Petrus Galatinus,* der sie vom Jahre 1518 an vertrat. Vorher haben weder Juden noch Christen „Jehova" gelesen. In Übereinstimmung mit dieser Tatsache heißt es auch in der Vorrede zur zweiten Ausgabe (1891) der von den Zeugen bevorzugten Elberfelder Bibelübersetzung: „Wir haben diesen Namen des Bundesgottes Israels beibehalten, weil der Leser seit Jahren an denselben gewöhnt ist . . . Von den neueren Gelehrten wird fast einstimmig angenommen, daß anstatt *Jehova* oder *Jehovi ‚Jahve'* (d. i. der ewig Seiende, der Unwandelbare) zu lesen sei."

[29] Auch in dieser Sache jedoch blieb der offizielle Standpunkt unverändert. Das im Jahr 1976 veröffentlichte Buch „Der Heilige Geist – die Kraft hinter der künftigen neuen Ordnung", sagt auf Seite 156, Abs. 39: „Natürlich sind diese Gott hingegebenen, getauften „anderen Schafe", die „große Volksmenge", nicht zu geistigen Söhnen Gottes gezeugt worden und haben somit keine Aussicht auf ein himmlisches Erbe. Sie sind keine geistigen Israeliten. Sie sind nicht in den neuen Bund aufgenommen worden und erhalten nicht die Gelegenheit, Gottes „Königreich von Priestern und eine heilige Nation" zu werden (2. Mose 19, 5. 6). Sie sind nie mit Gottes Geist als Unterpfand für ein himmlisches Erbe versiegelt worden. Sie sind auch nicht mit Gottes Geist gesalbt worden, um voraussichtliche Miterben mit Christus in seinem himmlischen Königreich zu sein."
Weil die zur irdischen Klasse gezählten Z. J. nicht zu den „geistigen Israeliten" – also zum Volke Gottes – gehören, so erklärt der „Wachtturm", sind sie „für den gesalbten Überrest ‚Fremde' und ‚Ausländer' . . ." („Der Wachtturm" vom 15. 9. 1978, Seite 28).

[30] „Neue Himmel und eine neue Erde", Deutsch 1955, Seite 323, Abs. 5 und 19, sowie Seite 336, Abs. 36.

[31] Diese Tendenz hat sich auch in den 20 Jahren, die seit dem Schreiben der 1. Auflage dieses Buches vergangen sind, fortgesetzt. Das im Jahr 1976 in deutscher Sprache erschienene Buch „Die gute Botschaft, die Menschen glücklich macht", versichert den Z. J., nachdem es auch vom künftigen Paradies auf Erden gesprochen hat, daß sie schon in einem noch viel „großartigeren" Paradies leben: im geistigen Paradies der Z. J. heute (Seite 152, Abs. 3; Seite 153, Abs. 4–7). „Es ist das, von dem einst Paulus schrieb, daß er in einer Vision ‚in das Paradies entrückt wurde und unaussprechliche Worte hörte'." Was ist dieses „Paradies", fragt das Buch dann weiter. Die Antwort: „Es ist nicht eine Stufe des buchstäblichen Himmels, sondern ein *geistiges* Paradies . . ." in Gestalt der frühen Bibelforscher-Bewegung und ihren lehrmäßigen Fortschritten gegenüber der Christenheit („Babylon"). Angesichts der großen weltweiten Ausdehnung der Z. J. im Jahr 1975 heißt es schließlich: „Das geistige Paradies hat jetzt wirklich weltweite Ausmaße angenommen."

[32] Ein wenige Jahre später erscheinender „Wachtturm" sagt es so: „Die Neue-Welt-Gesellschaft ist in ihrer Struktur theokratisch und muß es notwendigerweise sein, d. h.: sie wird von Gott, also von oben nach unten, regiert . . ." (W. T. vom 15. 9. 1958, Seite 562 ff.)
Der „Wachtturm" vom 1. 1. 1957 erklärt kühn: „Wer führt die Herrschaft über

die Organisation; wer leitet sie? Wer steht an ihrer Spitze? Ein Mann? Eine Gruppe von Menschen? Eine Klasse Geistlicher? . . . Nein, keines von diesen . . . Ist der lebendige Gott, Jehova, der Leiter der theokratischen Christenorganisation? Ja!«"

33 Als Beispiel für heutige Z. J.: „Jahrbuch" 1963, Seite 320; „Jahrbuch" 1974, Seite 257–259.

34 Auch N. H. Knorrs Nachfolger, Frederick W. Franz, wurde *gewählt*! Nachzulesen im „Wachtturm" vom 15. 9. 1977, Seite 571. Die Überschrift dieser kurzen Notiz lautet: „Neuer Präsident der Watch Tower Society gewählt." Die Wahl erfolgte am 15. 6. 1977 in einer Sitzung der Vorstandsmitglieder der beiden Körperschaften, der „für das weltweite Werk der Z. J. zuständigen" Watch Tower Bible and Tract Society of Pennsylvania und der für die Z. J. in den USA zuständigen Watchtower Bible and Tract Society of New York, Inc. (vgl. auch „Jahrbuch" 1978, Seite 258).

35 So würde man wohl heute nicht mehr formulieren. Folgt man den Ausführungen im Buch „Dein Wort ist eine Leuchte meinem Fuß" (deutsch 1968), so scheint die früher häufig wiederkehrende Gleichung: *„der gesalbte Überrest"* oder die *„leitende Körperschaft"* ist *„der kluge und treue Knecht"* oder „Sklave" (nach Matth. 24, 45 ff.) durch eine mehr differenzierende Deutung ersetzt worden zu sein. Danach waren die zu Pfingsten des Jahres 33 in Jerusalem versammelten, mit Gottes Geist erfüllten treuen Jünger bereits gekennzeichnet als des Herrn *„treuer und verständiger Sklave"* (Matth. 24, 45 „Neue-Welt-Übersetzung" der Zeugen Jehovas). *Heute* bilden die Übriggebliebenen der mit Gottes Geist gesalbten Leibesglieder Christi, die auf Erden sind, den *„treuen und verständigen* Sklaven", und diese Klasse hat der Herr Jesus gemäß Matthäus 24, 47 *„über seine ganze Habe auf Erden gesetzt". Dieser „Sklave" hat, „um unter den heutigen Verhältnissen das Predigtwerk möglichst erfolgreich durchzuführen, eine gesetzliche Körperschaft, die ‚Watch Tower Bible and Tract Society of Pennsylvania', gegründet"* („Dein Wort ist eine Leuchte meinem Fuß", Seite 40 f.).

36 Erstmalig im Jahre 1958 hielten Beauftragte der Wachtturm-Gesellschaft im Rahmen der Kreisversammlungen *öffentliche* Vorträge über das ihnen vorgeschriebene Thema: „Die Wachtturm-Gesellschaft in Gottes Vorhaben." Bis dahin hatte man derartige Gedanken nur im internen Kreise von Zeugen Jehovas zum Ausdruck gebracht. Im Sommer 1960 erschien dann auch das Buch „Jehovas Zeugen in Gottes Vorhaben" in deutscher Sprache.

37 Daher wird man in der vorliegenden Schrift auch vergeblich nach einer Stellungnahme zu jenen spitzfindigen Fragen suchen, die von den Zeugen über Gebühr zum Gegenstand von Auseinandersetzungen gemacht werden: Kreuz oder Pfahl? Das Weihnachtsfest und das Geburtstagfeiern – heidnisch oder christlich? und viele andere Dinge, die entweder in der Heiligen Schrift nicht einmal erwähnt sind oder nicht eingehend erklärt werden. Die Wachtturm-Bewegung scheint gerade infolge ihrer *Beschäftigung* mit ungezählten *Nebensächlichkeiten* das wirklich *Wesentliche* der biblischen Wahrheit vergessen oder beiseite geschoben zu haben.

38 Näheres dazu im „Bruder-Dienst" Heft 1, Was ist es um den Gottesnamen „Jehova". Vgl. das Literaturverzeichnis am Schluß dieses Buches.

39 Entnommen einer Autobiographie C. T. Russells, wie sie nach seinem Tode in Bd. 7 der „Schriftstudien" (S. 66 ff.) veröffentlicht wurde. Ferner: „Neuzeitliche Geschichte der Zeugen Jehovas" (W. T. 15. 2. 1955, S. 103).

40 Aus „Zion's Watch Tower" (engl.) 1916, S. 170, 171; Bd. 7 der „Schriftstudien", S. 68.

[41] In einem ihrer neueren Bücher erklärt die W. T.-Gesellschaft diesen Wandel wie folgt: „Aufgrund einer ungenauen Zeitrechnung . . . rechnete Russell aus, daß die Zeit der ‚Gegenwart' Christi im Jahre 1874 begann, und zwar für Menschenaugen unsichtbar . . . Darum nannte er die neue religiöse Zeitschrift, die er . . . herausgab, Zion's Watch Tower and Herald of Christ's Presence (Zions Wacht-Turm und Verkünder der Gegenwart Christi). Doch das, was seit dem Ende der ‚bestimmten Zeiten der Nationen' auf der Erde geschehen ist, . . . beweist, daß die Zeit der verheißenen ‚Gegenwart' . . . Christi . . . erst um den 4./5. Oktober 1914 begann. Erst von da an kann richtigerweise davon gesprochen werden, daß Christus als König unsichtbar gegenwärtig ist" („Rettung aus der Weltbedrängnis steht bevor", Deutsch 1975, Seite 284, Abs. 12).

[42] Auch die m. W. neueste Darstellung (im „Jahrbuch der Zeugen Jehovas 1975", S. 145) sagt dem Leser nicht, daß die Wachtturm-Gesellschaft selbst es war, die für 1925 bestimmte Dinge erwartete, und daß sie in ihren Schriften betonte: „Wir erwarten mit voller Gewißheit . . ." Vielmehr gibt das Jahrbuch Berichte aus jener Zeit wieder, in denen es heißt, daß „*man* dachte", „*man* nahm an, daß" dieses und jenes kommen würde. Und „viele Brüder . . ., statt dies als eine Wahrscheinlichkeit anzusehen, *lasen* . . . *hinein* (!), daß dies mit Sicherheit kommen würde".

[43] „Gottes *bewährter* (?!) Kanal", „die von Gott verordnete Führung", der „hellwache, treue und verständige Sklave", der „heute als ein Wunder-Wächter vor den Völkern" dasteht, „Gottes *einziger* kollektiver Kanal" – Hoheitsansprüche, wie sie etwa im W. T. vom 15. 9. 1960 Seite für Seite erhoben werden (S. 567–573). Sehr „bestimmt" wird da gesagt: „Bestimmt verdient die Gesellschaft . . . unseren tiefsten Respekt und . . . ganzherzigen Gehorsam." „Bestimmt hängt jemandes Sicherheit *davon* ab, daß er mit dem ‚treuen und verständigen Sklaven' wach bleibt."

[44] „Ich war auf dem Wiener Kongreß", Bericht eines kritischen Zeugen Jehovas. Im „Bruder-Dienst" Heft 31/32 (vgl. das Literaturverzeichnis am Schluß des Buches).

[45] Abgedruckt im internen „Königreichsdienst" vom Februar 1968, Seite 3, Abs. 2.

[46] „Königreichsdienst" vom April 1968, Seite 4.

[47] Vgl. „Theokratische Hilfe", Seite 303–307.

[48] W. T. vom 1. 7. 1953, Seite 412, ferner: „Was hat die Religion der Menschheit gebracht?"

[49] „Die Wahrheit wird euch frei machen", Seite 235/236.

[50] Band II der „Schriftstudien", Ausgabe 1926, Seite 77. Vgl. Band I von 1901, Seite 258.

[51] „Erwachet!" vom 8. 11. 1949, Hauptüberschrift.

[52] „The Watchtower" 1929, Seite 196, zitiert in „Jehovas Zeugen in Gottes Vorhaben" 1960, Seite 124.

[53] „Die Wahrheit wird euch frei machen", Seite 312.

[54] A.a.O. Seite 313.

[55] Twisselmann: „Vom ‚Zeugen Jehovas' zum Zeugen Jesu Christi", 1. Auflage, S. 98–100. Vgl. auch „Wegweiser", Heft 1, alle Auflagen von 1960 an, S. 9 bzw. S. 7. Ferner: Artikel „Der Christ und die Obrigkeit", veröffentlicht Oktober 1956 in der Zeitschrift „Christliche Warte", S. 114–118.

[56] Raymond Franz, „Crisis of Conscience", 375 Seiten, $ 9.95, erschienen bei Commentary Press, PO-Box 43532, Atlanta (Georgia) 30 336. Eine Besprechung des Werkes erfolgte in der „Brücke zum Menschen", Nr. 79/80, beziehbar beim Bruderdienst, D-2200 Elmshorn.

Eingesehene bzw. zitierte Literatur der Zeugen Jehovas

Wachtturm Bibel- und Traktat-Gesellschaft (Hrsg.): Neue-Welt-Übersetzung der Heiligen Schrift, Brooklyn/New York (USA) 1971.
Dieselbe: Kommentar zum Jakobusbrief, Brooklyn/Wiesbaden 1979.
Dieselbe: Das Leben hat doch einen Sinn, Brooklyn/Wiesbaden 1977.
Dieselbe: Der Heilige Geist – die Kraft hinter der künftigen neuen Ordnung, Brooklyn/Wiesbaden 1976.
Dieselbe: Die gute Botschaft, die Menschen glücklich macht, Brooklyn/Wiesbaden 1976.
Dieselbe: Organisation zum Predigen und Jüngermachen, Brooklyn/Wiesbaden 1972.
Dieselbe: „Die Nationen sollen erkennen, daß ich Jehova bin" – Wie?, Brooklyn/Wiesbaden 1972.
Dieselbe: Rettung aus der Weltbedrängnis steht bevor, Brooklyn/Wiesbaden 1975.
Dieselbe: Ewiges Leben in der Freiheit der Söhne Gottes, Brooklyn/Wiesbaden 1967.
Dieselbe: Jehovas Zeugen in Gottes Vorhaben, Brooklyn/Wiesbaden 1960.
Dieselbe: Neue Himmel und eine neue Erde, Brooklyn/Wiesbaden 1955.
Dieselbe: Was hat die Religion der Menschheit gebracht? Brooklyn/Wiesbaden 1953.
Dieselbe: Gott bleibt wahrhaftig, Brooklyn/Wiesbaden 1946.
Dieselbe: Die Wahrheit wird euch frei machen, Brooklyn/Wiesbaden 1943.
Dieselbe: Die neue Welt, Brooklyn/Wiesbaden 1942.
J. F. Rutherford: Kinder, Bern 1941.
Woodworth und Fisher: Das vollendete Geheimnis (Bd. 7 der Schriftstudien), Brooklyn/Magdeburg/Bern 1925.
C. T. Russell: Der Krieg von Harmagedon (Bd. 4 der Schriftstudien), Brooklyn/Barmen/Zürich 1919.
C. T. Russell: Dein Königreich komme (Bd. 3 der Schriftstudien), Brooklyn/Magdeburg 1926.
C. T. Russell: Die Zeit ist herbeigekommen, Brooklyn/Magdeburg 1926.
C. T. Russell: Der göttliche Plan der Zeitalter, Brooklyn/Magdeburg 1926.
E. W. van Amburgh: Der Weg zum Paradiese, Brooklyn/Bern 1924.
J. F. Rutherford: Millionen jetzt Lebender werden nie sterben, Brooklyn 1920.

Kritische Darstellungen

Alan Rogerson, Viele von uns werden niemals sterben. Geschichte und Geheimnis der Zeugen Jehovas, Hamburg 1971.
Günther Pape, Die Wahrheit über Jehovas Zeugen, Rottweil 1970; ferner: „Ich war Zeuge Jehovas", Augsburg 1961.
Dietrich Hellmund, Geschichte der Zeugen Jehovas (1870–1920) mit Anhang: Geschichte in Deutschland bis 1970. Dissertation Hamburg 1971. Vervielfältigungen nur in allen Universitätsbibliotheken der Bundesrepublik Deutschland.

Friedrich W. Bautz, Die Zeugen Jehovas. Worte der Aufklärung und Abwehr, Gladbeck 1971.
Friedrich-W. Haack, Jehovas Zeugen, München 1977.
Hans-Jürgen Twisselmann, Die Zeugen Jehovas, Witten 1978.
Josy Doyon, Ich war eine Zeugin Jehovas. Bericht über einen Irrweg, Gütersloh 1976.
Renate Sprung, Gefängnis ohne Mauern. Wir waren Zeugen Jehovas, Ostfildern 1977.
Manfred Gebhard, Die Zeugen Jehovas. Eine Dokumentation über die Wachtturm-Gesellschaft, Leipzig-Jena-Berlin (DDR) 1970.
E. B. Price, Gottes Kanal der Wahrheit – ist es der Wachtturm? (Übersetzung aus dem Englischen), Zürich um 1960.
Horst Reller (Hrsg.), Handbuch Religiöse Gemeinschaften, Gütersloh 1978.
H. D. Reimer/O. Eggenberger, . . . neben den Kirchen, Konstanz 1979.
H. D. Reimer, Stichwort Sekten, Stuttgart 1977.